KB209894

소아암 중환아의 그림과
미술치료

Susan Bach 저

정여주 · 서하나 · 이성령 · 구슬희 · 김보경 · 김세희
김진경 · 신예섬 · 윤라미 · 이지혜 · 편명신 · 한유정 공역

Das Leben malt seine eigene Wahrheit

학지사

역자 서문

"우리는 중환아들이 겪는 내적 고통을 결코 완전히 알 수는 없지만,
그들이 그린 그림의 의미를 이해하는 것을 배울 때, 그들을 도울 수 있다."

이 문구는 저자인 수잔 바흐(Susan Bach) 박사가 수십 년간 소아암 환아들이 자발적으로 그리는 그림을 관찰하며 그들과 이야기를 나누고, 또 그림을 해석하고 상징을 연구하면서 경험한 것을 집필한 책에서 확인할 수 있다. 독일어 원제목이 『Das Leben malt seine eigene Wahrheit‒Über die Bedeutung spontaner Malereien schwerkranker Kinder)』인 이 책은 스위스 취리히 병원 소아암 병동의 중환아 그림 수천 개를 신경외과 의사, 임상 화가 및 의료팀과 체계적으로 설계하여 실시한 연구 프로젝트의 결과다.

이 연구는 미술치료 저서가 아니라 병원 프로젝트팀이 체계적으로 설계하고 평가하고 분석하여 출판된 중환아 그림들에 관한 서적이다. 방대한 양의 중환아 작품 중에 200여 편이 담겨 있는 이 책은, 그림의 모티브, 색채, 방향, 숫자, 반복된 내용, 채색 방법과 신체적 변화와의 관계 등을 체계적으로 분석한 내용 및 상징과 관련한 해박한 정보를 제공한다. 저자가 서문에서 제시하듯이 그림의 해석 및 분석은 융(Jung)의 이론과 상징 분석에 기초를 두고 있다.

미술치료 전공 박사 선배들은 정여주 교수의 '고급 색채 심리와 상징' 과목에 영어판 참고도서로 이 책을 사용하였다. 그러나 이 수업의 종강이 가까워졌을 때, 내용을 좀 더 깊게 이해하고 나아가 미술치료 전공생과 미술치료사에게 도움이 되었으면 하는 바람으로 이 책을 번역하고 싶다는 의견이 모아져 우리는 만장일치로 번역을 결정하게 되었다. 우리는 보다 깊이 있는 이해를 위하여 독일어와 영문판을 함께 보며 번역 작업을 하였다. 교수님은 매 학기 수업에 이 책을 읽으셨지만, 번역을 함께하면서 더 세심하게 읽게 되며 더 많이 감동하였다고 한다.

미술치료사가 내담자의 그림을 만나고 그림에 관해 이야기를 나누는 것은 미술치료 과정의 중요한 요소며, 그림을 읽고 해석하고 분석하는 것은 미술치료사의 전문성에 해당한다. **자발적 그림**이든 주제가 있는 그림이든 모든 작품은 내담자의 내면세계, 말로 표현하지 못한 마음의 이야기뿐만 아니라 신체적 상황과 때로는 영적 상황도 재현된다는 것을 우리는 미술치료 경험을 통해 알고 있다. 그러나 이러한 내용, 그림 해석 및 분석을 깊이 있고 체계적으로 다룬 미술치료 전문 서적이 많지 않은 편이다. 이 책에는 그러한 아쉬움을 달래 주는 깊이 있고 풍부한 내용들이 담겨 있어, 미술치료에서 다양한 나이와 질병 및 장애가 있는 내담자의 그림에서 나타나는 상징의 해석과 평가 및 분석에 훌륭한 지침서가 될 수 있다.

우리는 정신과 신체와 영혼의 관계와 메시지가 그림으로 나타난다는 것을 미술치료를 하면서 민감하게 인식하지만, 이 책은 그것을 더 깊이 있고 강력하게 펼쳐 보여 준다. 나아가 이 프로젝트에서 의료 연구팀이 **아동**에게 다가가서 그림을 그리게 하고, 또 퇴원한 후에 집에서도 그림을 그려 병원으로 보내 주도록 하는 환아 및 부모들과의 관계와 그림 평가를 위해 예술가의 작품과도 비교하는 진지하고도 신중한 자세는 우리 미술치료사에게 많은 가르침을 준다.

바흐 박사는 저서에서 그림이 전하는 진실을 알기 위해 상징의 보편성을 아는 것은 매우 중요하지만 어떤 그림이든 개인사가 연결되기 때문에 보편적 상징에만 의존하는 것은 위험하다고 강조한다. 이러한 지적은 엘리아데(M. Eliade)가 주장한 상징의 기능을 떠올리게 된다.

엘리아데는 "상징은 인간 실존의 구조와 우주의 구조 사이에 내재하는 상호 의존성을 밝혀 준다."라며, "상징을 이해하기 위해서는 먼저 객관적인 세계에 대해 자신을 '개방'시켜야 하며, 또한 보편적 이해에 참여할 수 있어야 한다."라고 강조한다. 결과적으로 "다양한 맥락에서 상징의 구조를 보면서도 상징의 가치를 혼동하거나 단일한 의미로 환원시키지 말아야 한다."라는 그의 주장이 이 책 내용과 연결된다. 이런 주장은 미술치료사가 그림의 암호를 읽고 이해하고 해석하는 데 필요한 열린 자세와 전문적 이해를 위한 지침이 될 수 있다.

번역을 마치면서 수십 년간의 그림 연구와 중환아에 애정을 보여 주신 바흐 박사와 **이 연구에 참여한 모든 연구자**에게 깊은 존경과 감사를 드린다. 무엇보다 우리는 번역 과정을 통해서 중병 상황에도 수많은 그림을 그린 **모든 아동**에게 말할 수 없는 감동을 받았다. 그들의 그림이 전하는 내면의 목소리와 진실에 더 귀 기울일 수 있고 그들과 함께 있다는 것을 느낄 수 있었던 과정은 우리에게 값진 경험이었다.

우리는 독자가 이 책의 그림들을 보고 읽으면서 중병을 앓는 **아동**이 그림으로 어떻게 자신의 고통과 희망과 진실한 마음을 전하는지 깊이 느꼈으면 하는 바람이다. 미술치료사에게도 먼저 그림을 보며 그림이 말하는 것에 집중하고 그린 아동의 모습을 떠올리는 시간을 가져 보자고 제안하고 싶다. 마지막으로 미술치료에 항상 많은 관심을 두시고 출판을 허락해 주신 학지사 김진환 대표님과 한승희 부장님 그리고 이 책의 편집을 맡아 준 김서영 대리님에게 특별한 감사 인사를 드린다.

2025년 2월

역자 일동

서문: 발견의 여정

수년에 걸쳐 나와 함께한 이 연구는 매번 새로운 통찰과 발견을 선사했다. 수십 년 전에 연구한 그림을 시간이 흐른 뒤에 다시 살펴보면 새로운 측면이 드러나곤 했다. 이 책은 '통찰력의 성장'이라는 맥락 속에서 지난 몇 년간의 내 삶의 여정을 반영한다.

처음 그림 자료를 선정할 때, 과학적 분석을 위해 단 하나의 그림으로 가능한 모든 관점에서 해석하는 방법이 있었다. 그러나 이 책은 일종의 지침서 역할을 해야 한다는 점에서 나의 생각을 바꿨다. 단일 그림에 집중하고 해석을 압축하는 것은 지침서에 그리 효과적이지 않아서다.

이 책의 '지침'은 여러 장으로 나누어 각 장에서 그림을 번역하고 이해하는 다양한 측면을 다루고 있다. 이 접근 방식은 같은 이미지를 다른 맥락에서 반복하여 다양한 해석을 강조하는 방법을 포함한다. 반복은 단순한 중복을 의도한 것이 아니라, 독자가 그림의 특정 측면에 집중하고, 이미지 속 깊은 의미와 복잡성을 보다 잘 이해하도록 돕기 위한 것이다. 이 책에서 반복적으로 등장하는 그림들에는 인간 영혼의 심연에서 우러나오는 다양한 상징이 강렬하게 드러나 있다. 이는 각 장의 내용에 집중하는 데 큰 도움이 될 수 있다.

사실, 단일 그림의 다양한 측면을 분석하고 다루는 것과 동시에 그림의 내적 의미와 이 책의 전체 구조를 연결하는 일은 매우 어려운 작업이었다. 그러나 이미 익숙하게 생각했던 그림을 다시 살펴보면서 새로운 관점이 열리는 경험을 이 책을 통해 하기를 바란다.

환자가 그린 **자발적 그림**에 대한 임상적 관심은 20세기 초반으로 거슬러 올라간다. 그림을 임상적으로 분석한 최초의 보고서(Morgenthaler, 1901; Mohr, 1906)에서 그림의 특징적인 형태를 정신질환의 특정 유형과 연관시키려는 시도가 있었다. 프린츠혼(Prinzhorn)은 아동과 원시인(primitive)이 그린 연작 그림에서 유사한 모티브와 색채 등이 나타난다는 사실을 발견했다. 이후 그는 그의 유명한 하이델베르크 수집품을 임상적으로 활용하려는 기대를 포기했다. 무의식의 영역에 대한 프로이트(Freud)의 발견은 그것에 대한 분석이 가능할 수 있는 토대를 마련했다. 더 나아가 융은 보편타당성을 지닌 상징이 인류 역사 속, 서로 다른 시기와 다른 문화에서도 반복해서 나타난 것을 발견했다. 그는 이 현상을 '집단 무의식(das kollektive Unbewußte)'이라고 불렀다. 이를 통해 연작 그림의 내용을 체계적으로 분석하는 데 새로운 접근 방식과 이해의 지평이 열렸다.

1936년, 나는 9세 소녀가 버린 작품을 휴지통에서 발견하면서 아동들이 그린 그림 수집에 대해 관심을 갖게 되었다. 융의 견해를 통해 나는 그림 속에 담긴 절망으로 가득 찬 소녀의 내적 갈등을 이해할 수 있었고, 이 어린 소녀가 더 행복하고 건강하게 성장할 수 있도록 도울 수 있었다. 이렇게 나의 그림 수집은 휴지통에서 발견된 얼룩진 도화지에서 시작되었다.

오늘날, 난화와 **자발적 그림**이 갖는 심리적 중요성을 인식하고, 심리치료에서 그림의 의미를 활용하는 가치가 점차 인정되고 있는 것으로 보인다.

융학파 분석가로서 **자발적 그림**과 드로잉에 대한 치료적인 관심은 내 개인 진료실에서 시작되었다. 이후 이러한 관심은 영국 내 다양한 정신과 병원으로 확대되었다. 콜스던(Coulsdon)에 있는 네더른 병원(Netherne Hospital)에 근무하는 동료들의 열정에 힘입어 정기적으로 치료적 그림을 그리는 집단이 구성되었다. 이후 다른 신경 정신과 병원에서도 자체적으로 그림을 그리는 집단이 만들어졌다. 런던 사우스올의 세인트 버나드 병원(St. Bernard's Hospital, Southall, London)의 주최로 또 다른 연구팀이 조직되었는데, 나는 이 팀을 3년 이상 이끌었다. 이 연구팀은 열 개의 서로 다른 병원 정신과에 소속된 정신과 전문의, 각 분야의 심리치료사, 간호사 그리고 임상 화가(der klinische Zeichner: 병원이나 의료 기관에서 환자의 상태나 질환을 기록하기 위해 그림을 그리는 전문가 – 옮긴이)로 구성되었다. 우리는 처음부터 표준화된 크기의 용지와 색상을 사용하여 그림 자료를 비교할 수 있도록 했다. 환자 정보는 나이와 성별, 경우에 따라서는 색맹의 여부 정도만 제공받았다. 연구과정에서 반복되는 색상, 상징 및 모티브가 특정 유형의 정신질환에 분명하게 나타난다는 사실을 발견했다. 예를 들어, 환자의 억압된 에너지 수준과 잠재적인 경향이 그림에 표현되어 우리는 이를 예후적 가치로 분석하는 것이다. 환자의 퇴원 여부는 환자 그림에 내면 깊이 숨겨져 드러나지 않은 자살 혹은 살인 성향의 여부가 드러나는지 파악한 후 결정한다. 또한 우울증의 조기 징후, 조현병 환자의 새로운 삽화 그리고 전두엽 절제 수술의 필요성 등과 같은 필수 정보도 그림에서 발견할 수 있다. 우리는 그림에서 나타나는 예후를 통해 질병의 진단과 치료 방향 등에 실질적인 기여를 할 수 있어 기뻤다.

나는 1947년에 8년 동안 정신병원에 장기 입원했던 여성 만성 정신질환자가 그린 연작 그림을 통해 뜻밖의 새로운 사실을 알게 되었다. 그 연작 그림에는 환자의 영적, 정신적인 측면뿐만 아니라 신체적인 상태도 함께 반영되었다. 이로써 우리는 환자의 영적, 정신적 측면과 신체적 상태가 어떻게 그림에 연결되어 있는지 새롭게 이해하게 되었다. 이를 통해 우리는 그녀가 새로 진단을 받고, 병원 내에서 적절한 정신분석 치료를 받을 수 있도록 도왔다. 8개월 후, 그녀는 회복이 불가능할 수도 있었던 예정된 수술을 받지 않고 퇴원할 수 있었다. 그 후 몇 년 동안의 추적 검사에서 재발 없이 상태가 호전된 것이 확인되었다.

　　자발적 그림에 나타나는 신체적 측면에 대한 더 많은 예시를 찾던 중, 나는 스위스 취리히 연방 공과대학의 저명한 정신분석가이자 정신과 의사며 융의 후계자인 마이어(C.A. Meier) 교수의 초대를 받았다. 나는 우리가 영국에서 진행한 연구 중 **자발적 그림**의 신체적 측면을 발견한 내용을 주제로 융 연구소에서 강연하기로 했다. 이후, 부르크휠즐리(Burghölzli) 대학병원 정신과에서도 강연을 요청받았는데, 우연히 그곳에서 내가 필요로 했던 그림 자료를 발견하였다. 취리히 대학병원의 신경외과(이후 본문 전체에 걸쳐 NC라고 표기) 임상 화가인 한스 페터 베버(Hans Peter Weber: 이하 베버로 표기)가 환아들이 시간을 보내기 위해 그렸던 수백 개의 그림을 모아 두었던 것이다. 나는 크라옌뷜(Krayenbühl) 교수의 지도 아래, 게르하르트 베버(G. Weber) 교수의 비평적이고 든든한 지원과 병원의 성인 및 아동 환자들에게 헌신적이고 열정적인 베버의 도움으로 NC에서 수십 년간의 연구 작업을 시작하게 되었다.

　　이 자료는 내 연구 작업에 이상적이었다. 대부분의 그림은 임상적으로 진단 내려진, 주로 신체 장기 질환을 앓고 있는 환아들이 그린 것이다. 정확한 진료 기록 덕분에 객관적인 검증이 가능했다. 이후 작업에서도 그림들은 모두 외부의 강요나 지시 없이 완성된 것이었고, 그림 분석은 환자들의 병력에 대한 지식 없이 진행되었다. 그림들은 우리가 프로젝트를 시작하기 몇 년 전에 그려졌으며, 객관적이고 지속적인 증거가 되었다.

　　30년 이상의 연구 작업을 통해 **자발적 그림**을 '읽고' '번역'하는 것이 질병의 진단, 치료 및 조기 예후에 기여할 수 있다는 사실이 드러났다. 또한 그림을 연구하는 것은 의사와 환자 그리고 환자 가족 사이의 의사소통 수단이자 이들을 연결해 주는 중요한 매개체였다.

　　우리는 1966년에 「중증 환자의 자발적 그림. 정신신체의학에 대한 기여」(Documenta Geigy Nr. 8, Acta Psychosomatica, 영문판, 1969)라는 논문을 발표했다. 우리의 관찰과 결론에 대한 신뢰성이 바탕이 된 이 연구는 전 세계적으로 백혈병의 원인과 치료법을 알아내는 데 기여할 수 있었다. 이를 계기로 나는 취리히에 있는 소아 병동으로 가게 되었다.

　　그 후, 우리는 주로 중병을 앓고 있는 아동들의 그림에 주목했다. 대다수의 아동은 그림 그리기를 좋아하는데, 성인들이 흔히 느끼는 자의식이나 억제로부터 비교적 자유롭기 때문이다. 또한 일부 아동과 성인은 인생의 결정적 순간에 가까워질수록 그림을 그리고자 하는 충동이 더욱 강해진다(신체적 상태가 허락한다면). 이들은 생사의 갈림길에서 잠재된 힘이 깨어나 그림을 그리게 되는 듯 보인다.

1968년, 취리히 대학교 아동 병원(이하 KiSpi라고 지칭) 혈액학과의 히치히(Hitzig) 교수[병원장은 프라더(Prader) 교수]가 의장을 맡고 내가 이끄는 연구팀이 구성되었는데, 여기서 우리는 주로 백혈병 환아의 **자발적 그림**에 나타나는 신체적 측면을 연구했다. 이렇게 '백색 아동(Weißes Kind, 백혈병)' 프로젝트가 시작되었다. 우리는 체계적인 분석과 해석이 가능하도록 NC와 동일한 조건을 따랐다. 이 연구를 통해 NC에서 진행했던 연구의 기본적인 결과를 모든 측면에서 확인할 수 있었다.[1]

1980년대 초, KiSpi의 슈멜링(Shmerling) 교수의 낭포성 섬유증(당시 불치병으로 여겨짐)에 대한 깊은 관심 덕분에 우리는 그 분야에서의 연구 방향을 새롭게 확장할 수 있었다. 그 결과, 이전에는 치료가 어려웠던 이 질환에 대한 구체적인 연구가 가능해졌고, 우리는 환자의 심리 및 신체 상태에 대한 새로운 관점을 제공하는 그림 자료를 효과적으로 활용했다. 그림 자료는 환자의 심리 및 신체 상태를 다시 한번 놀라운 방식으로 보여 주었다.[2]

이 연구 결과는 전 세계의 다른 병원과 연구자들에게 우리의 방법을 중증 질환의 다양한 유형에 적용할 수 있는 가능성을 제시했다.

수십 년간의 **자발적 그림** 수집과 관찰을 통해 그림이 인간의 신체, 영혼 그리고 정신의 총체적인 면을 본질적으로 드러낸다는 것을 깨달았다. 이러한 사실이 우리의 평범한 삶과 예술 작품에도 적용된다는 것에 대해 매우 놀랐다. 그뿐만 아니라 수년간의 연구를 통해 나는 특이한 현상, 즉 예측되는 징후를 점점 더 인식하게 되었다.

이러한 현상들을 용기를 내어 받아들인 결과, 나와 동료들 그리고 지인들은 거의 모든 그림 자료에서 이러한 현상을 발견했으며, 우리 자신의 개인적인 경험에서도 분명히 그 현상이 드러나고 있다는 것을 알게 되었다.

---

1) 일부 연구 결과는 1974/5년에 수잔 바흐의 논문 「Spontaneous Pictures of Leukaemic Children as an Expression of the Total Personality, Mind and Body」라는 제목으로 발표되었다(Acta Paedopsychiatrica 1974/5, Vol. 4, Fasc. 2, pp. 86-104, The International Journal of Child Psychiatry). 그리고 1976년에는 히치히 교수와 키펜호이어 박사가 「The Child and Death: Thoughts on the Relationship between the Paediatrician and the Terminally Ill Child」라는 논문을 발표했다(Hexagon, Vol. 4, 76, No. 7, pp. 1-10).

2) 낭포성 섬유증을 앓고 있는 아동이 그린 첫 번째 그림은 내 에세이 "그리고 누가 의사를 생각하는가(And Who Thinks of the Doctor)?"에 실렸다. (Hexagon, Vol. 13, 1985 No. 4, pp. 15-24).

이제 독자들에게 책의 구조를 보여 주는 차례를 소개한다. 제1부는 **자발적 그림**에 대한 실용적이고 체계적인 연구를 위한 지침을 담았다. 제2부에서는 이러한 그림을 분석하는 방법과, 환자가 그린 그림의 도움을 통해 그들을 더 잘 이해할 수 있는 방법을 전한다. 제3부에는 **자발적 그림**의 주제에 대한 확충과 반영을 다양한 측면으로 소개하고, 특히 예측되는 징후의 놀라운 현상에 대해 논의한다.

이 책은 정신과 신체의 관계에 대한 핵심 질문으로 돌아가는 장으로 마무리된다. 여기서 두 개의 초점과 수학적 정밀성을 지닌 타원형의 이미지는 삶과 죽음처럼 겉보기에 대립하고 양립할 수 없는 힘을 포괄하고 통합하는 유용한 상징으로 나타난다.

차례

─────────────── 제2부 ───────────────
자발적 그림 분석 지침

제1부

자발적 그림
연구 지침

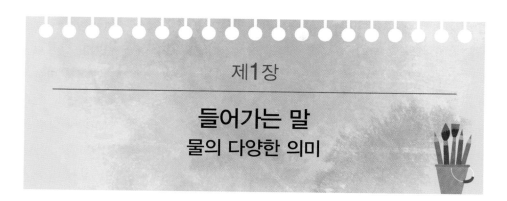

제1장

들어가는 말
물의 다양한 의미

먼저 우리 삶의 기본요소 중 하나인 물을 살펴보자. 인상파 화가 사전트(Sargent)의 행복한 수채화 아침 산책(그림 3)에서 물은 파랑이다. 물은 건강한 아동들의 그림에서 보인다. 나이, 환경 그리고 채색 재료의 종류는 우리 연구에서 항상 고려되어야 한다. 이제 환자들의 개별 그림을 살펴보자.

그림 3 아침 산책. 존 싱어 사전트(John Singer Sargent, 1856~1925).

어느 날, 베버와 나는 G 부인에게 그림을 그려 달라고 부탁했다. 그녀는 방사선 병동에 누워 있었는데, 자신의 삶과 질병을 받아들인 듯 밝고 평온해 보이는 노부인이었다. 먼저 G 부인이 확인한 것은 우리가 그녀의 그림을 놀리지 않는다는 것, 그녀의 손주들도 그녀를 비웃지 않는다는 것이었다. 나도 그림을 잘 그리지 못하지만 가끔 낙서를 한다고 대답해 주었다. 그녀는 마침내 그림을 그리기로 결정했지만, 무엇을 그려야 할지 몰랐다. 그 사이 베버는 평평한 판에 붙인 종이와 그리기 도구를 침대 위에 올려놓았다. 우리는 그녀가 무엇을 가장 많이 생각하는지 물었다. 그녀의 대답은, 그녀가 매우 사랑하는 집이었다. 그녀는 색연필 상자에서 고향의 색이자 하늘의 색인 연한 파랑을 꺼냈다. 그녀의 집 그림에는 경사진 굴뚝이 있고, 왼쪽 아래를 향하고 있는 짧은 길이 있다(그림 4). 바닥에 거의 닿지 않는 파란 우물은 실제 마을 광장이 존재하는 바깥 현실에 있었다. 우물 가장자리 위로 흐르는 물은 생명의 물일 수도 있고, 그녀의 방광 상태를 반영하는 것일 수도 있지 않을까 자문해 본다.

나는 연구자임을 떠나 한 인간으로서 말기 환자 그림에서 연한 파랑이 주로 사용된다는 사실과 그녀가 선택한 색상이 의미하는 것을 받아들이기가 꺼려졌다. 그래서 나는 그녀의 색상과 대상 선택에 개입하고 싶은 유혹을 느꼈고, 혹시 집에 나무가 있냐고 물었다. 그녀는 "오, 물론이죠, 집 뒤편에 아름다운 나무들이 있어요."라고 대답했다. 베버의 도움으로 그녀는 새로운 그림을 그렸다(그림 5). 나는 나무에 진한 갈색과 연한 초록 색연필을 권했지만, 그녀는 "아니요, 이게 정말 마음에 들어요."라고 말했다. 그렇게 보리수와 집은 다시 연한 파랑으로 그려졌다.

얼마 후 베버가 그녀의 안부를 물었을 때, 그는 그녀가 방광암으로 예상보다 일찍 사망했다는 것을 듣게 되었다. 그녀가 물이 흘러내리는 우물 그림을 그린 지 고작 몇 주가 지난 뒤였다.

그림 4 마을의 우물이 있는 집. G 부인. 여. 67세.
        방광암. NC.

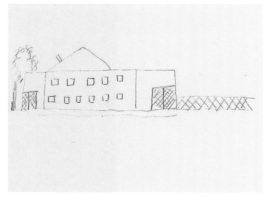

그림 5 나무가 있는 집. G 부인. 여. 67세. 방광암. NC.

그 당시 우리는 그녀가 심한 통증에 시달렸지만, 치료에는 좋은 반응을 보였다는 것을 알고 있었다.

다음 우르스(Urs)의 그림(그림 6)에서 물이 빨간 이유는 무엇일까? 물결치는 진한 초록 땅에 작은 남자가 서 있다. 몸과 머리는 파란 윤곽으로 그려졌고, 몸 전체는 빨강으로 채워져 있다. 작은 남자는 소화전에 직접 연결된 빨간 호스를 들고, 자기 키와 비슷한 길이의 창백한 초록 줄기 위에 있는 8개의 꽃잎(우르스의 나이)이 달린 빨간 꽃에 물을 주고 있다. 눈, 코, 입이 물과 같은 빨강인 황금색 태양이 세상을 향해 친절하게 빛나고 있다.

그림 6 꽃에 빨간 물 뿌리기. 우르스. 남아. 7세.
골수성 백혈병. KiSpi.

그림 7 작은 남자가 빨간 물을 집으로 나른다.
우르스. 남아. 7세. 골수성 백혈병. KiSpi.

두 번째 그림(그림 7)에도 소화전이 보이는데, 이번에는 길쭉한 빨간 방울(극미립자)로 가득 채워진 우물에 빨간 물이 수도꼭지에서 떨어지고 있다. 빨간 윤곽선에 파란 얼굴과 초록 모자를 쓴 한 남자가 양동이를 집까지 들고 가는데, 거기에 4분의 3이 빨간 액체로 채워져 있기 때문에 '물'은 아주 충분해 보인다. 우리는 이 물이 왜 빨강인지 궁금했다. 우리는 사례 기록에서 그 답을 찾을 수 있었다. 우르스는 급성 골수성 백혈병으로 KiSpi에 입원하여 두 번의 수혈을 받았고, 그 덕분에 목숨을 구할 수 있었다(헤모글로빈 수치가 100mL당 4.9g에서 9.9g으로 상승했다). 그는 완전히 회복되어 약 6년 후, 14세의 나이에 생활용품점에서 실습생으로 일하기 시작했다(21장 치유된 환아들 참조).

다음 페터(Peter)가 그린 모브색 물이 있는 그림(그림 8)도 비슷한 이유로 눈길을 끈다. 페터는 연립 주택 두 채의 화재 진압을 돕고 있다. 그는 "아이들이 울고 있어요. 왜냐하면 집을 잃는다는 것을 알기 때문이에요."라고 말했다. 경험에 따르면 모브색은 암 환자의 그림에서(다른 그림의 상징과 연관) 종종 전이의 확산을 나타낸다고 한다.[1] 우리는 페터의 병력(4장 참조)을 통해 페터가 표적 치료를 받은 후 거의 1년을 정상적인 생활을 했지만, 2년 반 만에 전이로 사망했다는 사실을 알 수 있었다.

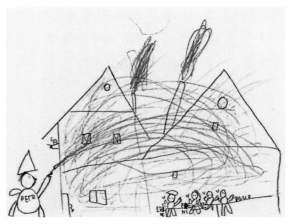

그림 8 불과 싸우는 페터. 페터.

---

1) 미국 코네티컷주 뉴헤이븐(New Haven, CT, USA)에 있는 병원의 외과 전문의 시겔(B.S. Siegel) 교수는 NC 및 KiSpi의 연구와는 별개로 암 환자와 사고로 입원한 환자의 그림을 수집했는데(그 당시 2,000개), 그들의 그림에서도 전이적 의미를 지닌 동일한 모브색이 사용된 것을 발견하였다.

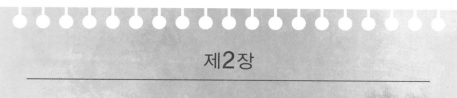

제2장

자발적 그림 수집 방법
한스 페터 베버, 취리히

　자발적 그림의 연구와 분석을 시작하기에 앞서, 독자들에게 다방면으로 사랑받는 임상 화가 한스 페터 베버를 소개하고자 한다. 우리는 그가 NC에서 제공한 풍부한 자료에 깊이 감사하고 있다(그림 1). 1951년 NC의 원장 크라엔뷜 교수는 그에게 당시 신축된 주립 병원의 신경외과의 소아 병동에 벽화를 그려 달라고 의뢰했다. 벽화(그림 2)는 왼쪽에 있는 병동 창문부터 오른쪽에 있는 문까지 이어진다. 베버는 노아의 방주와 동물들이 있는 홍수를 주제로 선택했다. 다른 동물들보다 몸집이 커서 방주를 등에 업고 있는 것처럼 보이는 수사슴을 제외하고는 모두 짝을 지어 왼쪽에서 오른쪽으로 이동한다.

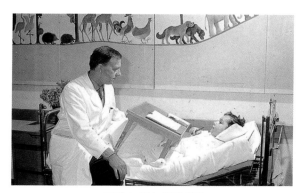

그림 1 한스 페터 베버

그림 2 주립 병원 신경외과 소아 병동 벽화

　몇 년 후 베버에게 이 특별한 역할을 왜 수사슴으로 선택했는지 물었을 때, 그는 별다른 이유를 제시하지 못했다. 그는 이 장엄한 동물이 치유자 그리스도를 상징하는 동물인지를 알지 못했다. 이 벽화는 소아 병동에 있는 생명이 위태로운 환아들이 구조와 치유를 바라는 마음을 담아 그린 것이다.

한스 페터 베버의 기고문:
1. 베버와 환자의 첫 만남

아동부터 성인까지 수년간 많은 중증 환자와 함께 일하면서 내가 배운 것은 진정한 인간관계가 마음의 문을 여는 열쇠라는 것이다. 그러므로 나는 환자에게 어떻게 나를 소개하고 역할을 설명할 것인지를 중요하게 여긴다. 예를 들어, 나는 내 이름을 먼저 밝히고, "저는 의사가 아니고 임상 화가예요. 당신과 이야기하고, 즐거운 시간을 보내며, 함께 그림을 그리러 왔어요. 저는 그림 그리기와 그림 모으는 것을 좋아해요."라고 덧붙인다.

유럽인들에게는 악수로 인사하는 것이 관례인데, 이는 다른 나라의 상황에서도 도움이 될 수 있다. 첫 만남에서 환자의 이름을 부르며 인사하는 것은 바람직하며, 보호자나 다른 사람이 함께 있는 경우에는 그들에게도 인사를 해야 한다. 아동들은 첫 만남에 낯을 가리는 경우가 있으므로 익숙해질 때까지 천천히 기다려 주는 시간이 필요하다. 그러므로 아동들에게 친절하고 친근하게 다가가, 아동이 그들 자신들을 위한 시간이 충분하다고 느끼게 하는 것이 매우 중요하다.

2. 일반적인 지침

나는 아동과 먼저 친해진 후에 그림을 그리는 데 흥미를 줄 수 있도록 유도한다. 갑자기 미술 도구를 펼쳐 놓고 손에 연필을 쥐어 준다고 아동이 그림을 그리지는 않는다. 병원에서는 아동들이 원하는 것을 할 수 있는 자유가 거의 없다. 그러므로 아동에게 언제, 무엇을 그리고 싶은지 스스로 선택할 수 있도록 하는 것은 매우 중요하다.

아동이 색연필에 흥미를 보이지 않는다면 점토나 색종이 또는 다른 재료를 원하는지 물어본다. 단, 동일한 색상 조합을 가져야 하며 아동의 손이 닿는 곳에 놓아 두어야 한다. 재료의 선택에 따라 아동의 현재 기분을 유추할 수 있다. 만약 아동이 나의 제안에 관심이 없으면, 그 아동의 침대 옆에 머무르며 병동의 다른 아동과 잠시 이야기를 나눈다. 그 아동은 점차 친밀감과 보살핌을 느낄 수 있게 되고, 그의 거부 또한 수용된다는 것을 알 수 있다. 어떤 아동들은 무언가를 그리기로 결정하기까지 시간이 필요하다. 그러므로 우리는 인내심을 가지고 기다려야 하며 압박감을 주어서는 안 된다. 그림 그리기는 아동이 기꺼이 하고 싶은 즐거운 것이어야 한다.

병원에 있는 아동은 자연스럽게 두려움을 느끼기 마련이고, 이러한 두려움은 어른이 그 아동을 특별히 신경 써야 한다는 의미로 다가온다. 환아의 침대 옆에 앉을 때는 가능하면 눈 높이에 맞춘다. 아동이 들을 수 있는 거리에서 그 아동의 그림이나 그림 그리기를 거부한 것에 관해 이야기하지 않는다. 아동이 내가 자신에 대해 이야기하고 있다고 오해할 수 있기 때문에 그것이 사실이든 아니든 절대 속삭이지도 않는다.

아동과 대화할 때는 부담스럽거나 어려운 질문이 아닌 일상적인 이야기들, 예를 들자면 살고 있는 곳, 집안 분위기, 형제자매나 학교, 선생님, 학교 친구들, 반려동물, 좋아하는 것, 취미 등에 관해 이야기하는 것이 도움이 된다.

종종 아동은 대답하기 어려운 질문을 하기도 하는데, 특히 병이 악화될 때는 더 그런 경향이 있다. 이럴 때 우리는 거짓말을 하거나 진실을 숨기려고 할 수도 있지만 아동의 질문에 우물쭈물하지 않고 가능한 한 직접적으로 대답해야 한다. 아동은 전체적인 정황이 아닌 명확하고 간결한 대답을 원한다. 만약 아동이 더 궁금한 것이 있으면 추가 질문을 할 것이다. 우리는 아동의 언어로 아동이 이해할 수 있는 수준의 대답을 해야 한다. 아동이 받아들일 수 있어야 하기 때문이다. 부모에게도 진실을 정확하게 말해야 한다.

혹시 아동이 우리에게도 그림을 그려 보라고 제안할 수 있으니 여분의 도화지를 챙겨야 한다. 우리는 절대 아동의 도화지에 그림을 그리지 않고, 아동의 그림에 무언가를 추가하거나 어떤 것도 수정하지 않아야 한다. 성인의 관점에서는 아동이 그린 그림 속 인물에게 신발이 필요하거나, 자동차에 바퀴가 3개뿐이거나, 손가락이 3개거나 엄지가 없는 손 또는 칠해진 색상이 이상하다고 생각할 수 있다. 이러한 '일반적이지 않은 묘사'는 향후 분석에 중요하다. 그림은 있는 그대로 보관되어야 한다. 한번 더 강조하자면, 누구도 아동의 그림을 수정하거나 추가하지 않고, 그리는 과정에 개입해서는 안 된다. 왜냐하면 아동은 자신의 그림이 비판을 받거나 지적되면 쉽게 불안해하거나 상처받기 때문이다. 우리는 아동의 그림에서 무언가 결여되어 있거나 잘못된 것처럼 보이는 것들이 진단과 예후에 매우 중요한 의미를 갖는다는 것을 발견했다. 다른 그림을 보고 따라 그린 그림에도 환자의 신체적·심리적 상태의 중요한 정보가 포함될 수 있다는 사실을 우리가 깨닫는 데 오랜 시간이 걸렸다. 이때, 따라 그린 그림과 원본의 차이점만으로도 환자에 대해 많은 것을 알 수 있다. 만약에 아동이 원본을 원한다면, 후속 분석을 위해 컬러 복사나 슬라이드를 만들어 보관한다.

환자의 그림 그리기는 병동 일정과 잘 맞춰야 한다. 우리는 아동뿐 아니라 성인들조차도 그림 그리기가 임상 검사와 같은 이유로 중단될 경우, 이를 내적으로 '자아'가 침해된 것으로 느낄 수 있다는 점을 잊어서는 안 된다. 만약 그림 그리는 시간이 병동의 일정과 조율이 어려워 자주 중단된다면, 환자는 그림 그리기를 아예 포기하게 될 수 있다.

아동이 그림 그리기를 거부하는 경우에 우리는 한 시간 후 또는 다음 날 다시 제안해 볼 수 있다. 다만 병동 일정이 허락하는 경우에 가능하다. 같은 병동에 있는 다른 아동들도 우리가 방문하는 것을 알고 있으므로 인사를 통해 그들에게도 관심을 표현해야 한다. 그림의 주제를 제안하지 않는 것은 외래 환자에게도 동일하다. 아동을 기다리는 동안 부모들은 마치 자녀를 빼앗기는 기분을 느낄 수 있으므로, 그럴 때는 부모들에게도 그림 그리기를 제안한다. 우리는 이런 부분도 세심하게 배려해야 한다. 또한 아동들도 우리가 부모와 상담을 하는 동안 그림을 그릴 수 있다. 많은 아동이 그림 그리기를 좋아한다.

치료 휴식기가 되거나 일시적 차도를 보여 집으로 돌아가게 되는 아동들에게는 표준화된 그리기 도구와 도화지, 주소가 적힌 회신용 봉투, 약간의 과자가 담긴 선물 꾸러미를 건네준다. 만약 아동들이 병원이나 임상 화가와 좋은 관계를 맺고 있다면, 그들은 애정 어린 인사가 담긴 새로운 그림을 우리에게 보내기도 한다. 아동들이 보낸 그림에는 정확한 날짜나 그려진 순서가 적혀 있지 않을 수도 있다. 하지만 그려진 그림에는 아동들의 신체 및 심리 발달과 내면 상태를 파악하는 데 도움이 되는 요소가 있다. 아동들이 검진받으러 병원에 오기 일주일 전이나 오랜 기간 방문하지 않았을 때, 우리는 그림 재료가 담긴 꾸러미를 하나 더 보낸다. 부모들에게는 아동이 그림을 그리고 싶어 할 때 절대 주제를 제시하지 말아 달라고 미리 당부하고, 아동의 그림을 부모가 '수정'하거나 변경하지 말기를 부탁한다. 부모나 형제자매도 그림을 그리고 싶어 한다면 그렇게 하도록 권장한다.

3. 재료

그리기 및 채색에 가장 적합한 용지는 중간 무게의 종이 또는 얇은 도화지다. 화지는 가능한 한 흰색이어야 한다. 아동이 색지를 원하면 직접 색칠하게 한다. 실용적인 크기는 29.7cm×21cm의 A4 용지 크기다. 그리기 재료는 좋은 품질의 색연필을 추천한다. 색연필은 제조사와 관계없이 다음과 같은 국제표준 색상이어야 한다.

연한 노랑	진한 노랑	연한 보라	모브(파랑 띤 보라)
연한 갈색	진한 갈색	주황	빨강
하늘색	진한 파랑	연한 초록	초록
하양	부드러운 연필(HB)		

이때 검정 색연필은 추천하지 않는데, 그 이유는 밝은 명도를 표현하기 어렵기 때문이다. 그 대신 연필을 추천하는데, 밝은 회색뿐 아니라 진한 검은 선도 표현할 수 있기 때문이다.

아동이 무언가를 지우고 싶어 하면 지우개를 준다. 하지만 수정하고 난 후에도 지우기 전에 무엇을 그렸었는지 아는 것이 우리에게 중요하기 때문에 너무 깨끗하게 지워지지 않는 지우개를 준다.

또 다른 적합한 재료는 종이 콜라주 또는 직물 콜라주다. 여기에 필요한 재료는 가위, 색지 또는 색깔 직물, 국제표준 색상 색연필, 스프레이용 정착액이다.

고무 접착 성분의 풀이나 테이프는 화지에 스며들고 비쳐서 노란 얼룩을 남기기 때문에 사용하지 않도록 강력하게 주의를 준다.

기본 색상의 점토도 도움이 될 수 있다.

앞에서 언급한 색상의 수채 물감은 탁자에 앉아서 그림을 그릴 수 있는 아동에게 적합하지만, 침대에 누워 있어야 하는 아동에게는 쏟을 수 있기 때문에 사용하지 않는다. 유화 물감이나 사인펜은 선이 너무 두껍게 그려지거나 균일하게 그려지지 않기 때문에 제공되어서는 안 된다. 이러한 재료들은 색연필이나 수채 물감처럼 아동의 내면 표현을 분석하는 데 적합하지 않다.

침대에서 그림을 그리는 아동에게는 높이 조절이 가능한 이젤이 제공되어야 한다. 모든 색칠 도구는 아동의 손에 닿는 곳에 있어야 한다. 가능하면 고무줄을 이용하여 색연필 상자를 이젤에 고정시키는 것이 좋다. 가장 중요한 점은 연필이 항상 잘 깎여 있는지 확인하는 것이다. 아동이 침대를 벗어나기 어려운 경우가 있기 때문에 색연필의 색상이 부족하지 않도록 해야 한다.

4. 자발적 그림의 체계적 수집 방법

그림을 수집할 때는 뒷면에 환자의 성과 이름, 국적, 종교, 나이, 그림을 그린 날짜와 같은 정보가 기록되어 있는지 확인한다. 같은 날에 여러 장의 그림을 그린 경우 a, b, c 등으로 순서를 표시한다.

분석을 위해서 환자의 모든 발언을 기록해야 한다. 경험에 따르면 이는 도화지 뒷면에 매우 부드러운 연필로 쓰는 것이 가장 좋다. 그림에 그려진 모든 대상은 아동이 그림을 그릴 때 설명한 순서대로 번호를 적어 기록한다. 기록은 절대 종이 앞면이 아닌 뒷면에 해야 하며, 그려진 대상의 뒤나 위쪽에 적는다. 나중에 그림을 분석할 때 아동이 그림을 그리며 무엇을 설명했는지 아는 것은 중요하다. 예로, 아동은 사과처럼 보이는 대상을 "이것은 구름이에요."라고 말하기 때문이다. 누군가 어떠한 이유에서 앞면에 무언가를 쓰거나 그렸다면, 뒷면에 이를 적어 두어야 한다. 아동이 양면 모두에 그림을 그렸다면 새로운 종이에 아동의 설명과 메모를 남긴다.

또한 아동의 내적 및 외적인 삶에서 중요한 사건과 그에 따른 영향에도 주목해야 한다. 예를 들어, 아동이 미키 마우스를 그리다가 멈추게 된 이유가 지루함이나 통증이 아니라 진료나 치료를 받으러 가야 했기 때문이라면, 이러한 중단된 이유를 메모해야 한다. 이는 아동의 내면세계(집이 그립거나 악몽을 꾸었거나 수술 전 두려움 등)가 그림에 영향을 미치기 때문에, 우리의 메모는 나중에 그림이 텅 비어 있거나 채색되지 않은 이유를 알아차리는 데 도움을 줄 수 있다.

그림 뒷면에 적힌 메모는 언어적 표현이지만 앞면의 그림은 '비언어적 의사소통'이므로, 아동의 직접적인 의견 그 자체로 이해되어야 한다.

다음과 같은 기록지는 매우 유용한 것으로 입증되었다.

취리히 대학병원 소아 병동(Kinderspital der Universität Zürich)

자발적 그림에 대한 메모

아동 이름:

나이:

성별:

종교:

진료과/병동:

동반자 성인:

날짜:

시간:

그림 그리는 데 소요된 시간:

아동은 그림을: _____ 혼자 그렸음

                              _____ 제안에 따라 그렸음

                              _____ 도움을 받아 그렸음

그림 그리는 동안 한 말:

그림 완성 후의 설명:

기타 참고사항:

제3장

소아암 환아 부모와 첫 면담

히치히 교수

스위스 취리히 대학병원 소아 병동

히치히 교수의 기고문

이 책의 독자들은 병원 혈액내과 중증 환아 및 부모의 입원 절차를 한눈에 파악하는 데 관심이 있을 것이다. 아동의 입원 절차는 일반적인 규칙에서 크게 벗어나지 않지만, 중증 질환의 경우 특히 중요한 몇 가지 관점이 추가로 고려되어야 한다.

입원 시 병동의 인턴은 환아의 신체 및 심리 발달에 관한 서류를 받는다. 이후 관찰된 증상과 다른 의사가 이전에 수행한 검사에 대해 질문한다. 신체검사 후 모든 아동에게 일반적인 정기 검진이 진행되고, 그 후 각 아동에게 맞는 특별한 검사를 지시한다. 이렇게 얻은 서류와 결과를 바탕으로 예비 진단을 내리고 적절한 치료를 계획한다.

먼저 정확한 진단이 필수적으로 이루어지고 난 후, 부모와 아동(아동이 내용을 이해한다면 함께)에게 질병과 예측되는 결과에 관해 이야기한다. 백혈병 같은 악성 종양의 경우 대부분 몇 시간 이내에 진단이 이루어진다. 이러한 경우에는 일반적으로 입원 당일에 부모와 진료 예약을 하고, 외부의 방해(전화, 검색 시스템 등) 없이 이들 가족에게만 온전히 전념하는 데 필요한 시간을 확보한다. 과거 경험에 의하면, 첫 면담에서는 효율적인 접근을 위해 부모가 함께 참석하는 것이 중요하다. 이렇게 함으로써 부모는 서로 소통하고 지지할 수 있으며, 이야기를 전달하는 과정에 생기는 오해를 방지할 수 있다. 임상 경험을 통해 첫 의사소통의 경험이 깊은 인상을 남긴다는 것을 배웠기에, 우리는 첫 면담에 많은 시간과 정성을 쏟는다.

면담을 진행하는 의사는 숙련된 전문가로, 해당 질병에 대한 전문적인 지식이 있어야 한다. 또한 최신 연구 동향과 치료 방법 및 치유 전망에 정통해야 한다. 그 외에도 인턴(때에 따라 지정된 선임 인턴이 동행할 수 있음)과 최소한 한 명의 병동 선임 간호사가 면담에 참여해야 한다. 자녀의 생명이 위태로운 상황임을 고려하여 초기부터 부모와 상호 신뢰 관계를 형성하는 것은 매우 중요하다.

앞선 면담 방식에 대한 반대 의견도 있다. 인턴이나 간호사 등의 다른 사람들의 존재는 부모와 의사가 터놓고 이야기하는 것에 방해가 된다는 이유로 거부되기도 한다. 그래서 다른 병원에서는 담당 의사 혼자만 부모와 이야기를 나눈다. 그러나 우리의 경험에 따르면 젊은 부부는 조력자들로 구성된 이들과 함께한다는 것을 알 때 더 안전하게 느낀다. 이러한 접근 방식은 인턴이 선임 동료의 사례를 통해 배우고 경험을 쌓을 수 있다는 장점도 있다. 선배 의사가 실제 대화를 이끌어 가는 것을 배우는 인턴의 경험 또한 올바른 약물 투여나 수술 기법의 적용 못지않게 중요하다. 보통 면담을 시작할 때는 바로 본론으로 들어가고 부모에게 진단명을 알려 준다. 우리는 다른 의사들이 으레 사용하는 '부모에게 나쁜 소식을 여러 차례에 걸쳐 서서히 소개하는' 장황한 접근 방식을 선호하지 않는다. 백혈병 대신 '골수 위축 또는 쇠약'과 같은 생소한 용어를 사용하는 것도 거부한다. 이는 부모를 전혀 안심시키지 못하며, 오히려 의사가 그들에게 솔직하지 않다는 인상을 줄 수 있다. 혹시 진단명이 아직 확실한 게 아니라면 의사는 더 조심스럽게 대화를 이끌 수도 있다. 쉽지만은 않았던 진실한 대화의 길이 열리면 부모에게 질병의 특성을 설명한다. 예를 들어, 백혈병의 경우 '혈액암'이라는 보다 대중적인 용어를 사용하여 부모가 이미 아동에게서 관찰했던 빈혈, 감염에 대한 저항력 약화, 출혈 등과 같은 증세가 동반되어 나타나는 것을 이해할 수 있도록 도와준다(13장 소아 백혈병 참조).

또한 질병의 증상이 비교적 짧은 기간에 사라질 수 있는 것도 설명되어야 한다. 그러나 모든 암의 경우 시간이 지나 질병이 다시 나타나는, 즉 재발이 일어날 수 있다. 그렇기 때문에 '치유'되었다는 말은 확실한 조건에서만 언급될 수 있다.

대부분 병원에서 진행하는 초기 치료 단계와는 달리 아동의 경우에는 장기 치료를 위해 집에 머무를 수 있다. 이때 부모에게는 중요한 역할이 주어진다. 처방된 약을 제때 주고, 아동이 고통스러워할 때 대처할 수 있게 돕고, 외래 재검진을 받으러 시간에 맞춰 아동을 병원에 데리고 오는 것이다.

부모가 가장 관심을 보이는 것은 장기적인 예후다. 따라서 담당 의사는 최신 치료 연구 동향에 대해 잘 알아야 하며 근거 있는 진술을 해야 한다. 하지만 초기 단계에서는 통계 데이터만 제공할 수 있다. 예를 들어, 아동 세 명 중 두 명, 다섯 명 중 네 명이 (치료 경험이 풍부한 병원에서) 완전하고 지속적인 치유 상태가 가능하다고 말할 수 있다. 그러나 높은 연령대 아동의 경우에는 예후가 좋지 않다. 아동에게 가장 흔한 고형 종양 중 하나인 신경 모세포종(Nephroblastom) 치료는 현재 80% 이상의 완치율을 기대한다. 조기에 발견한 림프 모세포종(Lymphogranulom)의 경우에는 약 100%의 완치율을 보인다. 반면, 다른 악성 종양의 결과는 안타깝게도 훨씬 좋지 않다. 이 모든 수치는 광범위한 통계에 기초하고 있음을 분명히 밝혀야 하며 오늘 논의된 환아에게만 적용될 수 있다. 즉, 우리는 아동의 개별적인 운명을 예측할 수 없다.

치료의 부작용은 아동이 당면한 미래에 중요한 영향을 미치기 때문에 즉각 논의되어야 한다. 메스꺼움과 구토, 프레드니손(부신피질호르몬제 약물) 사용으로 원치 않는 체중 증가, 세포 증식 억제제에 의한 체중 감소, 출혈, 탈모 또는 감염에 의한 면역결핍증과 같은 부작용이 바로 나타날 수 있다.

치유 가능성의 윤곽이 드러난 이후에야 이 심각한 질병의 원인에 대한 문제를 논의할 수 있다. 이때 우리가 아직 정답을 모른다는 것을 강조해야 한다. 성인의 많은 악성 종양은 담배나 음식 또는 직업 환경의 유해 물질과 같은 외부 요인에 의해 유발된다는 것이 명확하게 입증되었다. 아동기 종양은 그렇지 않다. 비교적 짧은 삶 동안 외부에서 영향을 받는 일이 드물기 때문에 아동기 종양의 원인을 찾는 것은 매우 불가능하다. 따라서 우리는 이 질문에 대답할 수 없다. 결과적으로 피하거나 예방하는 것은 불가능했을 것이다. 따라서 부모는 잘못한 것이 없으며 해야 할 일을 하지 않은 것이 아니다. 필연적으로 발생하는 부모의 죄의식을 줄이기 위해 우리는 첫 번째 대화, 그리고 그 이후에 많은 대화를 나누는데, 질병의 원인이 잘못된 식단이라거나, 산이나 바다에서 머물렀기 때문이거나, 특정 사람과의 접촉이나 다른 어떤 사건 때문인지를 반추하는 것은 무의미하다고 강조한다. 안타깝게도 거의 모든 부모가 이 시기에 자괴감을 느끼는 경향이 있고, 특히 대다수 어머니는 시간이 흐르며 나타나는 죄책감을 극복하기 어려워한다. 우리는 부모에게 연배가 있는 친척이나 친구들 또는 성직자나 상담사와 많은 대화를 나누는 것이 좋다고 권유한다.

때로는 아동의 부모들과 비정통적인 치료 선택권에 관해 이야기하게 되는데 우리는 그것에 대해 분명하게 거부 의사를 밝힌다. 단순히 원칙의 문제가 아니라 수만 번 진지하고 비판적인 연구가 진행되었지만 어떠한 긍정적인 결과를 입증하지 못했기 때문이다. 그럼에도 불구하고, 아동의 부모와 어느 정도 가까운 사람들은 그러한 치료법을 제안하거나 심지어 강요하기도 한다. 간절한 상황에 처한 누군가가 현재 우리가 하는 방법 외에도 다른 방식으로 시도하고자 하는 것을 이해한다.

우리는 이러한 종류의 조언을 우리에게 전달하기를 보호자들에게 간청한다. 비전통적인 방법으로 치료를 시도해 보고 싶다면 그 절차에 대해 우리와 협의해 주기를 부탁한다고 말한다. 우리가 그들로 인해 불쾌해진다거나 우리가 그들을 비웃을 거라는 걱정 없이 아동의 질병에 대해 보고 듣는 모든 것에 대해 우리와 대화를 나눌 수 있다는 것을 알기 바란다.

첫 번째 면담에서는 상호 신뢰를 강조하고 가능한 한 가장 긍정적인 어조로 마무리한다. 우리는 부모에게 치료의 모든 측면에서 최선을 다할 것을 약속하며, 기술적인 세부 사항은 의료진에게 맡기도록 부탁한다. 부모들에게는 과거에 행복했던 시간이 고통스럽게 단절된 것에 대해 잘 대처하도록 하며, 미래의 삶에 적응하는 데 집중해야 한다고 안내한다. 부모는 아동이 입원하는 동안 이러한 대처 방법을 의식적으로 활용해야 한다. 이 기간 동안 친구나 가족으로부터 도움을 요청할 수도 있고, 새롭게 설립된 부모 자조 협회에 도움을 요청할 수도 있다. 부모들의 두려움과 불확실성은 건강한 자녀를 키우는 부모들에게는 이해하기 어려울 수 있지만, 자조 그룹에서는 서로를 이해하고 공감하는 많은 사람을 만날 수 있을 것이다.

우리는 많은 질문이 오가는 첫 대화가 모든 부모에게 부담스러울 수 있다는 것을 잘 알고 있다. 감정적으로 긴장한 상태의 부모들에게 의학적으로 고려되는 사항의 의미를 모두 파악할 수 있을 것이라고 기대할 수 없다. 그러므로 오늘 궁금한 질문이 해소되었다고 해도 또 다른 구체적인 질문이 생기면 언제든지 나중에 다시 물어봐도 된다고 안심시킨다. 이것이 바로 나중에 대화 상대가 될 간호사와 의사가 첫 번째 면담에 참석해야 하는 또 다른 이유다.

젊은 부모에게 "당신의 자녀가 암에 걸렸습니다."라고 말한 후 그들의 감정적 반응을 직면하는 데는 많은 용기가 필요하다는 것을 우리는 배웠다. 솔직히 말하면, 나는 우리가 수년에 걸쳐 발전시켜 온 부모와 대화하는 방식에 자부심을 가졌지만, 최근 의사와 암 환자 사이에 오간 수많은 대화에 대한 통계 분석과 다양한 연구를 보며 더 많은 것을 깨달았다.

연구 결과들은 의사가 하는 말의 진정성이 곧 치료 성공 가능성과 정비례한다는 단순하고도 명백한 결론을 제시했다. 예를 들어, 피부과 의사는 피부암에 걸린 환자에게 진단명을 솔직하게 알리는데, 이는 피부암이 대부분 치료가 가능하기 때문이다. 반면, 위장 전문의는 위암의 예후가 좋지 않은 것을 고려하여 진실을 말하지 않는다.

오늘날 우리가 이토록 솔직할 수 있는 것은 최근 몇 년 동안 소아 백혈병 치료 가능성이 크게 향상되었기 때문일까? 나는 이 말이 맞다는 것을 분명히 인정한다. 부모들과 수많은 대화를 통해 이들이 어떻게 심리적으로 적응해 나가는지에 대한 방법들도 배웠다. 이 어려운 과정에서 그들 중 일부 부모님들을 도울 수 있기를 바란다는 말을 덧붙이고 싶다. 수잔 바흐와의 이 연구는 우리가 여전히 숨겨져 있는 고통에 대한 환자의 '내면의 알아차림'을 깨닫는 데 큰 도움이 되었다.

제4장
페터, 프리스카와 리스베스의 짧은 병력

먼저 이 책에서 가장 자주 등장하는 그림을 그린 두 환아인 페터와 프리스카(Priska)의 짧은 병력을 살펴보고자 한다. 그들의 그림은 신체적 · 정신적으로 위협적인 질병의 연속적 표현이었다. 페터의 병력은 약 3년, 프리스카의 병력은 약 10개월 동안 지속되었다. 두 아동이 그린 연작 그림은 자신들의 운명에 대한 '내면의 알아차림'이 중요하게 반영되어 있다.

그다음으로 리스베스의 기록이 이어진다. 우르스에 대한 자세한 내용은 13장 '신체적 측면을 고려하는 방법'에서 히치히 교수가 기고한 '소아 백혈병'에서 확인할 수 있다. 아드리안(Adrian)에 관한 자세한 내용은 16장 '남겨진 생애에서 변화되는 동일한 모티브'의 키펜호이어(C. Kiepenheuer) 박사의 기고문에 있다.

페터의 병력

페터, 남아, 악성 뇌종양(수모 세포종), NC

페터는 8세 3개월의 나이로 병원에 입원했다. 그는 3개월 전, 견갑골 사이에 통증을 호소하기 전까지만 해도 건강했던 아동이었다. 얼마 지나지 않아 페터는 걸을 수는 있었지만 빠르게 달릴 수 없었고, 고개가 뻐딱하게 돌아가고 목에 무언가 쏘인 듯하다고 호소하기 시작했다. 입원 3주 전부터 그는 왼발을 끌며 걸었고, 그 후 몇 주 동안 상태가 눈에 띄게 악화했다. 페터의 목이 굳어져, 그는 도움 없이는 더 이상 혼자 걸을 수 없었고, 마지막 3일 동안은 간신히 벽에 의지해서 다닐 수밖에 없었다. 그의 양손 기력과 그림의 표현력은 약해졌지만, 진료 기록에 따르면 '전반적으로 양호한 건강 상태'를 유지했다. 그는 구토하지 않았고, 두통이나 뇌전증 발작도 없었다.

페터는 병원에 입원했을 때, 진찰을 받기도 전에 첫 그림을 그렸다. 그는 투병 동안 총 220여 개의 그림을 그렸는데, 그중 52개가 여기에서 소개된다.

페터는 홍역을 앓은 지 얼마 되지 않았기에 수술이 금지되었다. 대신 후두부와 경추 부위에 방사선 치료를 받았다. 페터는 6주 만에 총 8500 R[R은 방사선 조사량(radiation therapy) − 옮긴이] 을 받았다. 다행히 그는 치료에 잘 반응했고, 상태는 꾸준히 호전되었다. 불과 싸우는 페터(그림 8)와 방사선 전등 아래에서(그림 9)에서 볼 수 있듯이 페터는 다시 회복되었다.

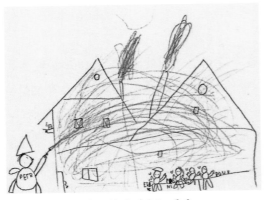

그림 8 불과 싸우는 페터.
페터, 남아, 악성 뇌종양. NC.

그림 9 방사선 전등 아래에서.
페터, 남아, 악성 뇌종양. NC.

그림 10 주립 병원. 페터, 남아, 악성 뇌종양. NC.

약 두 달 후 페터는 병원에서 퇴원할 수 있었다(그림 10). 두 달 후 재검진에 왔을 때, 그는 많이 호전되었고 학교에서는 놓친 공부를 따라잡고 있었다. 그 후 1년 동안 페터는 또래 아동들과 마찬가지로 생활할 수 있었다. 이 기간에 아동은 정기적으로 병원에 방문하여 재검진을 받고, 집에서 그린 그림을 베버에게 보냈다.

그러다 그는 상태가 악화되어 다시 NC로 돌아와야 했고, 이번에는 집의 잔해(그림 11)라는 그림을 그렸다. 이번에는 연수 모세포종의 다발성 전이 진단을 받고 감압 수술이 진행되었다. 페터는 마취에서 빨리 회복되었고 합병증도 없었다. 하지만 우리는 그의 그림(그림 12)을 통해 그가 '마음의 죽음과 영혼의 인도자'를 마주했었다는 것을 알 수 있다.

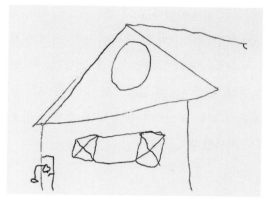

그림 11 집의 잔해.
페터, 남아, 악성 뇌종양, NC.

그림 12 마음의 죽음과 영혼의 인도자.
페터, 남아, 악성 뇌종양, NC.

다음 그림은 페터가 자신의 생명에 대한 위협을 끊임없이 인식하고 있었음을 보여 준다. 그리고 페터가 그림 13에서 잡아먹히다(Gefressen werden)라고 썼듯이 자신의 질병으로 생명이 위협받는다고 느꼈다는 것을 짐작할 수 있다.

그림 13 잡아먹히다.
페터, 남아, 악성 뇌종양, NC.

예방을 위한 방사선 치료를 새로 받기 전에 페터는 일시적으로 퇴원했고, 곧 식욕과 활력을 되찾았다. 그가 병원으로 돌아왔을 때 신경학적 증상이나 메스꺼움, 어지럼증 없이 전반적인 상태가 양호했다. 페터는 좋은 몸 상태로 다시 퇴원했는데, 양쪽 바빈스키 반사에서 아주 가벼운 좌측 경증 마비 증상을 제외하고는 별다른 불편함도 없었고, 어려움 없이 걸을 수 있었다. 3주 후 검사를 받았을 때도 페터의 상태는 쭉 좋았다. 소뇌증상도 없었고, 두개 내 압력 상승의 징후 및 병적인 증상도 없었다. 페터는 6개월 후에 돌아올 예정이었다.

하지만 페터의 상태가 너무 악화되어 그의 부모는 취리히에서 꽤 먼 거리에 있는 집에 머물게 하기로 했다. 그 후 페터의 상태가 더 악화되어 처음에는 외래 환자로, 그 후 방사선 치료를 받기 위해 근처 지역 병원으로 입원했다. 우리는 소년의 그림 자비의 일격(그림 14)에서 그의 용감함과 육체적 고통을 이해할 수 있었다. 그는 그림을 그리는 동안 "더 이상 내 몸에 바늘을 꽂을 곳이 없어."라고 말했다. 결국 그는 엄마의 면회도 거부했다.

그림 14 자비의 일격. 페터, 남아, 악성 뇌종양, NC.

페터가 죽어 갈 때는 완전히 지쳐 있었는데, 그의 마지막 그림인 평화의 새(그림 15)는 소년의 고통으로 가득 찬 삶이 마침내 평화의 땅에 이르렀고, 내세의 권세와 태양 그리고 신과 화해했다는 희망을 안겨 준다. 페터가 사망했을 때 10세 3개월이었다.

그림 15 평화의 새. 페터. 남아. 악성 뇌종양. NC.

프리스카의 병력

프리스카, 9세, 여아, 악성 뇌종양, NC.

프리스카는 8세 때 입원했다. 한 달 전 방광염에 걸렸고 두통, 매일 구토, 평형 장애(균형 상실) 등의 증상을 보였다. 안과 검사 결과 양쪽에 시신경 유두부종(뇌척수액의 압력이 상승하여 생기는 것 – 옮긴이)이 발견되었다. 입원 당시 검사를 받기 전에 첫 번째 그림을 그렸고, 이후 총 94개의 그림을 그렸다. 여기서는 그중 16개만 설명하고자 한다. 진단 결과 프리스카는 악성 종양(좌반구의 외측 절반의 수모 세포종)을 진단받았다. 수술을 받은 후에 그녀는 머리에, 한 달 뒤에는 허리 부위에 이어 방사선 치료를 받았다.

프리스카는 수술 후 2개월 만에 퇴원했고, 3개월 후에 재검진을 받았다. 하지만 3개월 후에 구토와 경직된 표정, 불안정한 걸음걸이 등 상태가 악화되었다. 소녀는 다시 병원에 입원했고, 미상핵(대뇌반구의 기저부에 위치 – 옮긴이) 부위에 악성 종양을 진단받았다. 소뇌와 척추 부위에 방사선 치료를 받은 후, 그녀의 상태가 많이 호전되어 한 달 후에는 퇴원할 수 있었다.

하지만 그녀의 병은 계속 퍼져 나갔다. 프리스카의 버섯집(그림 16)에서 이미 묘사된 것처럼 이번에는 우측 소뇌 반구에 증상이 발생해서 다시 방사선 치료를 받았다. 그녀를 치료한 의사는 그녀가 통증이 없었고 정신적으로 평온해 보였다고 한다. 가끔 발생하는 통증 발작은 약물로 빠르게 치료할 수 있었다. 프리스카는 6주 후, 10세의 나이로 평온하게 세상을 떠났다.

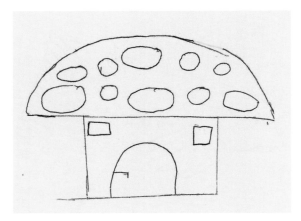

그림 16 프리스카의 버섯집. 프리스카, 여아, 악성 뇌종양, NC.

페터와 마찬가지로 프리스카의 그림 이야기 전반에 걸쳐 '내면의 알아차림'이라는 보이지 않는 확신이 있다. 그림 그리기는 매우 위험한 질병의 시작부터 마지막까지 그리고 프리스카의 짧았던 삶의 여정이 불가피하게 끝날 때까지 육체적으로나 정신적으로 그녀를 인도했다.

이 두 아동이 아동들의 수호성인 성 니콜라스(St. Nicholas, 별칭 산타클로스)와 가졌던 관계를 비교해 보면 매우 인상적이고 시사하는 바가 크다. 프리스카는 성 니콜라스와 그의 조수가 두렵지 않다고 말했다. 프리스카의 그림에서 그녀가 그들과 함께 조화롭고 사이좋게 보조를 맞춰 걸어가고 있는 모습을 볼 수 있다. 반면, 페터의 경우 성 니콜라스는 그를 반항으로 처벌하는 적이 되는 존재다. 이것은 페터가 그러한 고통과 어려움 속에서 숨을 거두게 된 이유를 설명해 줄 수 있다. 한편, 프리스카는 평화롭고 고요히 떠날 수 있었다.

리스베스의 병력

리스베스, 여아, 8세, 급성 림프모구 백혈병.

리스베스는 다섯 딸 중 장녀였다. 부모는 로마 가톨릭 신자인 농부였다. 리스베스의 출생 및 발달사는 정상이었다. 그녀는 매우 친절한 아동이었고, 나이에 비해 성숙했으며, 분별력이 있고 사려 깊었다. 그녀의 집에서 '질병'과 '죽음'이라는 단어는 결코 언급되지 않았다. 어머니의 말에 의하면, 다행히 그녀도 묻지 않았다고 한다.

백혈병의 명확한 증상이 나타난 것은 1965년 12월, 크리스마스 직전이었다. 리스베스는

1966년 1월 6일에 급성 빈혈과 출혈반(색소성 자반증 – 옮긴이)으로 소아 병원에 입원한 당일에 백혈병 진단이 내려졌다. 그녀는 수혈을 받았고 퇴원 후에는 외래에서 항 백혈병성 항암화학요법을 받았으며 다시 학교에 갈 수 있을 만큼 건강해졌다. 1967년 3월에 처음 발생한 수막 침윤은 1967년 7월과 8월에 재발했으며, 같은 해 12월에 리스베스는 중증 기관지 폐렴으로 입원했다. 그녀의 병은 1968년 6월과 8월에 두 차례 골수에 재발했고 뇌수막 발작을 보였으며, 1968년 12월 5일에 다시 입원하여 집중적으로 세포 증식 억제 치료를 받았다. 1968년 12월 19일, 리스베스는 계획된 수혈을 받기 전 심한 출혈 증세를 보이다가 사망했다.

리스베스의 4개의 그림은 같은 해 5월 26일에서 9월 8일 사이에 그려졌다. 다시 한번 우리는 이러한 그림들이 어떤 의미를 담고 있는지 생각해 보게 된다. 우리가 알고 있는 것은 그림이 실제로 질병 이야기를 예언적으로 반영한다는 것이다. 백혈병 상태를 반영한 그림(그림 17), 병이 시작되었을 때의 그림(그림 18), 꽃잎 5개(현세의 완결을 상징하며 죽어 가는 아동들의 그림에서 자주 발견되는)가 달린 커다란 마법의 꽃이 있는 자화상(그림 19), 그리고 마지막으로 외부의 힘에 의해 움직여져 스스로 움직임을 제어할 수 없는 춤추는 어릿광대(그림 28)가 있다. 우리는 리스베스에게 남은 3년이라는 수와 그림 속 숫자 3이 반복됨에 주목하게 된다.

그림 17 백혈병 상태를 반영한 그림. 리스베스, 여아. 급성 림프모구 백혈병.

그림 18 병이 시작되었을 때의 그림. 리스베스, 여아. 급성 림프모구 백혈병.

그림 19 마법의 꽃.
리스베스, 여아, 급성 림프모구 백혈병.

그림 28 춤추는 어릿광대.
리스베스, 여아, 급성 림프모구 백혈병.

나는 리스베스의 그림을 좀 더 자세히 연구했을 때 그림들을 이해할 수 있었다. 죽어 가는 아동에 대한 이야기는 나중에야 듣게 되었다. 소녀는 사망하기 5일 전, 엄마에게 안데르센의 동화 '성냥팔이 소녀'를 읽어 달라고 부탁했다고 한다. 이 동화는 몹시 추운 새해 밤에 성냥을 파는 외로운 아동의 이야기다. 소녀는 홀로 성냥을 하나씩 피우며 추위도, 굶주림도, 두려움도 없는 하늘나라에 살고 있는 할머니와의 재회를 마음속으로 경험했다. 다음 날 아침, 성냥팔이 소녀는 얼어 죽은 채 발견되었다. 우리는 리스베스의 그림에 있는 소녀 앞, 풀다발 5개와 마법의 꽃(그림 19)에 있는 꽃잎 5개를 떠올리게 된다.[1]

이 환아의 그림 4개에 반영된 '내면의 알아차림'이 상징적으로 표현된 것이 보이는가?

---

1) 전체 이야기는 「Spontaneous Pictures of Leukaemic Children as an Expression of the Total Personality, Mind and Body」를 참고하세요.

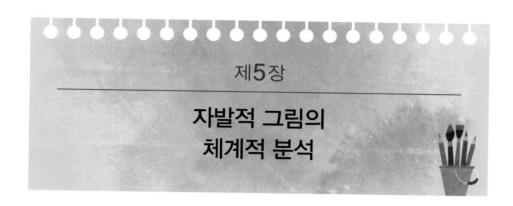

제5장

자발적 그림의
체계적 분석

자발적 그림을 '읽고' '번역하고' 분석하는 체계적인 접근 방식을 살펴보려 한다.

1. 그림 복사와 제목 붙이기

그림에 그려진 세부 사항을 더 자세히 파악하고 싶다면, 트레싱지로 복사하기를 추천한다. 이를 통해 얼마나 더 많은 것을 볼 수 있는지 놀라울 따름이다. 다음 단계로 그림에 제목을 붙여 본다. 이는 시간이 지나도 그림에 대해 이해한 사항을 기억해 내는 데 도움이 되고, 연구가 진행되는 과정에서 언제든지 유용하게 사용되기 때문이다.

2. 주변 환경과 그림 비교하기

왜 마리안네(Marianne)는 자신의 마을 교회를 그릴 때 양파 모양의 돔과 자연스러운 주변 환경을 생략하고(그림 21), 아무것도 없는 황량한 배경 속에서 교회(그림 20)를 왼쪽을 향하게 그렸을까? 교회의 탑과 빨강 지붕은 환아 머리에 악성 질환이 있음을 의미하고, 텅 비어 있는 창문은 저하된 시력을 나타내는 것은 아닐까? 건물의 외벽 전체가 연필로 음영 처리되어 있는 이유는 무엇일까? 마리안네의 몸에서 생명이 사라지고 있는 것일까? 그러면 내가 마리안네의 침대 옆에 앉아 이 아동의 깊은 외로움을 나누고 있을 때, 그녀가 힘겹게 그려 넣은 탑 꼭대기의 검은 십자가는 무엇을 의미한단 말일까? 아동이 마음속 깊은 곳에서 느꼈을지도 모를 "나는 십자가를 짊어진다." 같은 감정을 표현한 것일까? 다음 날, 안타깝게도 수술할 수 없을 정도로 광범위하게 번진 악성 뇌종양이 발견되었다. 소녀는 5개월 후 세상을 떠나고 말았다. 우리는 그녀의 그림 속 교회에 있던 5개의 창문의 수를 떠올려 본다.

그림 20 마리안네의 교회. 마리안네, 여아, 11세 6개월,
악성 뇌종양(수술 불가), NC.

그림 21 양파 모양의 돔이 있는 교회의
실제 모습.

이어서 '이른 수확'의 표현으로 이해될 수 있는 2개의 그림을 살펴보자. 여기 두 아동, 발터 H.(Walter H.)와 리스베스(Lisbeth)는 질병의 유형과 관계없이 잎사귀가 없는 생명나무에서 연한 빨간 열매가 수확하기에는 너무 이른 시기에 땅으로 떨어지는 장면을 그렸다.

발터 H.는 4월(진단받기 5개월 전)에 이 그림을 그렸다(그림 22). 우리는 "사과가 대략 5개 정도 떨어졌기 때문일까?"라고 자문해 보았다. 왜냐하면 발터 H.가 수술할 수 없는 종양으로 이른 가을에 사망했기 때문이다.

그림 22 이른 수확.
발터 H., 남아, 8세, 악성 뇌종양, NC.

　　이 어린 소녀는 5월에 이 그림을 그렸다(그림 17). 그녀의 생명나무는 그림의 중앙에서 약간 오른쪽에 서 있고, 그 생명나무에서 열매가 떨어지고 있다. 이것을 그녀의 생이 일찍 끝난다는 의미로 받아들여야 할까? 화지 서쪽 상단의 모서리에는 의심스러운 표정을 짓고 있는 태양이 보인다. 이 태양에는 광선이 8개 있다. 그 이유가 무엇일까? 8세의 나이로 리스베스는 세상을 떠났다(5장 6. 다양한 대상에서 반복되는 숫자 참조).

그림 17　5월의 사과 수확. 리스베스.

그림 23　예술 작품과의 유사성: 가을의 사과 수확. 밀레(J. F. Millet, 1814–1875).

3. 눈에 띄는 사항 확인하기

　　갓 부화한 병아리에게 먹이를 주면 안 되는 이유는 무엇일까? 프리스카는 현재 성공적인 뇌종양 수술을 받고 회복 중에 있지만, 그녀의 생이 일찍 막을 내릴 수도 있다는 것을 예고하는 것일까(그림 24)? 9개월 후, 프리스카는 평화롭게 세상을 떠났고, 그때까지 단 한 번의 통증 발작을 겪었다(4장 프리스카의 병력 참조).

그림 24 먹이를 주지 마시오. 프리스카.

5번째 꽃(얼굴)은 악마의 가면을 쓰고 있지 않다. 왜 그런 걸까? 리스베스의 질병은 5세 때 발병했다(그림 18).

그림 18 악마의 가면을 쓴 꽃. 리스베스.

산타클로스의 왼쪽 팔(우리가 그림을 바라보았을 때 왼쪽 – 옮긴이)에는 손이 매달려 있는데, 왜 그 손은 이상할 만큼 작고 부자연스러울까(그림 25)? 또한 왼쪽 수염은 빛바랜 듯 색상이 없어 보인다. 이것은 무엇을 의미하는 것일까? 게오르그 R.(Georg R.)은 응급 수술을 받은 후 왼쪽 편마비 증상을 겪었다.

그림 25 산타클로스. 게오르그 R., 남아, 10세, 뇌종양,
오른쪽 전두엽의 해면 모세포종, NC.

4. 그림에 생략된 부분 확인하기

다음 그림(그림 26)은 로웬펠트 모자이크 테스트(Löwenfeld mosaic test)이다. 런던 아동 심리학 연구소(Institute for Child Psychology, London)에서 제공받았다.

토끼의 오른쪽 귀가 색칠되지 않았다(그림 26). 그 이유는 무엇일까? 청각 용종 수술 후에도 소년의 청력은 여전히 손상되어 있었다.

그림 26 잔디 위의 토끼(아동이 직접 지은 제목). 게오르그 R., 남아, 10세 6개월, 청각 용종.

다음 그림(그림 27)은 더럼 의학 저널에서 제공받은 그림 검사 결과다.

(a)와 (b): 시계 숫자판과 데이지꽃의 왼쪽 부분이 생략되어 불완전하게 그려졌다.

(c)와 (d): 열흘 후 우측 두정엽 피질에서 수막종을 성공적으로 제거한 후 두 그림은 온전히 그려졌다(그림 27).

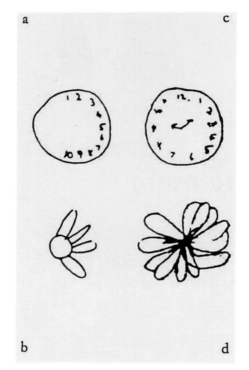

그림 27 시계 숫자판과 데이지꽃. E. W., 여성, 55세, 수막종.

5. 그림에 반복적으로 나타나는 숫자

같은 장 '2. 주변 환경과 그림 비교하기'의 리스베스의 그림을 떠올려 보자. 그림(그림 17)에는 바구니의 가장자리로 넘치는 사과의 수(8~9), 태양 광선의 수, 풀이 뭉쳐 있는 수에서 숫자 8이 3번 등장한다. 그림에 반복적으로 나타나는 수는 불안한 징조를 예견한다. 시기보다 앞선 수확은 그녀의 생이 앞선 시기에 끝난다는 것을 의미하는 것일까?

그림 17 5월의 사과 수확. 리스베스.

약 3개월이 지난 후, 리스베스가 그린 마지막 그림을 살펴보려 한다. 그녀는 아빠가 장난감 가게에서 사다 준 춤추는 어릿광대를 오려 낸 사진을 가지고 있었다. 리스베스가 직접 색상과 기타 세부 사항을 골라 그림을 그렸다. 여기에서 그림에 나타나는 수에 집중해 보자. 바닥에 선명하게 그려진 형태의 윤곽이 '3'개, '삼'각 모양의 하얀 고깔모자에 보이는 빨간 선 '3'줄, 빨간 표식 '3'개, 마지막으로 태양 광선 '3'개가 보인다. 숫자 '3'이 5번 반복된다는 것을 알 수 있다. 서쪽에는 검은 얼굴을 가진 태양의 빨간 광선 3개가 보인다. 이는 백혈병을 앓고 있는 리스베스의 생명을 유지하는 데 약 3단위(3개월)의 혈액량을 필요로 하는 것을 의미하지 않았을까? 그녀는 3개월 후, 8세가 되던 해에 세상을 떠났다.

그림 28 춤추는 어릿광대. 리스베스.

초록 전나무 7그루에 원뿔형 모양의 달팽이 7마리가 앉아 있다(그림 29). 가장 오른쪽에 있는 전나무에는 잎이 없는 앙상한 기둥만 보인다. 그림에는 두 인물이 연필로 묘사되었는데, 머리 부분에 빨간 얼룩이 눈에 띈다(인쇄의 한계로 빨강이 그림에 선명하게 보이지 않음 – 옮긴이). 혹시 그 지점에 악성 종양이 자라고 있는 것이 아닐까? (8장 색의 사용에 관하여 참조). 발터 H.는 7세에 성조숙증 증상으로 병원에 처음 입원하게 되었다. 추가로 진행된 검사에서 솔방울 모양의 악성 뇌종양이 발견되었고, 이 질병으로 이 아동은 8세를 얼마 남기지 않고 사망하게 되었다.

몇 년 전 이 그림을 융에게 보여 주었는데, 그는 "이것은 솔방울인가요, 달팽이인가요? 달팽이라면 숲 전체를 단 하룻밤에 통째로 먹어 치울 수 있어요."라고 말했다.

그림 29 달팽이와 작은 남자가 있는 나무들. 발터 H., 남아, 7세, 악성 뇌종양, 송과종, NC.

6. 다양한 대상에서 반복되는 숫자

다양한 대상에 특정 숫자가 반복해서 나타나는 것에 주의를 기울여 보자.

마리나(Marina)는 자신의 그림을 보며 "모든 새가 하늘로 날아가지만, 가장 작은 새가 가장 먼저 도착해요."라고 말했다(그림 30). 그림에서 꽃의 수를 세어 보니 7개다. 그러나 가장 왼쪽 줄기에는 꽃송이가 없다. 손가락 개수도 특이하다. 한 손에는 3개, 다른 손에는 4개로, 총합이 7개다. 이 환아는 그림을 그린 뒤 7일 후인 7세가 되던 해에 평온하게 세상을 떠났다(13장 신체적 측면을 고려하는 방법 참조).

그림 30 마뇨겔리(Manöggeli: 작고 우스꽝스러운 사람을 일컫는 말 – 옮긴이).
마리나, 여아, 7세, 급성 림프모구 백혈병, KiSpi.

밑그림이 그려진 마분지 위에 6개의 양초가 수놓아져 있다(그림 31). 손야(Sonja)는 양초 2개에 금색을 사용했는데, 이는 그녀 인생의 황금기를 의미한다. 빨간 양초 3개는 질병(혈액암)의 경과를 반영하고, 한가운데 검은 양모로 수놓아진 6번째 초는 그녀의 이른 죽음을 예견한다. 손야는 6번째 생일을 얼마 남기지 않고 사망했다(22장 병원 안팎에서 일어나는 예후와 내면의 알아차림 참조).

그림 31 생일 케이크. 손야, 여아, 5세, 림프모구 백혈병, KiSpi.

7. 숫자, 이름, 단어, 이니셜 그리고 특별한 의미

숫자

빨간 짐을 든 파란 새끼 오리 한 마리가 썰매를 타고 숲을 가로질러 왼쪽 대각선 내리막길을 빠르게 달리고 있다. 그림의 오른쪽 상단에는 스키를 탄 사람이 출발 준비를 하고 있다. 그의 하복부와 다리가 '종양-빨강'을 띠고 있는 것이 보인다. 동일한 빨강으로 검은 기관차에 숫자 17이 표시되었다. 레일을 벗어난 기관차는 그림의 왼쪽 상단 모서리에 있는 파란 얼굴의 태양을 향해 달려가고 있다. 그 태양은 6개의 광선을 뿜어내고 있다. 그 뒤를 파란 '구름새'가 뒤따른다.

기관차에 선명하게 불타는 빨강으로 쓰인 숫자 17이 특별히 눈에 띈다. 이 기관차는 17이라는 '시간 단위'를 가진 환아를 도대체 어디로 데려가고자 하는 것일까? 자신을 상징하는 스키를 타던 사람이 그림의 왼쪽 하단(1/4 지점)에 도달하여 더 이상 나아가지 못할 때까지 실제로 17주가 걸렸다. 페터의 삶은 멈춰 버린 것이다(7장 사분면의 의미와 십자선 사용 방법 참조).

그림 32 17번 기관차. 페터.

그림 33에서 모니크(Monique)는 누가 봐도 숫자를 가지고 놀고 있다. 스스로 산수 문제를 풀고 있는 것이다. 가장 윗줄에 더하기 문제 '85 + 20 = 105'를 자세히 살펴보자. 숫자 5가 불타는 빨강으로 낙서되어 '척추'처럼 보인다. 정확히 5개월 후, 이 소녀는 척추 전이로 사망했다. 숫자의 의미에 특히 관심이 많았던 융은 이 그림을 보고 깊은 인상을 받았다.

그림 33 산수 문제. 모니크. 여아. 11세.
척추 전이-뇌실막모세포종, NC.

이름

우리는 이미 앞 장에서 모브색 물로 불을 끄고 있는 페터의 그림 8을 본 적이 있다. 여기에서는 그가 자신의 이름을 인물의 몸통에 가로로 써 놓은 것에 집중해 본다. 페터는 불타는 두 채의 연립주택을 구하기 위해 적극적으로 싸우는 사람이 본인이라는 것을 분명하게 나타내고 싶었던 것이다.

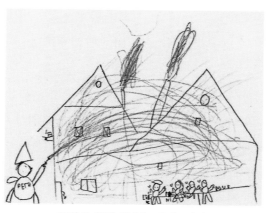

그림 8 불과 싸우는 페터. 페터.

프리스카는 자신의 이름을 그녀가 마지막으로 그린 그림의 뒷면에 불타는 빨강을 사용해 가로로 적었다(그림 36). 이 빨강은 '버섯집' 지붕의 오른쪽 위에 아주 조금 사용했던 색과 동일한 색이다(그림 16은 앞면). 그 위치는 아직 진단되지 않은 2차 종양의 위치를 나타냈고, 프리스카는 결국 그 종양으로 사망하게 된다.

프리스카의 그림을 연구하면서 종이 뒷면에 의미심장하게 쓰인 서명을 발견하게 되었다. 4사분면(오른쪽 아래에 있는 +/− 영역 − 옮긴이) 내의 위치와 색상의 쓰임 모두에서 서명이 얼마나 중요한지 깨닫고 자세히 관찰하기 시작했다. 이는 환자의 그림을 연구하는 데뿐만 아니라 화가들의 작품을 이해하는 데에도 시사하는 바가 크다고 판명되었다.

그림 36 프리스카의 버섯집(뒷면). 프리스카.

단어

자발적 그림에 쓰인 글이나 단어가 비유적으로 표현된 그림보다 더 높은 의식 수준에서 나온다는 점이 인상 깊었다.

'좋은 것들로 가득 찬 자루(소년의 표현)'를 든 성 니콜라스의 뒤를 그의 조수 슈무츨리 (Schmutzli)가 뒤따른다(그림 34). 귀와 팔이 없는 슈무츨리는 곰 인형 비슷한 동물을 자루에 넣어 짊어지고 있다. 왜 이 아픈 소년은 동물 위에 '도움(Hilfe)'이라는 단어를 적은 것일까? 이제야 자신의 절망적인 상황을 알게 된 것일까? 페터는 "불순종한 자가 자주 안에 있어요."라고 말했다. 페터는 질병을 형벌로 인식하고 있었던 것일까?

그림 34 성 니콜라스와 그의 조수 슈무츨리 그리고 도움을 요청하는 곰 인형. 페터.

14개월 후, 그는 눈사람 그림에 '종양-빨강'으로 '잡아먹히다'라는 단어를 쓴다. 마치 질병이 자신을 갉아먹고 있다는 것을 알아차린 것만 같다(16장 남겨진 생애에서 변화되는 동일한 모티브 참조).

이니셜

신체를 표현한 것으로 보이는 흙갈색 집의 문 위에 아동의 성씨 첫 글자인 'H'가 쓰여 있다(그림 37). 이 문은 위험을 경고하는 듯 모브색으로 칠해져 있다(8장 모브 참조). 트루디(Trudi)의 '집', 즉 트루디의 '신체'가 위험에 처했다는 것을 보여 주고 있다. 설치류 한 마리(트루디의 가혹한 질병을 상징)가 생명나무의 10번째 가지를 잘라 내고 있다. 트루디는 10세가 되던 해에 사망했다.

그림 37 집과 나무. 트루디. 여아. 9세 3개월.
악성 종양(상의세포종)과 혈종. NC.

이 시점에서 페터가 그린 '성 니콜라스'와 그의 '그림자'를 언급하려 한다. 먹지로 본뜬 그림 속 자루에 갇힌 작은 인물 위에 초록으로 이니셜 'H'를 썼다(그림 35). 도움을 요청하는 외침인 것이다(독일어로 '도움'은 Hilfe. 여기에 이니셜 H는 Hilfe의 첫 이니셜 – 옮긴이)(17장 일반화와 오역 위험 참조).

그림 35 작은 사람이 든 자루를 멘 성 니콜라스. 먹지로 본뜬 그림, 페터.

8. 대상이 채워졌는지의 여부

에스더(Esther)는 풍성하게 장식된 크리스마스트리 그림을 완성하고 얼마 지나지 않아 잎이 없는 포플러 나무를 그렸다(그림 38, 39). 이는 소녀의 예기치 않은 죽음을 반영하고 있다.

그림 38 겨우살이 나뭇가지가 있는 크리스마스트리.
에스더, 여아, 13세, 악성 종양, NC.

그림 39 후광이 비치는 포플러 나무.
에스더, 여아, 13세, 악성 종양, NC.

9. 대상을 덧칠했거나 그림을 버린 경우

초록 몸통을 가진 고양이의 앞부분은 검정으로 덧칠되었다(그림 40). 이유가 무엇일까? 이 성인 여성 환자 C는 그녀의 상반신(가슴 부위)이 '더럽혀졌다(검게 변했다)'고 느낀 것일까? 그녀는 어린 시절에 성적 학대를 당한 적이 있다(13장 신체적 측면을 고려하는 방법, 17장 일반화와 오역 위험 참조).

그림 40 발 없는 고양이. C. 여성. 27세. 조현병. 불안 신경증 또는 히스테리. 영국 세인트 버나드 병원

이 소년은 어떠한 이유로 생명을 주는 태양을 검정으로 덧칠했을까?(그림 41) 자신의 삶에서 빛과 온기가 사라졌다고 느낀 것일까? 소년의 어머니가 곧 출산을 앞두고 있다는 것을 알게 되어, 그는 '내 엄마'를 뺏길까 봐 두려움에 떨고 있는 것은 아닐까?

그림 41 검게 그을린 태양. 아드리안. 남아. 6세. 급성 림프모구 백혈병. KiSpi.

버려진 자료도 중요한 것으로 판명된다. 베버는 휴지통에서 이 루스(Ruth)의 그림을 '건져' 냈다(그림 42). 아동이 무슨 연유로 그림을 버렸는지 알 수는 없지만, 여기에는 아동의 전반적인 상태에 대해 많은 것을 이야기해 주고 있다. 루스는 제일 먼저 연필로 새 한 마리를 그렸고 부리는 노랑으로, 눈은 천상의 색깔인 하늘색으로 색칠했다. 이 새는 루스의 '영혼의 새'인 것일까? 새는 왼쪽에서 오른쪽으로 날아간다. 그다음 루스는 이 고대 상징과 같은 새를 현대적인 비행기로 변화시켰다. 날개에는 주황으로 징표를 그려 넣었다. 주황은 종종 '사고'를 의미한다(8장 색의 사용에 관하여 참조). 비행기의 꼬리 끝부분에는 9가지의 강렬한 색상을 채워 넣었다. 심각한 사고를 당했던 소녀가 회복되고 있는 표현일까? 소녀가 다시 살아나고 있는 것일까? 사례 기록에 따르면 이 환아는 외상성 사고로 인한 압박성 두개골 골절로 입원했다. 루스는 다시 건강해져서 퇴원했다.

그림 42 영혼의 새가 비행기가 되다. 루스, 여아, 7세, 외상, 두개골의 함몰골절.

10. 빛에 비추어 그림 뒷면 관찰하기

그림의 뒷면을 불빛에 비추어 보는 것은 중요하다. 여기 두 가지 예시가 있다. 프리스카의 우산(그림 43) 그림 뒷면에 그려진 뱃사공(그림 44) 그림, 그리고 페터의 포병(그림 47) 그림 뒷면의 배 위의 해바라기(그림 46) 그림이다.

그림 43 우산. 프리스카.

그림 44 뱃사공. 프리스카.

첫 번째 그림의 중앙에는 진한 갈색으로 그려진 우뚝 서 있는 막대가 보이고, 그 위에 진한 초록과 연한 초록 그리고 모브색으로 칠해진 우산이 있다. 작은 인물은 텅 비어 있는 몸통에 팔과 손이 없고, 두상은 마치 부유하는 것 같다. 그는 우산 아래로 피신하기 위해 왼쪽을 향해 걸어가고 있다. 땅이 진한 초록으로 칠해져 있어 비옥한(건강한) 토양이라는 것은 분명하지만, 내리는 비로 표현된 불규칙한 검은 갈고리 모양의 선은 우리를 불안하게 만든다. 경험에 따르면 이러한 종류의 비는 그림의 다른 세부 사항과 관련하여 종종 전이의 확산을 나타낸다(12장 비, 8장 검정 참조). 프리스카는 "저 사람은 비를 맞았지만, 제때 우산 아래로 들어왔어요."라고 말했다. 그런 다음 "이것은 평범한 우산이 아니에요."라고 강조하며 덧붙였다. 이것의 의미가 방사선 치료로 프리스카의 병이 전이되는 것을 막을 수 있다는 것인지 궁금해졌다. 프리스카의 이전 그림(그림 24)을 보면, 치료로 인해 이미 병아리 형태의 새로운 생명이 부화한 것을 알 수 있다.

나는 그림을 더 자세히 들여다보다가 화지 뒷면에 한 인물이 비치는 것을 발견했다. 파란 코트를 입은, 빨간 윤곽의 텅 빈 눈과 빨간 코를 가진 수염 난 뱃사공의 모습이었다(그림 44). 그는 초승달 모양의 갈색 배 위에 서 있었고, 스위스 국기가 배 위에서 펄럭이고 있다. '겹쳐진' 인물은 '우산 그림'의 앞쪽 인물과 나란히 보조를 맞춰 왼쪽을 향해 이동하는 것처럼 보였다. 지금, 이 순간 프리스카의 인생에 나타난 이 인물은 누구며, 이 둘은 어디를 향해 가고 있는 것일까?

우리는 그리스 신화에서 물 건너편인 저승으로 영혼을 인도하는 존재인 뱃사공 카론(Charon)을 떠올렸다. 현대 그리스의 민속학에 따르면 그는 귀가 들리지 않고 눈이 보이지 않는다고 한다(그림 속 뱃사공의 묘사를 다시 한번 자세히 살펴보자. ─ 옮긴이)(그림 45).

그림 45 예술 작품과의 유사성: 영혼의 인도자인 헤르메스(Hermes)와 그림자 형상.[1]

먼저 언급하고 싶은 것은 아동들이 원하는 만큼 종이를 사용할 수 있었다는 것이다. 하지만 프리스카는 왜 종이의 뒷면을 사용했을까? 그림 뒷면에 묘사된 상황은 그녀의 삶의 상황을 상호 보완하는 측면이다. 이는 환아 그림의 '실수로 보여지는' 측면을 체계적으로 관찰할 수 있도록 도와주었고, 이를 통해 뒷면에 무엇을 그리거나 글을 쓴다는 것은 유용하고 가치 있는 것으로 밝혀졌다.

우리는 페터가 그린 이 두 개의 그림에서도 비슷한 관찰을 할 수 있었다. 묵직해 보이지만 색칠되지 않은 신발을 신고 왼쪽으로 걸어가는 윤곽이 뚜렷한 인물은 태양의 얼굴을 한 꽃에 검은색 액체를 뿌리고 있다(그림 46). 이 사람은 누구인가? 그림의 왼쪽 상단 모서리에 있는 태양은 날카로운 이빨을 드러내며 왼쪽을 바라보고 있다. 태양은 저 아래에서 무슨 일이 일어나고 있는지 알고 싶지 않은 것일까? 이 수수께끼에 대한 답을 찾기 위해 그림을 더 자세히 살펴보았다. 그림을 들어 올리자 불빛이 비춰졌고, 그러자 화지 뒷면에 희끗하게, 결연한 모습으로 대포를 쏘는 인물이 보였다(그림 47). 두 그림을 나란히 놓고 보면 다음과 같다.

포탄이 포병의 팔 궤적을 따라 날아가면, 그림 앞면에 있는 상대방의 머리는 빗나가고 머리카락을 가볍게 스친다(그림 46). 그러나 어두운 색의 액체는 포병의 양쪽 팔과 신체 일부에 곧 닿을 것이다.

---

1) 참고 『라루스 신화 백과사전』 p. 188. 벤도르프(Benndorf), 그리스와 시칠리아 화병 그림(Griechische und Sizilianische Vasenbilder). Leipzig, 1971, pp. 233-5.

그림 46 배 위의 해바라기. 페터.

그림 47 포병. 페터.

페터의 두 방향으로 당겨지는(그림 54)에서 볼 수 있었던 두 가지 상반된 힘이 여기에서도 드러나고 있는 것일까? 하나는 살아서 목숨을 걸고 싸우라고 밀어붙이고, 다른 하나는 이미 그를 죽음으로 내몰고 있는, 양쪽의 대립인 것일까? 카론이 이미 그림의 뒷면에서 프리스카를 향해 다가오고 있지만, 그림 앞면에서는 우산 아래로 스스로를 구하고 싶었던 프리스카가 생각난다.

이러한 그림들은 특히 인생의 위기 순간에서 총체적 인간의 여러 가지 차원이 반영되는 여러 층위의 의식이 드러나는 것을 보여 준다.

그림 54 두 방향으로 당겨지는. 페터.

제6장

그림을 통해 환자에게 다가가는 방법

환자의 측면:
1. 직접적인 자기표현

환자를 따라 그림 속으로 들어가 보자. 발이 없는 아동, 뿌리가 없는 나무가 되는 것이 어떤 느낌일지 상상해 보자. 그림 속의 어떤 사람이나 사물이 되어, 그 내부로부터 바깥을 바라보는 것처럼 그림을 경험해 보자. 그래야만 식별이 가능하고 전이의 위험성을 인식하면서 전문적인 기술을 사용하여 환자의 임상적 상태를 파악할 수 있다.

먼저, **자발적 그림**은 환자의 아주 '고유한' 표현임을 분명히 하고자 한다. 환자는 그림 속 인물은 물론 집, 동물, 자동차, 비행기 등 그림의 어떤 대상과도 자신을 동일시할 수 있다.

병원 학교에서 '우리 가족'이라는 주제가 제시되었다. 아르투어(Arthur)가 그린 그림의 왼쪽 상단 모서리에는 빨간 소파 위에 흰색 인물이 보이고, 그 아래에 'ich(나)'라는 단어가 있다. 다른 가족 구성원은 모두 색칠되어 있다. 이것은 '백색 질병', 즉 백혈병을 앓고 있는 아동들의 그림 중 내가 본 최초의 '백색 아동'이 그려진 그림이다 (그림 48).

그림 48 **빨간 소파에 앉은 백색 아동.** 아르투어, 남아, 6세, 림프모구 백혈병, KiSpi.

우리는 이미 1장 '물의 다양한 의미'에서 발이 없는 소년이 온몸에 본인의 이름인 '페터'를 써서, 다른 누구도 아닌 바로 자신이 그 인물이라는 것에 의심할 여지를 남기지 않은 것이 떠오른다.

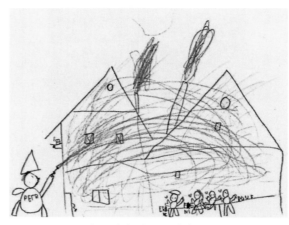

그림 8 불과 싸우는 페터. 페터.

2. 사람에게 투사

입원 당시 환아의 코와 입에서는 위급할 정도로 출혈이 심했다. 입원 다음 날, 히치히 교수가 최종 시험을 앞둔 젊은 의사에게 질문을 던지고 있었는데, 그곳에 있던 사베르(Xaver)는 지루해 했다. 누군가 그에게 도화지와 우리가 표준화한 색연필 한 상자를 주었고, 그는 나의 의사라는 그림을 그렸다(그림 49).

그림 속 의사의 가운에 튄 핏자국이 사베르의 피부에 있는 혈종과 붉게 부어 있는 코(입원 당시 자신의 상태)와 정확히 일치한다.

그림 속 인물 위에 떠 있는 것처럼 보이는 번개의 섬광과 거꾸로 뒤집힌 물음표는 무슨 의미인 것일까? 의미 없이 떠 있는 것일까 아니면 그림 속 인물의 머릿속 생각이 밖으로 튀어나온 것일까? 이러한 의문에 대해 소년은 "(그림 속 남자는) 고개를 갸우뚱하고 있어요."라고 했고, 이것이 실제 소년의 기분이었다.

그림 49 나의 의사. 사베르. 남아. 11세. 급성 골수성 백혈병. KiSpi.

사베르는 수혈, 세포 증식 억제제 주입의 도움으로 장기간 좋은 차도를 보였지만 안타깝게도 사망했다. 그림 속 거꾸로 뒤집힌 물음표를 사베르가 자신의 삶과 미래에 대해 내심 품고 있었을지도 모르는 의구심으로 이해할 수 있을까?

3. 꽃에 반영

이 7세 소녀에게 꽃은 바로 자기 자신을 의미하고, 그 위에 자신의 이름인 '루스'를 적었다(그림 50). 위쪽에는 '잘린 머리'가 보이는데, 루스는 심각한 사고로 자신의 머리를 잃을 뻔했다. 화지의 오른쪽에는 이파리 두 개가 달린 꽃이 보이는데, 그 꽃 위에 알록달록한 색으로 자신의 성을 적었다. 이는 예후가 좋다는 의미인 긍정적인 신호로 보였다. 루스는 부상에서 잘 회복되었다(7장 사분면의 의미와 십자선 사용 방법 참조).

그림 50 잘린 머리와 꽃. 루스, 여아, 7세, 외상, 두개골의 함몰골절, NC.

4. 비행기에 반영

연한 하늘색 선으로 희미하게 드러나는 하늘에 날개도, 조종사도, 다른 사람이 조종한 흔적도 없는 윤곽이 뚜렷한 비행기가 있다. 한스 페터 슈(Hans Peter Schu.)는 바로 그 아래 느낌표 두 개 사이에 "이것은 인간이다."라고 적었다. 이것은 그가 자신에 대해 느낀 것을 표현한 것이다(8장 모브, 13장 신체적 측면을 고려하는 방법 참조).

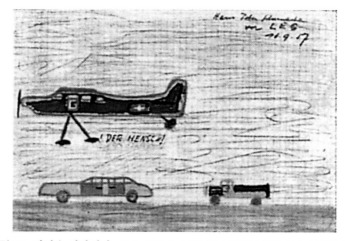

그림 51 이것은 인간이다. 한스 페터 슈, 남아, 9세, 전신성 좌측 국소 뇌전증, NC.

이 5개의 그림에서 환아가 자기 자신과, 자신의 신체 상태를 비유적으로 표현하는 방법을 살펴보았다. 아르투어는 소파에 누워 있는 백색 아동으로, 페터는 모브색 물로 불을 끄는 사람의 모습에 자신의 이름을 썼다. 사베르는 백혈병 증상의 빨간 흔적이 묻은 가운을 입은 의사와 자신을 동일시했으며, 루스는 잘린 머리와 꽃에 자신과 자신의 상태를 투사했다. 마지막으로 한스 페터 슈는 자신이 경험한 인간의 무력함을 묘사했다.

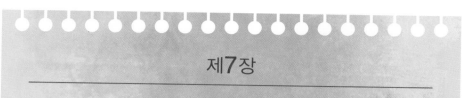

제7장

방향을 이해하기 위한 보조 수단

1. 그림에서 대상의 방향

자발적 그림을 분석할 때 사람이나 대상이 오른쪽이나 왼쪽으로 향한 방향은 매우 중요하다. 사람의 형상, 동물, 자동차 등이 서쪽(해가 지는 방향), 즉 지도[1]에서 왼쪽[라틴어로 sinister(불행)]을 향하고 있다면, 이는 종종 의심스럽고, 어둡고, 무의식적이며, 미지의 현상을 나타낸다.

사람이나 대상이 오른쪽 또는 오른쪽으로 방향 전환을 하여 동쪽(해가 뜨는 방향)을 향한 경우 (특히 그림 연작에서), 이는 환자가 다시 생명을 얻었거나 삶의 긍정적 단계로 해석할 수 있다. 성공적 수술이나 방사선 치료 혹은 항암화학요법을 의미할 수도 있다. 그림의 다른 요소에서도 영구적이든 일시적이든 회복되어 가는 과정을 유추할 수 있다.

중병을 앓고 있는 아동들이 그린 수천 개의 그림에서 우리가 관찰한 것은, 그들의 질병이 화지에 '직접' 투영된다는 것이다. 말하자면 거울의 이미지로 투영되어 마치 손을 물감에 담그고 종이에 그대로 찍어 누르는 것처럼 신체의 오른쪽은 그림의 오른쪽에, 신체의 왼쪽은 그림의 왼쪽에 나타난다는 것을 관찰했다(그림 52). 반면에 화가는 '객관적'으로 본다. 오른쪽과 왼쪽이 대상의 관점에서 묘사되어, 대상의 오른쪽은 그림에서 왼쪽에 나타나고 그 반대의 경우도 마찬가지다. 이는 프란스 할스(Frans Hals, 1581/8~1666)의 그림에 잘 나타나 있다(그림 53).

---

1) K. 폰 프리쉬는 『춤추는 꿀벌: 꿀벌의 삶과 감각에 관한 이야기』(1954년 런던 메튜엔)에서 지도가 존재하기 훨씬 전부터 꿀벌은 태양의 위치에 따라 먹이를 찾아 방향을 잡았다고 밝힌 바 있다.

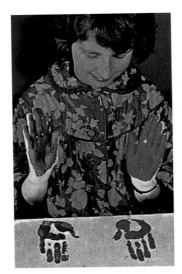

그림 52 오른쪽은 오른쪽이고. 왼쪽은 왼쪽이다.

그림 53 예술에서의 유사성: 가족 초상화. 프란스 할스.

이어서 각각 위기 상황에서 그려진 두 개의 그림을 설명하려 한다. 그림에 묘사된 대상의 방향이 치료가 진행되는 동안 어떻게 변하는지 두 그림에서 볼 수 있다.

페터는 방사선 치료를 받고 16일 후에 이 그림을 그렸다(그림 54). 두 개의 층으로 구성된 인형극 무대의 위쪽에는 자그마한 인물이 왼쪽을 향하고, 그 아래쪽에는 비슷하게 작은 인물이 오른쪽을 향해 싸우고 있는 모습이 보인다. 불과 며칠이 지나지 않아 페터는 기쁘게도 오른쪽을 향한 인물이 연립 주택의 화재를 진압할 수 있을 만큼 충분히 강해진 그림을 그렸다(그림 8 불과 싸우는 페터 참조).

그림 54 두 방향으로 당겨지는. 페터.

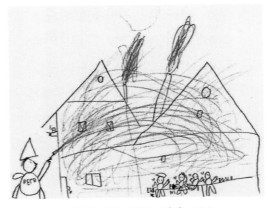

그림 8 불과 싸우는 페터. 페터.

프리스카는 뇌종양 수술을 받은 지 3주쯤 지났을 때 '다이빙대'를 그렸다(그림 55). 5명으로 구성된 왼쪽 팀 중의 1명은 물속에 있다. 오른쪽 팀은 4명으로 그중 2명이 물속에 있다. 전체 인원은 프리스카의 나이와 같은 9명이다. 태양은 짙푸른 하늘 아래 그림의 중앙에서 양 팀을 비추고 있다. 어느 쪽이 이길까? 왼쪽의 5명 대 오른쪽의 4명! 안타깝게도 결국 왼쪽 팀이 경기에서 승리했다.

그림 55 누가 이길 것인가?. 프리스카.

2. 연작 그림의 진행 과정에서 대상의 방향

다음 세 쌍의 그림에 방사선 치료와 항암화학요법 또는 외과 수술이 진행되는 동안 방향이 바뀐 상황이 반영되었다.

그림 56 속 환자의 집에는 (연필만 사용) 굴뚝 왼편으로 피어오르는 연기와 흔적만 남은 지붕 외에 아무것도 남아 있지 않다.

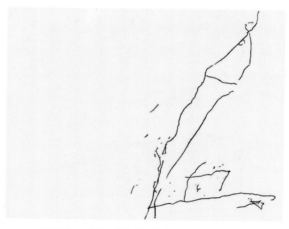

그림 56 남은 것은 한 줌의 연기. 로베르토,
남아, 7세, 악성 뇌종양(소뇌 충부의 수아종), NC.

열흘간의 성공적인 방사선 치료 후, 왼쪽에서 로베르토(Roberto)의 차가 돌아오고 있다(그림 57). 연필로 윤곽만 그려진 집은 복원되었지만, 지붕 왼편에는 빨간 표시(종양이 있던 자리)가 있고, 문에는 타우(Tau: 그리스 자모의 열아홉째 글자 - 옮긴이) 문자가 있으며, 그 앞에는 개방된 연못에서 물고기 2마리가 왼쪽을 향해 헤엄치고 있다. 왜 2마리일까? 12장 '타우 문자'에서 답을 찾을 수 있다. 환아는 2개월 후에 세상을 떠났다.

그림 57 타우 문자와 물고기 두 마리. 로베르토.

조종석이 '혈종-빨강'으로 묘사된 베르너(Werner)의 비행기는 왼쪽으로 날아가고 있다(그림 58). 응급 수술을 성공적으로 마친 소년은 회복되고, 잠자리가 수련이 있는 오른쪽으로 날아간다(그림 59)(8장 빨강, 21장 치유된 환아들 참조).

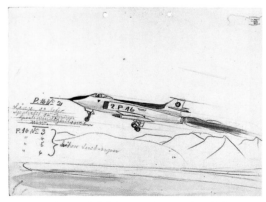

그림 58 비행기가 초고속으로 이륙한다.
베르너, 남아, 13세 6개월. 혈종. NC.

그림 59 잠자리와 수련. 베르너, 남아,
13세 6개월. 혈종. NC.

'백색' 도로에 '백색' 창문이 달린 (이 환아는 백혈병에 걸렸다) 텅 빈 우편 버스가 내리막길에서 교통 표지판을 보고 멈춰 선다. 위험한 상황으로 인한 통제가 필요한 걸까? 운전자는 파란 자전거를 탄 자그마한 빨간 인물과 대화를 나누고 있는 것같이 보인다.

그림 60 정지 표지판이 있는 우편 버스. 미키. 남아. 7세. 급성 림프모구 백혈병. KiSpi.

항암 치료를 받으면서 미키(Micki)의 상태는 호전된다. 이제 미키의 금색 노란 우편 버스는 오른쪽으로 방향을 바꿔 오르막길을 향하며 피의 색으로 그려진 빨간 도로를 달린다(그림 61). 미키는 사람들이 농장으로 소풍을 떠난다고 말한다.

그림 61 우편 버스가 언덕을 올라간다. 미키.

3. 사분면의 의미와 십자선 사용 방법

현미경 사용에 십자선은 중앙과 네 개의 사분면([도표 1])으로 구성되어 있기 때문에 그림에서 방향성을 설명하고 분석할 때 매우 유용하다고 입증되었다.

독자들은 몇몇 일반적인 관찰을 우선적으로 하고, 그다음 환아들의 그림을 예시로 살펴보게 된다.

네 개의 사분면에는 지푯값이 있다는 것을 경험을 통해 발견했다.

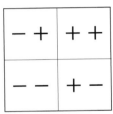

[도표 1] 사분면

시계 방향으로 따라가 보자. 오른쪽 위 사분면(+/+)에 있는 대상은 일반적으로 '지금, 여기'의 현재 상황을 나타낸다. 반면에 왼쪽 아래 사분면(−/−)에 위치하거나 그 방향으로 '이동'하는 대상이나 길의 경우에는 종종 어둠과 미지의 세계로 향하는 '하향' 추세로 본다.

그림의 오른쪽에서 중앙을 가로질러 왼쪽 위의 사분면(−/+) 쪽을 향하는 것은(태양이 가장 마지막으로 보이는, 가장 서쪽에 있는) 질병으로 인해 생명이 서서히 멀어지는 아동과 성인의 그림에서 자주 발견된다.

오른쪽 아래 사분면(+/−)에 있는 대상은 종종 미래의 가능성을 보여 준다. 혹은 아직 치료 중이거나 이미 치료가 되었거나, 심리적으로 의식의 문턱에 도달한 가장 최근의 신체 상태를 나타낸다.

그림의 중앙이나 그 주변에 있는 대상은 종종 '중심의' 중요한 의미를 지닌다. 중심이 텅 비어 있어도 시사하는 바가 클 수 있다. 문제는 왜 중요한지, 대상과 색상 및 모티브가 그림 내에서 서로 어떻게 관련 있는지다.

한 그림에서 모티브의 위치가 아무리 중요하더라도, 동일한 환자로부터 일련의 그림 모두 또는 최소 2개 내지는 3개의 그림이 필요하다. 왜냐하면 움직임이 같은 방향으로 지속되는지, 변경되거나 심지어 반전되는지, 전개의 흐름을 쫓아갈 수 있어야 하기 때문이다. 대상의 선택, 개수의 증가 또는 감소, 윤곽선만 있는지 혹은 채워서 그려졌는지, 특정 색상의 선택과 색의 농도, 혹시 하나의 색상만 사용했는지와 같은 사항들을 기록해 두어야 한다. 그래야만 예비 그림 분석을 위해 보다 신뢰할 수 있는 근거를 얻을 수 있다. 이 모든 것은 아동의 연령에 맞게 고려되어야 한다.

이제 사분면의 시계 방향을 따라가 보자.

오른쪽 위 사분면(+/+): 지금 여기의 영역

이 그림에서 우리는 (+/+) 사분면 영역에 있는 태양에 집중해 본다(그림 62). 케티(Käti)가 콘크리트 바닥에 넘어져 의식을 잃었음에도 태양은 그 자리에서 '계속 빛나고' 있는 것 같다. 케티는 매우 빨리 회복했다(8장 검정 참조).

그림 62 나무 그늘로 덮인 집. 연필화. 케티, 여아, 11세, 뇌진탕, NC.

다시 한번 태양에 집중해 보자. 이 태양은 동쪽에 있고 핏빛 빨강으로 꽉 채워졌다. 태양의 수많은 빨간 광선으로 이 아픈 소년이 살아날 수 있을까? 이 시기에 마르셀(Marcel)은 차도를 보이기 시작했다.

그림 63 백설공주와 일곱 난쟁이. 마르셀, 남아, 6세 1개월, 급성 림프모구 백혈병, KiSpi.

오른쪽 아래 사분면(+/−): 종종 가까운 과거나 잠재적인 미래의 영역

우리는 이미 1장 '물의 다양한 의미'에서 이 그림을 보았다(그림 6). (+/−) 사분면에 있는 수도의 위치는 '빨간 물'이 수혈에 도움이 된다는 우리의 '번역'을 확인시켜 준다(8장 빨강, 13장 소아백혈병에 관한 히치히 교수의 기고문 참조).

그림 6 꽃에 빨간 물 뿌리기. 우르스, 남아, 7년 5개월, 급성 골수성 백혈병, KiSpi.

(+/−) 사분면의 의미에 관한 두 번째 예시는 호지킨병을 앓고 있는 젊은 여성 마인라데 (Meinrade)가 그린 그림이다(그림 64).

연한 하늘색의 원피스를 입은 젊은 여성이 왼쪽으로 그림을 가로질러 아무것도 밟지 않고 걸어가고 있다. 그녀의 반려견 닥스훈트는 입에 쥐를 물고 있는 회색 고양이를 보고 어쩔 줄 모르겠다는 듯 쳐다보고 있다. 주인이 자신의 목줄을 잡아당기고 있다는 사실조차 전혀 눈치채지 못했다. 오른쪽 아래 사분면에 있는 젊은 여성의 위치는 그녀가 가까운 미래에 생명을 위협받는 상황에 직면하게 된다는 것을 보여 주는 걸까? 마인라데가 사망해서 오른쪽 아래에 있는 관목의 초록 나뭇가지 4개 아래에 묻히기까지 4단위의 시간이 더 필요하다는 것일까? 실제로 그녀는 4개월 후 예기치 않게 사망했다.

그림 64 고양이와 쥐. 마인라데, 여성, 27세, 호지킨병, NC.

왼쪽 아래 사분면(-/-): 종종 어둠과 미지의 영역

다시 한번 페터의 그림이다. 우리는 방사선 치료 이후 페터의 그림을 본 적이 있다(5장 자발적 그림의 체계적 분석 중 10. 빛에 비추어 그림 뒷면 관찰하기 참조). 그곳에서 '포병'의 형태를 한 어둠의 세력이 해바라기에 검은 물질을 뿌리고 있다. 이 그림(그림 65)은 긴급 수술 이후 그려졌다. 왼쪽 아래의 사분면에서 페터는 자신을 숲의 어둠 속으로 유인하는 마녀를 만난다. 이 그림을 그리면서 페터는 베버에게 "어젯밤 마녀가 꿈에 나와서 '숲이 아름답다'고 말했어요. 마녀는 모브색 신발을 신고 있었는데, 저는 즉시 마녀라는 것을 알아채서 따라가지 않았어요."라고 말했다. 같은 날 페터는 이어지는 그림을 그렸다(그림 66). 페터는 용감하게 꿈속의 마녀를 따라 왼쪽 아래를 향해 가기로 결정했다. 그럼에도 불구하고 오른쪽 위에서 왼쪽 아래까지(최단 경로와 대각선 방향) 엄청난 힘으로 잡아당겨지는 인물(불타는 빨강)을 그렸다. 페터는 그림 속 검정 화살표에 대해 "온 힘을 다해야 해요."라고 말했다. 아쉽게도 페터의 용감한 저항은 무너졌다. 이렇게 그는 어둠의 세력을 따라야 하는 것일까? 우리는 페터의 사례 기록을 통해 불행히도 그것이 사실이었다는 것을 알 수 있었다.

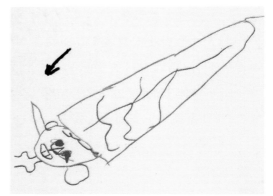

그림 65 마녀. 페터.　　　　　　　　　그림 66 왼쪽을 향해 내려가는. 페터.

물론 그림의 +에 해당하는 긍정적인 사분면에서 반대의 힘을 찾았지만, (+/−) 사분면의 텅 빈 전나무와 (+/+) 사분면에 있는 빨강으로 윤곽이 살짝 드러나게 그려진 집은 무시무시한 마녀의 유혹에 대항할 수 없었다. 그림 전체에서 왼쪽 아래를 향해 당겨지는 (저항하기 힘들어 보이는) 힘의 균형을 잡아 줄 수 있는 요소는 아무것도 없다. 이제 우리는 페터의 마녀 그림에서 악성 뇌종양을 앓는 다른 아동의 그림으로 넘어가 보자.

다음 그림(그림 37)은 5장 '이니셜'에서 본 적이 있다. 이제 십자선이 그려진 투명한 시트지를 그림 위에 놓으면, 수관 없이 설치류만 있는 나무가 왼쪽 아래 사분면에 있는 것을 볼 수 있다. 이것이 생명나무, 즉 환아의 소뇌활수(arbor vitae)라면, 나뭇가지 10개와 위험한 설치류는 아동이 몇 살까지 살게 될 것인지 보여 준다. 특히 그림의 왼쪽 아래의 사분면(−/−)은 트루디의 질병과 10세의 나이에 맞이한 이른 사망을 그림으로 표현한 것이라고 말할 수 있을까?

그림 37 집과 나무. 트루디, 여아, 8세, 악성 뇌종양 상의세포종, NC.

왼쪽 위 사분면(−/+): 서쪽, 해가 지는 영역

이제 두 명의 환아의 그림에서 왼쪽 위 사분면의 태양을 집중적으로 살펴보려 한다. 페터는 악성 뇌종양을, 리스베스는 림프모구 백혈병을 앓고 있었다.

이 그림은 페터가 병원에 입원했을 때, 검사도 받기 전에 그린 첫 번째 작품이다(그림 67). 서쪽 지평선 아래에 있는 흐릿한 노란 태양은 그림의 왼쪽 위 모서리에서 출발하는 가족용 자동차의 안테나와 닿아 있다. 화지 중앙에 모브색으로 그려진 등산객(자신의 모습으로 이해됨)은 배낭과 등산 스틱을 지닌 채 공중에 서 있고, 왼쪽을 향해 있으며, 곧 떠날 채비를 하고 있다. 매우 위독한 상태로 NC에 입원한 페터는 성공적인 치료가 없었더라면 얼마 지나지 않아 사망했을 것이다.

그림 67 등산하는 소년. 페터.

이 어린 소녀의 그림은 5장 '그림에 반복적으로 나타나는 숫자'에서 이미 보았고, 12장 '태양'을 모티브로 다루는 장에서 다시 만나게 된다. 여기에서는 네 사분면 영역 내의 위치가 내포하고 있는 의미를 주제로 살펴보려 한다. 왼쪽 위 모서리에 광선 3개와 검은 이목구비를 가진 핏빛 빨간 태양의 일부분은 서쪽 지평선 아래에 있다(그림 28). 3이 5번 반복되는 것이 관찰되었다. 이 석양은 리스베스의 생이 일찍 끝날지도 모른다는 두려움을 뒷받침한다.

그림 28 춤추는 어릿광대. 리스베스.

중앙을 가로지르는 영역

마치 프리스카의 삶을 여행하듯 그림의 네 사분면을 모두 살펴볼 수 있는 그녀의 작품 한 개를 살펴보며 사분면에 관한 장을 마무리한다. 난쟁이는 분명히 (+/+) 사분면 중앙의 오른쪽 위에서 내려와 (−/−) 사분면의 중앙에 있는 다리를 건너 등불에 의존해 왼쪽 위 모서리인 (−/+) 사분면으로 이어지는 가파른 흑갈색 길을 오르려고 한다(그림 68). 이곳은 사후 세계인 것일까? 실제 프리스카가 평화롭게 숨을 거두기까지는 2개월이 걸렸다(12장 난쟁이 참조).

그림 68 등불을 든 난쟁이. 프리스카.

중앙

베아트(Beat)가 커다란 화지에 색연필로 윤곽을 뚜렷하게 그린 이 그림에는 2개의 초록 언덕 사이로 광선이 없는 태양이 떠오르는 혹은 지고 있는 모습이 보인다(그림 70). 다채로운 색조의 연한 빨강은 앞쪽의 푸른 바다와 산 너머의 푸른 하늘에 반사되어 있다. 두 언덕 사이에 위치한 노란 태양은 '종양-빨강'으로 덧칠해졌고, 그곳에 초점을 맞춰 본다. 정확히 이 위치에 두개인 두종 종양이 발견되었는데, 이 그림은 놀랍게도 수술 하루 전날 그려진 그림이다. 그림 71에 보이는 종양 네 개의 해부학적 위치를 참조하길 바란다(13장 진단, 8장 색의 사용에 관하여, 22장 병원 안팎에서 일어나는 예후와 내면의 알아차림 참조).

그림 70 일출 혹은 일몰?.
베아트, 남아, 10세, 뇌종양, NC.

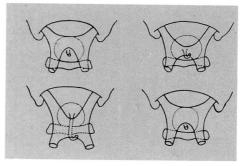

그림 71 시신경 교차 지점의 종양이 위치할 수 있는
네 가지 해부학적 위치.

건강한 6세 소녀인 안드레아(Andrea)의 그림이 반가운 변화를 보여 주고 있다. 이 그림에서도 중앙에 위치한 모티브의 중요성이 강조되고 있다(그림 69). 그림에 대해 그녀는 "일단 아기가 생기면 되돌릴 수 없어요."라고 언급했다. 안드레아는 자신에게 가장 중요한 모티브, 즉 원하지 않는 동생의 등장을 그림에서 명확하게 표현하고 있다.[2]

---

2) 뉴먼, 나네트(Newman, Nanette): 많은 사랑(*Lots of Love*), Collins, London, 1982.

Once you've had a baby you cant put it back.

그림 69 원하지 않는 형제자매. 안드레아, 여아, 6세, 건강한 아동.

이미 언급했듯이, 그림 분석은 경험에 근거한 것이므로 절대적인 사실로 받아들여서는 안 된다. 예를 들어, 왼쪽 아래 사분면이 반드시 부정적인 의미를 갖는 것은 아니다. 대상이 향하는 방향도 고려해야 한다. 페터의 그림(그림 66)에서 그는 마녀의 힘으로 왼쪽의 (−/−) 사분면으로 (마녀의 숲의 어둠 속으로), 즉 자신의 죽음 속으로 끌려간다. 반면에 중병으로 NC에 입원한 프리스카는 성공적인 수술 후, 다시 살아난 병아리들이 왼쪽에서 오른쪽으로 가파른 언덕을 넘어가는 그림을 그렸다(그림 72).

그림 72 다시 살아난 병아리들. 프리스카.

따라서 그림에서 묘사되는 부정적이거나 긍정적일 수 있는 가능성을 모두 고려하여 전체의 측면을 살펴볼 필요가 있다. 신뢰할 수 있는 진단적 분석에 도달하려면 사분면, 모티브, 방향, 숫자, 색상과 같은 최소 서너 가지의 단서가 필요하다. 하지만 이 모든 것은 맹목적으로 일반화해서는 안 되는, 오직 단서일 뿐이다(17장 일반화와 오역 위험 참조).

제8장
색의 사용에 관하여

우리는 어릴 적부터 무의식적이든 의식적이든 반복적으로 본 사물 및 자연의 요소와 직접 연결된 색을 경험한다. 예를 들면, 금색은 햇빛, 은색은 달빛, 초록은 나무나 잔디, 빨강은 피를 연상하게 한다. 하지만 나는 사물이 원래 가진 색보다 사물을 표현한 색을 근본적으로 더 중요하게 본다. 이로 인해 색의 의미가 때로는 대상의 의미를 압도할 수 있다는 것 또한 관찰했다. 다시 말하면, 색의 의미가 묘사된 대상의 의미를 덮어 버릴 수도 있다는 것이다. 이것은 적어도 중증 환자의 그림에 해당하는데, 예를 들어 페터의 그림에서 봤던 것처럼 환아의 상태에 따라 나무가 '불타는 빨강'이나 '밝은 파랑'으로 칠해진다(그림 113과 83).

만약 환아가 어떠한 이유로든 그림 그리기를 중단한다면, 그들의 손이 닿는 곳에 비슷한 색상의 색종이나 점토를 놓아둔다. 그러면 자신의 내면을 색과 형태로 표현할 것이다. 우리도 내면의 상태나 삶의 상황에 따라 (유행하는 색상에 영향을 받는 것과는 별개로) 특정 색상을 선호하기도 한다.

우리의 삶이 빛과 어둠 사이에서 균형을 이루는 것처럼, 모든 색은 긍정적이거나 부정적으로 이해될 수 있는 이중적 의미를 지니고 있다. 마찬가지로, 동일한 색이라도 연하게 또는 진하게 사용됨에 따라 신체와 마음의 상태가 다르게 표현될 수 있다.

집필 초반, 색에 대한 이번 장을 쓰는 데 어려움을 겪었는데, 그 이유는 원고를 옮기는 과정에서 누군가 내가 쓴 원래 제목인 'Über den Gebrauch von Farben(색의 사용에 관하여)'가 아닌 'Über die Bedeutung der Farben im Verhältnis zum Bild als Ganzen(전체 그림과 관련된 색의 의미에 관하여)'로 잘못 적었기 때문이다. 나는 'Bedeutung(의미)'이라는 단어가 걸림돌이었음을 깨닫게 될 때까지 글을 쓸 수 없었다. 나중에 내 원문을 다시 살펴본 결과, 다행히도 표제는 '색의 사용에 관하여'였다. 나는 감히 그 '의미'에 관해 단정적으로 말할 수 없다. 다른 사람의 경우도 그런지 궁금하다. 따라서 색의 사용에 관한 결론은 유사한 임상 조건에서 많은 사람에게 특정 색상이 반복적으로 나타날 때만 잠정적으로 도출된다. 나는 추상적인 명제를 확립하는 것이 아닌 발견하는 것에 관심이 있다. 무엇인가를 '안다고' 믿으면 새로운 통찰을 얻는 데 방해가 될 수 있다. 하지만 '아무것도 모른다는 것'을 수용하면, 새로운 것을 발견할 수 있다.

건강한 사람은 자신의 그림을 통해 고통이 아니라 행복의 상태, 즉 자신이 행복을 느끼는 내적 혹은 외적 관심사에 대해 '말할' 것이다. 마찬가지로 신체가 편안할 때는 어떤 특정 신체 부위에 주의를 기울일 필요가 없다. 신체와 마음이 편안한 상태에서는 의심할 여지가 없고 안전하다. 신체의 개별 부위가 딱히 인식되지 않기 때문에 그림에 반영되지 않을 수 있다.

색상의 순서는 대지에서 하늘로 여행하는 것과 같이 구성했다. 초록과 갈색으로 시작해서 파랑과 노랑으로 이어지며, 그다음에는 검정과 하양 그리고 다른 모든 색으로 이어진다.

연한 초록과 진한 초록

다음은 동일한 색상에 나타나는 음영(밝거나 어두운)과 이에 대한 임상적인 차이를 설명한 것이다. 또한 가능한 한 추가적인 특성을 찾아 잠정적 예후와 진단을 세우려 한다.

페터와 빌리(Willi)가 동일한 모티브인 탱크를 선택하고 그들의 생활 상황을 그렸다. 중증 환아는 연한 초록으로, 회복될 환아는 진한 초록으로 칠했다.

연한 초록으로 칠해진 페터의 탱크는 그림의 중앙에서 약간 왼쪽에 있다(그림 73). 검정으로 윤곽만 그려지고 신체와 신발이 채색되지 않은 병사는 자신을 보호해야 하는 탱크 앞에 서 있다. 운전병은 포탑에서 너무 멀리 떨어진 채 노출돼 있다. 탱크 왼쪽에 위치한 빨간 테두리의 텅 빈 형체는 뒤쪽이 거의 무중력 상태로 들어 올려진 것처럼 보인다. 무중력 상태는 육체가 없는 상태를 의미하는 것일까? 이런 모든 부정적인 예후와는 달리, 베타트론 요법과 항암화학요법 후 병사의 모자와 비행기에서 떨어진 폭탄이 진한 초록으로 표현되었다. 무엇보다도 그가 서 있는 잔디는 진한 초록 선으로 칠해져 있다. 이것은 몇 가지 긍정적인 징후로 볼 수 있다. 하지만 이 그림의 긍정적 징후와 부정적 징후를 비교해 보면 부정적인 예후가 명백하다.

그림 73 노출된 병사가 있는 탱크. 페터.

그림 중앙에 위치한 탱크의 보호 속에 병사가 뒤따르고 있으며, 그 병사는 소총을 들고 준비 태세를 마친 것으로 보인다(그림 74). 그의 신체는 진한 초록으로 칠해졌다. 운전병의 군모도 진한 초록이며 전투탑에서 자신을 잘 보호하고 있다. 진료 기록을 통해 이 환아는 심각한 사고로 두개골이 골절된 채 입원했고, 재발성 뇌수막염과 전신 뇌전증 발작을 겪었다는 것을 알게 되었다. 그림 93 신호상자와 기관사가 있는 기관차(11장 참조)와 진료 기록은 빌리가 마침내 회복하여 '올바른 궤도에 돌아왔다'는 것을 보여 준다.

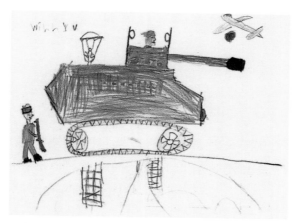

그림 74 보호받는 병사와 탱크. 빌리, 남아, 7세, 수막염, NC.

앞에 언급된 페터의 '탱크' 그림에서 사용된 두 가지 초록 음영이 여기 리스베스의 그림에서 다시 보인다. 그래서 우리는 이 그림을 선택했다(그림 18).

　　리스베스의 심한 질병은 꽃의 잎이 진한 초록에서 연한 초록으로 변하는 것으로 표현된다. 처음 4개 꽃의 잎은 진한 초록이며 창문의 덧문과 집이 서 있는 땅의 일부도 마찬가지다. 집에 손잡이가 있다는 것은 누군가 안으로 들어와 도움을 구할 수 있기에 긍정적 신호다. 하지만 우리는 '악마의 가면'을 쓴 꽃 오른쪽 옆에 있는 3개의 식물이 더 이상 건강한 초록이 아니라는 것을 알 수 있다. 그 식물들이 자라는 토양도 연한 초록이다. 진료 기록에 따르면 리스베스는 이 그림을 그릴 당시 세포 증식 억제 치료를 정기적으로 받았고, 그 후 상태가 좋아졌으며 헤모글로빈 수치도 일시적으로 상승했지만 예후는 좋지 않을 것이라는 소견을 받았다. 그녀는 의학의 도움으로 1년을 더 살았다.

그림 18　악마의 가면을 쓴 꽃. 리스베스.

갈색

　　우리는 진한 갈색을 '건강한' 혹은 '흙빛' 색으로 생각하는 반면, 연한 갈색은 활력이 떨어지고 썩어 가는 창백한 색으로 느낀다. 여기에 회복과정에 있는 한 아동이 그린 그림 두 개를 소개한다.

　　미켈레(Michele)는 자신의 그림에 꽃이 있는 화병이라는 제목을 붙였다(그림 75). 꽃 4송이의 고개가 오른쪽을 향하고 있다. 화병은 진한 갈색으로 약간의 음영 처리가 되어 있다. 두 개의 얼굴(정면과 측면이 오른쪽으로 향함)을 가진 인물이 오른쪽을 향해 큰 발걸음을 내딛고 있다. 이 환아는 왼쪽 소뇌 반구에 생긴 성상세포종 제거를 위해 NC에 입원했다. 수술 후 10개월이 지나 그려진 이 그림에서는 수술 전에 그린 그림처럼 그림 속의 고개가 여전히 오른쪽으로 기울어져 있는 것을 보여 준다. 여섯 번의 신경 마비로 인해 오른쪽 눈이 왼쪽으로 편향되었다. 그래서 환아가 오른쪽을 볼 때마다 복시(複視, 한 개의 물체가 두 개로 보이거나 그림자가 생겨 이중으로 보이는 것 – 옮긴이)가 생긴 것을 그림을 통해 알 수 있다.

그림 75　꽃이 있는 화병(1). 미켈레. 남아. 8세.
뇌종양. NC.

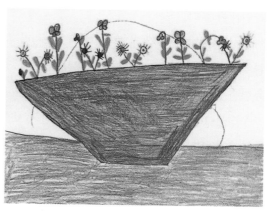

그림 76　꽃이 있는 화병(2). 미켈레. 남아. 8세.
뇌종양. NC.

　3개월 후에 그려진 그림 76에는 아동의 점진적인 회복이 물체 및 사물의 개수 증가로 반영되어 있다. 아픈 사람으로 보이는 인간의 형체는 사라졌다. 연필로 윤곽만 그려졌던 화병은 진한 갈색과 주황이 섞여 비옥한 흙의 색을 띠고 있는 화병이 되었고, 화병 속에는 수많은 초록 잎을 가진 꽃 15송이가 꽂혀 있다. 화병은 넓고 단단한 바닥에 서 있다.

　진료 기록에 따르면 소년은 수술 후 경과가 좋아, 현재는 별다른 어려움 없이 학교에 다닌다. 안저검사 결과, 시신경이 정상 색으로 선명하게 보이며 안구 진탕증도 없다. 미켈레는 이제 안경을 착용한다.

빨강

　빨강은 다른 많은 색과 마찬가지로 상반되거나 보완적인 두 가지 측면을 가지고 있다. 빨강은 긍정적인 의미에서 혈액의 색으로 생명의 필수적인 의미를 가진다. 유대인의 전통에서 피는 신의 것이며 그에 따라 신성하고 성스러운 것으로 여겨진다.[1] 부정적으로 볼 때 빨강은 위험 신호로 잘 알려져 있다. 임상적으로는 타들어 가는 '종양-빨강'은 급성의 소모성 질환이나 염증 등 파괴적인 질병 상태에 대한 경고로 볼 수 있다. 백혈병을 앓고 있는 아동의 그림에 빨강이 없다면(백혈구=하양) 이 또한 혈액 상태에 대한 중요한 정보라는 것을 알 수 있다.

빨강을 '부정적' 측면으로 단정하기 전, 한 명의 환자가 그린 연작의 그림 혹은 동일한 그림 내 빨강이 아닌 다른 시각적 요소도 면밀하게 탐색해야 한다. 그리고 관찰한 내용과 결론을 재확인해야 한다.

정서 차원에서 빨강은 열정, 내적인 화, 발등에 떨어진 문제, 심지어 분노와 격노까지도 표현할 수 있다. 아마도 우리 모두는 분노로 인해 '빨강을 보았던' 적이 있을 것이다. 빨강의 다양한 측면을 설명하기 위해 다음 그림을 선택했다.

우리는 1장 '물의 다양한 의미'에서 이미 보았던 그림(그림 6)을 기억한다. 그림 속 빨간 물을 주는 작은 인물의 신체는 생명을 의미하는 피의 색으로 그려졌다. 이 색은 8개의 빨간 꽃잎이 달린 빨간 꽃(나무만큼 키가 큰)에도 반영되어 있다. 우르스는 8세다. 그는 최근 수혈을 받고 생명을 회복한 뒤 이 그림을 그렸다(13장 신체적 측면을 고려하는 방법, 21장 치유된 환아들 참조).

그림 6 꽃에 빨간 물 뿌리기. 우르스, 남아, 7세 5개월, 급성 골수성 백혈병, KiSpi.

다음 그림(그림 77)의 빨강은 생명을 구한 우르스의 빨간 물과는 분명히 다르다.

---

1) 의식적인 도축의 법에 따르면 피를 섭취하는 것은 신성 모독이다.

여기서 우리는 아동들의 수호성인인 성 니콜라스의 부정적인 면을 볼 수 있다. 그는 주교의 지팡이를 짚고 허공 위를 걸어가고 있다. 그의 신체는 악성 종양 환자 그림에서 볼 수 있는 빨강으로 빼곡하게 채워져 있고, 그의 머리와 발은 연한 파랑으로 윤곽만 그려져 있다. 그는 뒤에서 두려움에 떨며 배변하는 동물을 끌고 미지의 세계인 왼쪽으로 걸어간다. 우리가 기억하는 것처럼 이 그림이 얼마나 사실적인지, 페터는 결국 지독한 질병으로 인해 죽음에 이르렀다.

그림 77 성 니콜라스와 배변하는 동물. 페터.

프리스카의 마지막 그림은 무색의 텅 빈 버섯집인데, 지붕에 속이 빈 10개의 동그라미가 그려져 있다(그림 16). 오른쪽 위에 있는 지붕의 작은 부분은 빨강으로 선명하게 덧그려져 있다(빨간 선이 인쇄 한계로 그림에 보이지 않음 – 옮긴이). 이 색은 화지 뒷면 전체에 자신의 이름을 쓴 것과 같은 빨강이다. 똑같은 빨강을 재현하기 어려움에도 불구하고 자신의 이름을 쓸 때와 같은 색이다. 이것은 '소멸되는' 과정의 표시일까? 하지만 10개월 전에 받은 수술은 왼쪽 소뇌 반구에 위치한 악성 종양 제거 수술이었다. 그림에는 왜 오른쪽에 표현되었을까? 이 그림은 오른쪽에 종양이 재발했다는 신체적 증상이 나타나기 이전에 그려진 것이다. 그런데 프리스카는 10세가 된 지 몇 주 뒤(38일)에 사망했다. 프리스카의 버섯집 지붕에 있는 10개의 동그라미를 떠올리게 된다(그림 16).

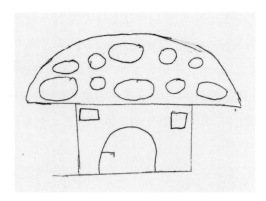

그림 16 프리스카의 버섯집. 프리스카.

놓치기 쉬운 세부 사항이 어떻게 예후적으로 중요한 의미를 지닐 수 있는지 다시 한번 놀라게 된다.

프리스카의 그림에서 보이는 연한 빨간 선이 그녀의 상태에 관한 중요한 정보를 알려 준다. 뒤에 나오는 다른 아동들이 그린 그림을 통해, 그림에서 사용된 명도의 작은 차이가 얼마나 중요할 수 있는지 관찰할 수 있다.

우리는 트루디의 그림, 즉 지붕이 걸쳐진 집과 생명나무(5장 숫자, 이름, 단어, 이니셜 그리고 특별한 의미 참조)를 알고 있다(그림 37). 이 그림을 통해 한 작품에서 사용된 다양한 명도의 빨강이 다른 유형의 질병을 의미할 수 있다는 것을 알 수 있다. 오른쪽으로 치우쳐 매달려 있는 지붕의 '전형적인 빨강'은 측두엽 종양을 나타내며, 창문은 혈종의 특징인 갈색과 빨강으로 그려져 있다. 이 어린 소녀는 종양의 재발로 10세에 사망했다.

그림 37 집과 나무. 트루디. 여아, 8세, 뇌실막세포종, NC.

　나는 트루디의 그림을 통해 **자발적 그림**이 심리적이고 신체적인 측면을 모두 반영하는 총체적인 인간을 나타낸다는 사실을 발견했다. 이 사실을 전하기 위해 퀴스나흐트(Küsnacht)에 있는 융에게 그림을 가져갔고, 융은 이를 잘 받아들이며 깊은 통찰을 보여 주었다. 수술받기 전에 그린 이 그림에 대한 융의 분석을 듣는 것은 나에겐 기쁨이었다. 융은 "창문의 갈색-빨강은 마치 응고된 피(혈종)처럼 보이는데, 불타는 빨강으로 된 지붕은 왜 저렇게 길게 늘어져 있는 걸까요?"라고 물었다. 나는 이 색이 다른 시각적인 징후와 함께 생명을 위협하는 특정 질병이 진행되는 과정으로 볼 수 있다고 대답했다. 그리고 두 번째 수술에서 우측 측두엽에서 종양이 처음 발견되었고, 6개월 후 그 혈종이 제거되었다고 덧붙였다. "그렇다면 병의 진단을 위해 이 그림은 중요하네요."라는 융의 대답을 통해 다시 한번 나의 생각을 확신할 수 있었다.

　우리는 7장 '사분면의 의미'에서 베아트가 수술 전에 그린 그림을 기억한다. 부분적으로 보이는 노란 태양 사이를 비추는 빨강이 눈에 띈다(그림 70). 수술 중 정확히 이 색깔의 종양이 발견되어 제거되었다(13장, 21장 참조).

　정확한 병의 예후를 예측하기 위해서는 다른 시각적 징후에 대한 분석도 포함해야 한다. 이 그림의 예후를 어떻게 긍정적으로 판단할 수 있을까? 그림 왼쪽에 있는 물속에서 넓어지는 빨간 면을 발견하고 태양이 동쪽에 있을 가능성을 고려했다. 이러한 관찰을 통해 임상적 상태를 반영하는 태양과 일상의 태양을 동일한 그림으로 볼 수 있을까? 또한 미시적 관점뿐만 아니라 더 나아가 거시적 의미에서도 이를 고려할 수 있을까?

　베아트는 잘 회복되었고, 손상된 시력도 많이 호전되어 곧 시력 교정용 안경을 쓰고 다시 학교에 다닐 수 있게 되었다.

그림 70 일출 혹은 일몰?. 베아트, 남아, 10세, 두개인두종, NC.

아드리안은 다음 그림을 '엄마 새'라고 불렀는데, 이는 아기의 탄생과 질병의 시작을 의미할
수 있다(그림 41).

"중간에 있는 엄마 새는 배에 태어날 아기를 품고 있어요."라고 그림을 설명한다. 새의 몸통
과 날개에 있는 반점은 백혈병 세포를 연상시킨다. 새는 생명을 주는 빨간 태양을 향해 날아가
고 있고, 그 태양을 아드리안은 검정으로 덧칠해 놓았다. 아드리안은 온통 검정으로 칠한 인물
이 있는 예전 그림에 대해 "아무것도 원하지 않아요."라고 말한다. 우리는 아드리안이 '검은 생
각'을 하고 있다는 결론을 내릴 수 있었고, 그동안 집은 분노가 폭발해 화염에 휩싸였다.

이와 같이 여기 이 한 장의 그림에서 빨강의 신체적 측면과 심리적 측면 모두 생생하게 표현
된 것을 볼 수 있다.

그림 41 검게 그을린 태양. 아드리안, 남아, 8세, 급성 림프모구 백혈병, KiSpi.

얼마 전 나는 불타는 집을 그린 그림을 본 적이 있다. 그 그림에는 생명을 위협하는 질병을 반
영한다고 볼 수 없을 정도로 생동감과 행복해하는 사람들이 표현되어 있었다. 그 그림은 알고
보니 독감과 고열에 시달린 아동의 그림이었다. 즉, '불타는 집'과 같은 하나의 모티브가 반드시
위험한 임상 또는 심리 상태와 일치하는 것이 아닌 것을 분명히 보여 주고 있다. 이런 그림은 생
명의 위험을 알리는 신호일 수는 있지만, 대수롭지 않은 계절성 질환을 반영할 수 있다.

불을 피우는 것은 초기 인류에게 중요한 발견으로, 인류 문명의 토대를 마련하였음을 잘 알

고 있다. 하지만 그리스 신화에서 불은 숙명적인 양면성을 지니고 있는데, 프로메테우스는 올림포스의 불을 훔친 행위의 대가로 가혹한 형벌을 당했다. 불은 따뜻하게 하고 생명을 유지해 주지만, 파괴와 혼란을 일으킬 수도 있다. 마찬가지로 빨강은 악성 종양과 떠오르는 태양의 희망을 동시에 나타낼 수 있다.

주황

교통 당국이 빨강은 위험의 신호로, 초록은 안전한 통행으로, 주황은 그 사이의 상태로 선택한 이유가 무엇인지 궁금해진다. 주황은 빨강이 옅어진 것으로 이해되며, 생명 에너지가 줄어들고 있다는 신호이기도 하지만 위협적인 상태에서 다시 생명이 되살아남을 의미하기도 한다. '사고를 나타내는 색'[2]으로서 주황은 삶과 죽음 사이의 불확실성 상태를 나타낼 수 있다. 또한 건강한 아동들이 사람의 피부색을 표현할 때 자주 사용하는 색도 주황이다.

비행기는 왼쪽에서 오른쪽으로 날아간다. 아동은 연필로 새 한 마리의 윤곽을 그리기 시작했고, 밝은 노란 부리와 연한 파란 눈(천상의 색)을 색칠했다(그림 42). 꼬리의 깃털에는 9가지의 색연필로 강렬하게 색을 표현했고 날개는 주황색 선으로 그렸다. 심각한 사고를 당한 아동이 다시 살아나고 있는 것일까? 진단에 따르면 외상, 즉 함몰골절을 입었다. 아동은 잘 회복되었다.

그림 42 영혼의 새가 비행기가 되다. 루스, 여아, 7세, 외상, NC.

2) 미국 코네티컷주 사우스 뉴헤이븐에 위치한 희귀암 환자 병원의 부상자 병동에서 주황을 자발적으로 사용하는 연구가 진행되었다. 놀랍게도 부상 환자들의 식별 팔찌가 주황이었던 것이다.

　　아래에서 우리는 주황을 두 가지 측면에서 볼 수 있다. 아드리안은 다음 그림에서 주황 때문에 호랑이가 마음에 든다고 말했다. 호랑이는 위험한 동물이지만, 그림 속 함께 표현된 식물과 주황의 사용은 현재 아드리안의 생명이 위협받지 않는다는 의미일 수 있다. 5개의 큰 잎을 가진 건강한 초록 식물이 위험 신호와 아드리안 사이에 서 있다.

그림 78 숨어 있는 호랑이. 아드리안, 남아, 8세, 급성 림프모구 백혈병.

　　곰의 손에 달린 발톱 아래에 그려진 벌집은(소년은 자신이 훔쳤다고 말한다) 노랑과 주황으로 칠해져 있다. 여기에 주황은 이중적 측면을 보인다. 꿀이 너무 맛있어서 곰이 꿀을 훔치지만, 한편으로는 이에 따라 벌들이 너무 화가 나서 웡웡 소리 내며 곰을 위협하는 것이다. 이 순간 곰이 잠드는 것은 위험할 수 있다. 그림에 대한 이해와 진료 기록을 비교해 보면 급성 림프모구 백혈병을 앓고 있던 소년이 뇌수막 침투가 재발한 지 몇 주 후에 이 그림을 그렸다는 것을 알 수 있었다. 아드리안은 '호랑이가 공격'하여 골수 재발을 겪기 전에 임상 치료를 받아 약 5주 동안 정상적인 생활을 할 수 있었다. 이러한 맥락에서 호랑이로부터 아드리안을 보호하던 5개의 건강한 초록 이파리가 떠오른다.

　　주황에 대한 장을 작성하던 중 치유된 환아들도 이 색을 피부색으로 사용한다는 것을 알게 되었다. 내가 누군가의 저녁 식사에 초대받았을 때, 그의 6세 된 아들 안디(Andy)가 가끔 우는 여동생을 놀리기 위해 그린 그림이 복도에 걸려 있는 것을 발견했다(그림 79). 그림에서 여동생의 주황색 피부가 눈물 사이로 반짝이고 있었다(팔과 다리가 진하게 주황으로 칠해져 있고, 얼굴색은 인쇄의 한계로 주황이 보이지 않음 – 옮긴이).

그림 79 마리안네가 울다. 안디. 남아. 6세. 회복된 아동.

모브

모브색은 신체적으로 전이와 같이 발작 상태(뇌전증, 경련 증상 또는 질병에 대한 불가피한 항복)를 반영할 수 있다. 심리적으로 모브색은 '붙잡힌' 느낌, 즉 안정감으로부터 짓밟힐 위험에 처해 있다는 느낌까지 표현할 수 있다. 또한 마지막으로 소유하거나 소유되고 싶은 절박한 욕구를 나타낼 수도 있다.

서로 다른 배경에 다른 유형의 질병을 앓는 환자들이 그린 네 개의 그림을 예시로 가져왔다.

우리는 1장 '물의 다양한 의미'에서 불과 싸우는 페터(그림 8)라는 그림을 만난 적이 있다. 약 1년 후, 방사선 치료와 수술을 받은 페터는 마녀를 그리며 인상적인 말을 남겼다(그림 65). "어젯밤 꿈에 마녀가 나타나 '숲이 너무 아름다우니 같이 가자.'라고 말하는 꿈을 꿨어요. 모브색 신발을 신고 있어서 마녀라는 것을 바로 알 수 있었어요. 그래서 마녀를 따라가지 않았죠." 페터는 당시 유행하던 색이 아니었던 모브색을 마녀의 특징으로 정의하고, 자신을 사로잡고 있는 치명적인 질병을 의인화한 것이다.

그림 65 마녀. 페터.

춤추는 어릿광대는 외부의 힘에 의해 움직이고 제어되며 공중으로 무력하게 뛰어오를 뿐이다(그림 80). 환자가 이러한 춤추는 어릿광대를 그리는 이유는 무엇일까?

모자의 왼쪽에 있는 모브색 영역은 뇌의 장애 발생지에 해당하며, 색상을 통해 이에 대한 정보를 얻을 수 있다. 이 색상은 오른쪽 다리와 관절에 반복되어 나타난다. 한스 페터 슈는 자신의 상태를 설명하면서 이러한 이유로 '버둥거리게' 된다고 한다. 우리는 신체 한쪽의 반응이 반대쪽 뇌에 의해 제어된다는 것을 기억해야 한다. 여기서 우리는 환아가 뇌전증(통제할 수 없는 힘으로 무력감을 느끼는)을 그림으로 표현한 것을 본다.

그림 80 춤추는 어릿광대. 한스 페터 슈. 남아, 9세. 전신성 뇌전증 및 좌측 초점. NC.

다음 그림에서는 모브색과 갈색의 조합을 볼 수 있다.

발터 B.(Walter B.)는 소아 병동 벽화[3]에 그려진 모든 동물 중 '높이 날아가는' 2마리의 새만 선택했다. 하늘을 나는 새인 제비는 강렬한 모브색으로 그려졌다. 그다음으로는 갈색으로 도요새를 그렸다. 그 이유는 무엇일까? 2마리 새 모두 각각의 색으로 윤곽선이 또렷하고 면이 가득 채워져 있다. 벽화에서 우측 방향은 여기에서도 유지되었다. 하지만 위치와 색상이 달라진 것을 알 수 있다. 여기서 도요새는 진한 갈색(배변색일까?)이고, 모브색으로 칠해진 부리가 제비 꼬리의 뒤 '금지된 영역'으로 향하고 있다. 모브색은 '붙잡힌' 상태를 반영한다. 14세 소년은 '금지된' 욕망에 쫓기고 있는 것일까?

그림 81 높이 나는 제비와 공격적인 도요새. 발터 B., 남아, 14세, 뇌전증, NC.

이 그림을 환아가 하늘과 땅, 선과 악 사이의 긴장감에서 줄타기하며 살아가는 모습을 시각적으로 표현한 것으로 이해할 수 있을까? 쌓이는 이 긴장이 신체를 통해 뇌전증 발작의 형태로 보이는 것일까? 사례 기록을 확인한 결과 발터 B.는 외상 후 뇌전증으로 추정되는 전신성 뇌전증을 앓고 있는 것으로 확인되었다.

환아들의 그림 속 모브색을 연구하고 있을 때, 지인에게서 예상치 못한 크리스마스 카드 한 장이 도착했다. 나를 격려하려 보낸 카드였다(그림 82).[4] 가장 먼저 눈에 띄는 것은 거의 전체가 모브색으로 칠해진 집(신체에 해당하는)과 그 아랫부분에 같은 색으로 칠해진 바닥면이다. 그리고 울타리 안에는 13명의 사람이 있는데, 그중 한 명은 원래 파랑이었는데 모브색으로 덧칠

3) 2장 자발적 그림 수집 방법 참조.
4) 카드를 보내 주신 Jutta von Graevenitz 박사님께 감사의 말씀을 전한다.

되었다. 내가 놀란 것은 커다란 문에 새겨진 '마므레 학교(Mamre Schule)'라는 글귀였다. 카드의 뒷면에는 [독일의 베텔(Bethel)에 있는] 뇌전증 환아들을 위한 학교에 다니는 13세 소년이 그린 그림이라고 적혀 있었다.

그림 82 마므레 학교

나는 특히 새로운 분야를 연구하는 이들에게 이러한 '우연'에 주시하라고 조언하고 싶다. 이는 연구에 큰 도움과 격려가 될 수 있기 때문이다.

파랑

파랑에서 우리는 두 가지 측면을 구분한다. 진하고 건강한 파랑은 구름이 없는 맑은 날과 물에 자주 사용된다. 반면에 아득한 먼 곳을 의미하는 연한 파랑은 종종 활력이 떨어지는 그림에 사용되기도 한다. 여기서 우리는 소위 원시민족들이 매우 강렬하고 선명한 색을 선호하는 것을 떠올려 보며, 문화 발전이 지나치게 고도로 분화된 단계에 속한 '블루 물랑(bleu mourant)(꽃이 지기 직전 가장 화려하게 만발할 때 – 옮긴이)'과 같은 표현을 생각해 볼 수 있다.

우리는 투병 기간에 페터가 그린 두 개의 그림을 비교하려 한다. 페터는 위독한 상태로 NC에 입원했지만 매일 받는 방사선 치료에 잘 반응해서 상태는 꾸준히 호전되었다.

퇴원하던 날 페터는 자신이 입원한 주립 병원을 그렸는데, 지붕에 검은 십자가를 그렸다(그림 10). 그림 속 병원은 매우 좁은 빛바랜 초록 땅 위에 있는데, 페터는 병원의 위치를 고양이와 고양이에게 쫓기는 쥐 사이에 정확히 배치했다. 하지만 우리를 위로하듯, 뒷배경은 진한 파란 선으로 칠해져 전체 그림을 거의 감싸고 있다.

그림 10 주립 병원. 페터.

평범하게 생활하던 페터는 11개월 후 다시 입원해야 했다. 소뇌 검사를 위해 수술을 진행하는 과정에서 악성 종양의 다발성 전이가 발견되었다. 수술 후 합병증은 없었다. 그 후 소뇌에 베타트론 요법이, 그리고 척수에는 예방을 위한 방사선 치료가 이어졌다.

수술 한 달 후, 페터는 화지 중앙에 빛바랜 파랑으로 전나무가 있는 그림을 그렸다(그림 83). 전나무에는 뿌리가 없다. 그림의 다른 요소들 또한 생명력을 잃어 가는 빛바랜 색으로 그려졌다. 부분만 조금 보이는 석양은 연한 노랑이고 광선 5개는 나무에 거의 닿을 듯 뻗어 있다. 페터의 생명 나무일까? 웅크리고 있는 동물과 텅 비어 있는 집은 허공에 있다. 둘 다 연한 초록이고, 그림의 오른쪽 위에 자리 잡고 있어서 '지금, 현재', 즉 페터의 상황을 반영한다. 이 환아는 회복되어 지독한 병마와 용감히 맞서 싸웠지만, 기력을 완전히 되찾지는 못했다. 그의 부모는 페터를 작은 마을로 데려갔고, 그는 힘겨운 싸움 끝에 세상을 떠났다.

그림 83 딱따구리 흔적이 있는 빛바랜 파란 전나무. 페터.

　파랑의 두 가지 음영을 고려해 볼 때, 우리는 사전트의 아침 산책 그림에서 건강한 젊은 여성이 짙푸른 생명의 물줄기 가장자리에 있는 모습을 떠올릴 수 있다(그림 3).

　빛바랜 파란 색조를 볼 수 있는 예로, 말년에 중병에 걸렸지만, 조용히 죽음을 준비하며 연한 빛바랜 파란 색연필로 마을의 우물이 있는 집(그림 4)을 마지막까지 그린 G 부인의 그림이 떠오른다(1장 참조).

그림 3　예술 작품과 평행: 아침 산책. 존 싱어 사전트.

노랑

　노랑의 따뜻하고 깊은 색조는 귀중한 금처럼 변하지 않는 특별하고 지속적인 가치를 지닌 사물에 사용된다. 이러한 이유로 태양과 다른 천체의 색상으로 노랑이 사용되는 것을 볼 수 있다. 반면에 빛바랜 듯한 연한 노란 색조는 특히 '부적절한' 곳에 사용할 때 기력이 감소하고 위태로운 삶의 상황을 나타낼 수 있다.

　우리는 한 아동이 투병 중 그린 노랑과 관련된 두 개의 그림을 골랐다. 여기에서 다른 중요한 관찰 사항은 고려하지 않는다.

우리는 프리스카가 중병을 앓고 있다는 것을 알고 있다. 소녀는 성공적인 수술과 방사선 치료를 마치고 퇴원 후 이 그림을 그렸다(그림 84). 큰 튤립 3송이와 작은 튤립 1송이 중 2송이는 진한 금색과 여러 가지 색을 섞어서 칠했고, 은방울꽃(그림이 그려진 시기는 5월)과 물망초가 하나씩 있다. 꽃들은 마치 누군가 좁은 땅에 나란히 꽂아 놓은 것처럼 세워져 있다. 6개의 광선이 있는 황금색 태양의 일부는 서쪽 위 모서리를 채우고 있다. 태양이 가득 칠해졌다면 크기가 매우 커지므로 아마도 지고 있는 걸로 보인다(12장 태양 참조).

그림 84 황금색 노란 태양이 있는 화단. 프리스카.

그림 85 빛바랜 연한 노란 해바라기가 있는 화단. 프리스카.

그러나 3개월 반 뒤 프리스카는 상태가 악화되어 추가적인 치료가 필요했고, 병원에 재입원하게 되었다. 다음 그림(그림 85)을 보면 한눈에 옅어진 색상과 줄어든 꽃의 개수를 알 수 있다. 매우 좁은 옅은 초록 땅에 뿌리 없이 서 있는 꽃의 크기와 개수가 감소한 것이다. 태양은 완전히 사라졌고, 9개의 꽃잎(프리스카의 현재 나이)을 가진 해바라기는 황금색 에너지를 잃었다. 그림 84의 황금색 튤립은 그림 85에서 전이를 의미하고 예후가 매우 걱정스러운 색인 모브색으로 변했다. 이 환아에게는 이제 겨우 2개월이라는 짧은 시간밖에 남지 않았다.

그림에서 '태양의 위치' '광선의 수' '얼굴 윤곽'의 유형과 색상 등 태양에 사용된 노랑을 비교·분석하고 이를 총체적 인간의 임상적 상태, 즉 정신 및 신체와 연관시키기 위해서는 특별한 연구가 필요하다.

이제 백혈병 환아의 그림 두 개를 살펴보도록 하자. 다시 한번 우리는 동일한 대상의 두 가지 측면을 다루고 있다. 이번에는 7개월에 걸쳐 우편 버스의 노랑이 어떻게 변했는지 살펴보자.

미키는 KiSpi에서 진단을 받은 지 4개월 후 첫 완치 판정을 받고 집으로 퇴원할 수 있었다. 미키의 첫 번째 우편 버스는 내리막길로 이어지는 하얀 도로에 서 있는 하얀 창문이 달린 연한 노랑이었다(그림 60). 앞바퀴 하나가 빠진 듯 보인다. 버스는 빨간 경고등이 켜진 정지 표지판 바로 앞에 멈췄다. 운전기사를 제외하고는 아무도 탑승하지 않았다. 그는 챙이 달린 모자를 쓰고 빨간 옷을 입고 파란 자전거를 타고 있는 작은 사람에게 시선을 돌린다. 빨강, 하양, 파랑의 색상 조합이 놀랍다. 정류장에서 미지의 세계인 왼쪽으로 이어지는 케이블에 7개의 바퀴가 달린 텅 빈 케이블카가 매달려 있다. 왜 7개일까?

그림 60 정지 표지판이 있는 우편 버스. 미키. 남아. 7세. 급성 림프모구 백혈병. KiSpi.

7개월 후, 미키는 깊은 우울증을 극복하고 두 번째로 완치 단계에 접어들었을 무렵, 다시 우편 버스를 그렸다(그림 61).

이번에는 버스가 화지의 전체를 차지하고 오른쪽 방향의 오르막길로 향하고 있다. 첫 번째 그림보다 바퀴의 상태가 더 좋아 보이고, 노랑은 훨씬 진한 색상으로 바뀌었다. 하얀 도로는 여기에서 빨강으로 칠해졌다(혈색이 좋아짐). 버스에는 아무도 없다. 사람들은 모두 운전기사와 함께 '포르마지오(Formagio)' 농장으로 식사하러 갔을까? 버스는 소년의 질병과 마찬가지로 멈춰 있다. 진료 기록에 따르면 소년은 그 당시 매우 건강하고 매일 일상적인 활동에 참여할 수 있었다. 하지만 유감스럽게도 몇 달 후 그의 병이 재발했다.

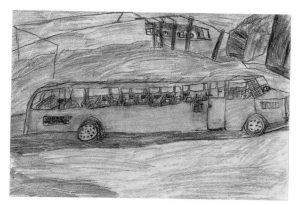

그림 61 우편 버스가 언덕을 올라간다. 미키.

서로 다른 질병을 앓는 프리스카와 미키가 그린 이 두 그림에서 우리는 빛바랜 노랑과 강렬한 노랑의 중요성을 확인했다. 프리스카의 경우 건강이 악화되면서 노랑이 희미해졌고, 미키의 경우 건강이 호전되며 노랑이 더 강하게 짙어졌다.

검정

검정은 문화권마다 다른 의미를 지니고 있다. 중부 유럽에서는 축제나 종교적 행사 또는 애도 기간에 검은 옷을 입는다.

환아들이 검정이나 부드러운 연필을 사용하는 것도 다른 의미가 있을 수 있다. 강렬한 검정은 힘과 결단력을 표현하는 것일 수 있다. 검은 윤곽선은 그와는 반대되는 의미를 나타내거나 내적으로 자신을 다잡아 버텨야 할 필요성일 수도 있다. 검정으로 덧칠해진 대상은 위협적이거나 위기를 나타낼 수 있다. 또한 검은 배경은 환자의 기분이나 상태를 반영하기도 한다.

다양한 인종이 함께 사는 사회 안에서 자신의 어두운 피부색이 편안하고 안전하게 받아들여진다고 느끼는 아동은 자신을 검정으로 그리는 경향이 있다.[5] 비록 검정이 임상적으로 특정한 의미를 가질 수 있으며 때로는 부정적인 반응을 나타낼 수 있지만, 항상 그렇지만은 않다. 이 아동은 자신의 어두운 피부와 닮은 검정 연필을 사용하여 자랑스럽게 표현할 것이다.

케티의 그림(그림 62)에서는 돌바닥에 넘어져 뇌진탕을 일으키는 신체적 원인에 의한 '블랙아

---

5) 이 관찰은 Gregg Furth 덕분에 가능했다.

옷'이 나타난다. 태양은 연필로만 그려졌지만, 무색 광선을 내뿜으며 빛나고, 집의 지붕과 '생명
나무'에는 그림자가 드리워져 있다. 다행히 케티는 빨리 회복했고 다음 그림으로 색채와 생동
감이 넘치는 공작새를 그렸다(12장 태양, 21장 치유된 환아들 참조).

그림 62 나무 그늘로 덮인 집. 케티. 여아. 11세. 뇌진탕. NC.

다음 그림에서 우리는 페터가 꿈속에서 그를 숲으로 유인하려던 마녀에게 온 힘을 다해 저항
하며 따라가지 않으려고 최선을 다했던 그의 반응을 기억한다. 페터는 용감했지만, 그 후 바로
'불타는 빨간' 윤곽이 그려진 인물이 오른쪽 위에서 왼쪽 아래까지 최단 경로를 따라 강제로 끌
려가는 것처럼 보이는 그림을 그렸다(그림 66). 이 환아는 검은 화살표에 대해 "온 힘을 다해 당
겨야 해요!"라고 말한다. 페터의 용기 있는 저항이 무너진 것일까? 그렇다면 이제 그는 질병이
지닌 불길한 힘에 순종할 수밖에 없는 것일까(8장 모브 참조)?

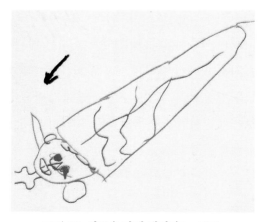

그림 66 왼쪽을 향해 내려가는. 페터.

우리는 이 그림을 5장에서 보았고, 이 젊은 여성의 상체가 어린 시절에 성적으로 '더럽혀졌다'라는 것을 알게 되었다(그림 40). 뚜렷하고 선명하게 그려진 고양이의 얼굴은 그녀를 성적으로 폭행한 친척의 얼굴과 닮았다. 우리는 그림을 보며 그녀에게 그 경험이 금기시되고, 위태롭고, 정욕적일 수 있어서 그림 속 고양이를 검정으로 덧칠해야만 했다는 것을 짐작할 수 있다. 고양이의 얼굴은 오직 윤곽선으로만 그려졌는데, 아마도 그의 정체를 숨겨야만 했기 때문일지도 모른다(13장 신체적 측면을 고려하는 방법, 17장 일반화와 오역 위험 참조).

그림 40　발 없는 고양이. C.

다시 한번 다른 관점에서 이 그림을 살펴보자. 우리는 '어미 새'와 '불타는 집'에 대한 이야기를 앞서 '빨강'에서 보았다(그림 41). 여기에서 볼 수 있는 것은 아드리안의 어머니가 아이를 가졌다는 소식에 고통스러웠던 아드리안이 생명을 주는 태양 광선을 제외하고는 검정으로 덧칠했다는 것이다.

그림 41　검게 그을린 태양. 아드리안.

이제 마지막으로 악성 종양을 앓고 있는 서로 모르는 두 환아의 그림을 살펴보려 한다. 두 그림 모두 생애 마지막 순간에 그려졌고 연필로 윤곽만 검정으로 그렸다.

이 어린 소녀의 텅 빈 '버섯집'은 연필로 윤곽이 그려져 있다(그림 16). 그림에서 유일하게 색칠된 곳은 오른쪽 지붕 위의 짧은 빨간 선뿐이다. 이는 소녀가 결국 사망하게 된 2차성 종양을 나타내고 있다.

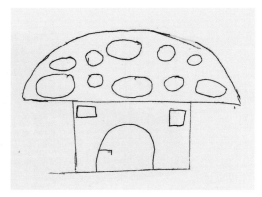

그림 16 프리스카의 버섯집. 프리스카.

다음 소년의 그림에는 연필로 그려진 커다랗고, 색칠되지 않은 새 한 마리가 오른쪽에서 왼쪽으로 날아들어 화지 전체를 꽉 채우고 있다. 왼쪽 위 한쪽 날개 끝에만 황금색 노랑으로 칠해져 있다. 끝이 없는 병마를 용감히 견뎌 낸 페터의 영혼의 새는 이미 하늘의 별들로 이루어진 황금색 영역에 닿아 있는 걸까(12장 새 참조)? 심층 방사선 치료 후 아동들의 그림에서 나타나는 검은 선의 의미는 12장 '비'에서 참조하면 된다.

그림 15 평화의 새. 페터.

이제 우리 대부분에게 더 친숙한 배경을 살펴보자. 방의 벽지나 색상을 선택할 때 우리는 개인적인 취향에 따른다. 마찬가지로 아동과 성인 모두는 하얀 도화지의 배경에 자신들의 신체적 그리고 심리적인 상태에 따라 색을 다르게 칠할 수 있다.

중병으로 입원한 17세 크리스타(Christa)는 그림의 다양한 배경색을 통해 우리에게 귀중한 통찰을 주었다. 상태가 호전될 때 파랑과 초록 선으로 배경을 색칠했고, 신체적 그리고 심리적으로 악화되었을 때는 검은 선으로 색칠하여, 우리는 그녀의 변화된 상태를 알 수 있었다. 그녀의 주치의가 지나가는 말로 색들에 대해 조심스럽게 물어보자, 그녀는 "아, 학교에서 배웠어요."라고 대답했다. 이렇게 크리스타는 직접적인 대답을 피했는데, 때때로 우리 모두도 이처럼 행동한다. 크리스타는 견디기 힘들었을지도 모르는 자신의 진짜 상황이 알려지는 것을 피하고자 보편적이고 합리적인 대답으로 회피했다.

그녀의 마지막 그림은 시들어 버린 1송이의 양귀비꽃이다(그림 86). 꽃의 어두운 중심부가 나비 또는 척추의 단면 형상과 같다. 심리학자라면 나비 모양을 보고 그리스어로 나비를 뜻하는 프시케(Psyche)를 떠올릴 수 있다. 꽃의 검은 중심부에 특별한 의미가 있을까? 신중하게 잘려진 꽃은 검정으로, 섬세하게 음영을 넣은 배경에 거의 떠 있는 것처럼 보인다. 예로부터 양귀비는 잠을 잘 오게 하고 망각을 도와주는 아편 식물을 의미한다. 이 소녀가 평화롭게 사망했다는 소식을 들으니 위안이 된다. 이 그림 및 환아의 상태에 대한 추가 세부 사항은 19장 '자발적 그림: 의사, 봉사자, 환자와 가족의 다리 역할'에서 비교하여 확인할 수 있다.

또한 신장 이식을 기다리는 환자들의 그림에서 검정 또는 어두운 음영으로 칠해진 배경이 반복적으로 발견되었다.

그림 86 중심부가 검은 양귀비꽃. 크리스타, 여성. 17세 6개월. 급성 림프모구 백혈병, KiSpi.

하양

하양은 실제로 '색'은 아니지만, 우리는 학창 시절부터 스펙트럼의 모든 색상이 담긴 원반이 매우 빠르게 회전하면 하양으로 보인다는 것을 기억한다. 반대로 하얀 태양광은 프리즘이나 빗방울의 요소들로 인해 무지개 색의 스펙트럼으로 나뉠 수 있다.

서양 문화권에서 전통 웨딩드레스의 하양은 '젊음' 그리고 부분적으로는 의식적으로 '온전한 상태'를 상징적으로 나타내는 것으로 이해될 수 있다. 다음 단계로 성인 여성의 다채로운 삶이 펼쳐지는 것을 의미한다. 그러나 중국 문화에서 하양은 애도의 색으로서 착용하는데, 고인이 지상에서의 여정을 마친 '완결'의 표현이다. 인간과 동물의 해골은 태양에 노출되면 하양으로 변하기 때문에 예술 작품에서 종종 이렇게 묘사된다. 따라서 하양은 인생에서 중요한 단계의 시작과 인간의 삶이 '완결'됨을 상징한다고 말할 수 있다.

다시 임상 연구로 돌아오자. 내가 우리의 연구를 NC와 KiSpi에서 진행하며 인상 깊었던 점은, 백혈병 환자들이 그림을 그릴 때 하얀 색연필을 요청하는 것이었다. 이는 아동들이 '백색' 질병을 표현하는 데 적절한 방법이어서 그랬을까? 나는 이 아동들과 하양을 칠하고 싶을 때 하얀 도화지에 여백을 비워 두는 NC의 아동들과 차이에 놀랐다.

내가 그림에서 처음 본 '백색 아동'은 림프모구 백혈병 진단을 받은 아르투어였다. 내가 NC와 KiSpi의 그림을 처음으로 비교하던 바로 그때 이 그림을 발견한 것이다.

그림 48 빨간 소파에 앉은 백색 아동.
아르투어, 남아, 6세, 림프모구 백혈병, KiSpi.

병원학교에서 '우리 가족'이라는 주제가 제시되었다. 화지 왼쪽 상단 빨간 소파 위에는 하얀 인물이 그려져 있고, 그 아래에는 'ich(나)'라는 단어가 적혀 있다(그림 48). 다른 가족 구성원은 모두 색이 칠해져 있었지만, 아르투어는 '백색 질병', 즉 백혈병을 앓고 있는 '백색' 아동이라고 자신의 그림을 통해 우리에게 말해 주고 있다.

다음 그림도 병원학교에서 그려졌다. 그룹 주제는 자체적으로 선택해서 '비 오는 날'이었는데, 실제로 비가 내리고 있었다. 한스 페터 슈는 사방에서 내리는 비를 파란 선으로 그렸다(그림 87)(12장 비 참조). 히치히 교수는 이를 백혈병 세포의 발생으로 이해했다. 이 그림에서 하양을 찾아보면 '지금 여기' 공간인 오른쪽 위의 집 지붕 아래에 있는 '백색' 아동을 발견할 수 있다. 이 환아는 며칠 후 병의 재발로 사망했다.

그림 87 파란 비. 한스 페터 슈. 남아. 9세. 급성 림프모구 백혈병. KiSpi.

그림 88의 제목은 아드리안이 직접 지었는데 '천일 야화'에 나오는 동화 중 하나다. 술탄의 하렘(이슬람 사회에서 부인들이 거처하는 방 – 옮긴이)에 머물던 세헤레자데는 불륜 혐의를 받고 새벽에 교수형 선고를 받았다. 처형 전날 밤 그녀는 술탄에게 알리바바의 동화를 들려주었다. 술탄은 너무 감동하여 자신의 판단을 철회하고 그녀를 자신의 곁에 두었다.

우리는 이 환아가 어떻게 이 주제를 떠올렸는지 궁금해진다. 이 그림은 그의 현재 상태와 전반적인 상황을 얼마만큼 반영하고 있을까?

왼쪽에 빨간-주황색의 '동굴'이 보인다. 4개의 불룩한 주황색 자루가 그 안에 놓여 있다. 그림의 오른쪽에는 주황색 동굴로부터 상당히 거리를 두고 서로 매우 다른 모습으로 묘사된 5명의 인물들이 있는데, 숨겨진 보물을 발견한 알리바바에게 복수하기 위한 도둑들임이 분명하다. 특히 해골 인간인 5번째 인물이 눈에 띈다. 왼쪽 눈을 크게 뜨고 이 그림을 바라보는 관찰자 혹은 이 어린 '화가'를 정면으로 바라보고 있는 것일까? 그가 들고 있는 톱은 위협적으로 동굴을 향하고 있다.

그림 88 알리바바와 40인의 도둑. 아드리안. 남아.

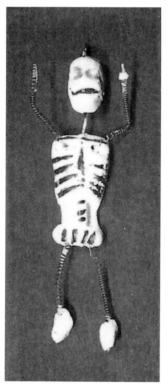

그림 89 예술에서 비롯된 유사성:
해골-멕시코 장난감.

앞서 살펴본 바와 같이 그림에서 생략된 부분은 추가된 부분만큼이나 중요할 수 있다. 마찬가지로 그림의 사본이나 이야기에 추가된 내용도 특별한 의미가 있을 수 있다. 하양을 작업하는 동안 하얀 해골 인간이 오른손에 뾰족한 톱을 들고 있는 모습 때문에 이 그림이 떠올랐다. 동화 속 이야기 자체에는 죽음의 형상이 등장하지 않는다. 하지만 우리는 이 아동에게 죽음이 얼마나 가까워졌는지 알고 싶었다.

아드리안이 왜 알리바바 이야기를 선택했는지에 대한 답은 아직 찾지 못했다. 환자가 특정 주제를 선택하는 데는 여러 가지 이유가 있을 수 있는데, 처음에는 우리가 이를 알 수 없거나 알아보지 못한다. 하지만 여기서 주목할 점은 알리바바와 아드리안의 이름 첫 글자가 같다는 점이다. 또 다른 유사점으로는 세헤레자데가 새벽에 처형될 예정이었다는 점이다.[6] 이상한 우연의 일치로 아드리안이 초기에 그린 그림 중 하나를 발견했다. 진한 파란 배경에 황금색 교회가 있고 시계탑이 3시를 가리키고 있는 그림(그림 90)이었다. 나는 진료 기록에서 이 환아가 새벽 3시에 무산소 혈증(혈액 내 산소 부족)을 동반한 중증 폐렴으로 사망했

---

6) 이 관찰은 런던의 셸리그만(Erwin Seligmann) 박사 덕분에 가능했다.

다는 사실을 발견하고 큰 충격을 받았다. 세혜레자데도 처형당했다면 아드리안과 비슷하게 산소 부족으로 사망했을 것이다. 세혜레자데는 술탄의 신부가 됨으로써 소원을 이루었고, 아드리안은 신의 곁에 있게 되는 자신의 가장 깊은 소망을 성취함으로써 '완결'을 찾았다.

그림 90 교회탑 시계가 있는 황금색 교회. 아드리안.

1978년 로스엔젤레스에서 열린 한 학회에서 나는 '백색 아동' 현상을 예상치 못하게 마주하게 되었다. 그곳에서 진행 중이던 강연의 쉬는 시간에 한 백혈병 환아의 어머니인 젊은 여성이 나에게 다가와 자신의 이야기를 들려주었다. 그 이야기를 이 책에서 인용해도 좋다고 허락해주서서 너무나 감사하다. 그녀의 2세 6개월 된 딸 재키는 재생불량성 빈혈로 설파제를 복용하고 있었다. 어느 날 어머니는 아동의 몸에서 백혈병이 의심되는 위험한 징후를 발견했다. 이 어린 소녀는 병원으로 급히 이송되어 최대 6주밖에 살지 못할 것이라는 예후와 함께 백혈병 진단을 받았다. 이틀 동안 병원에 머무른 후 부모는 아동을 집으로 데려갈 수 있었다.

재키가 사망한 후 재키의 어머니 E. P.가 나에게 보낸 편지를 인용한다.

"아이는 3주 만에 두 살이나 더 먹은 것 같았어요. 재키는 다섯 살처럼 보였어요. 12월 7일부터 29일까지 3주간 딸아이는 그림을 그리고, 자기 이름을 쓰는 법을 배우고, 혼자서 대소변을 가리기 시작했어요……. 저는 딸아이의 그림에서 하얀 바탕에 분홍이 보라로, 그리고 빨강으로 그림의 색상이 어떻게 바뀌었는지 절대 잊지 못할 거예요. 재키는 항상 예쁘게 차려입는 것을 좋아했어요. 재키가 떠나기 이틀 전, 파란 장식이 달린 하얀 드레스와 하얀 스타킹, 하얀 구두를 고르며 저에게 옷 입는 것을 도와 달라고 했어요. 저는 하얀 오간자 원피스를 입혀 묻었습니다……." '완결'을 뜻하는 색인 하양에 관한 이야기다.

검정과 하양

　속이 빈 형태를 연필로 그린 윤곽선이 둘러싸고 있는 것처럼 검정과 하양은 서로 간에 의존적일 수 있다는 것을 알게 되었다. 여기서 우리는 흑과 백, 어둠과 밝음의 상보성에서 어두운 면이 작은 하양 영역을 품고 있고, 반대로 하양이 어두운 중심을 품고 있다는 독특한 표현을 중국의 음과 양 상징에서 찾아볼 수 있다.

　이는 가장 깊은 밤에서 낮이 탄생하고, 밤이 마침내 가장 밝은 낮 위로 내려오는 우리의 경험과 상징적으로 일치한다.

　한때 광물학자였던 나의 경험에 있어서, 양극에 있지만 배타적이지 않고 서로를 보완하는 훌륭한 예시가 있는데, 이는 바로 석탄이다. 순수한 무연탄은 석탄처럼 검정이다. 결정체 형태의 무연탄과 똑같은 광물은 모든 보석 중 가장 빛나는 다이아몬드다.

단색

　그림과 드로잉에 한 가지 색상만 사용하는 제한적인 '선택'은 현재 환자의 신체적 그리고 정신적 상태를 파악할 수 있는 단서가 되는 경우가 많다. 예를 들어, G 부인의 그림 마을의 우물이 있는 집(그림 4)에서 유일하게 사용된 파랑은 비뇨기 계통의 불안정한 상태를 암시적으로 나타내며, 심리적으로는 하늘과 거리감을 나타낼 때 사용한 색으로서 임종에 이르렀음을 암시할 수 있다.

　페터의 신호상자와 기관사가 없는 기관차(그림 92)와 리차드(Richard)의 3개의 연기(그림 91)에서 페터의 '신호상자와 기관차' 그리고 리차드의 '레일 위의 기관차'에 사용된 빨강은 "이것이 나와 내 기관차를 지상의 종착역으로 데려갈 질병이다."라는 비유적인 표현으로 이해할 수 있다(8장 참조).

그림 92 신호상자와 기관사가 없는 기관차. 페터.

그림 91 3개의 연기. 리차드.

모든 색

NC와 KiSpi에 있는 환아의 그림에서 '색이 없는 것'을 포함하여 개별 색의 의미를 자세히 살펴보았고, 이제 모든 색상이 나타난 그림에 대한 몇 가지 관찰을 통해 이 장을 마무리하려 한다. 대부분은 '치유된 상태'나 '완결 및 삶의 의무를 다한' 것이 나타난다.

우리는 루스의 그림 영혼의 새가 비행기가 되다(그림 42)와 케티의 화려한 공작새가 다시 살아나다(그림 141)에서 치유의 양상을 보았다. 루스는 심각한 사고를 당한 후 다시 살아나 화려한 꼬리 깃털을 가진 새-비행기를 그렸다(5장 9. 대상을 덧칠했거나 그림을 버린 경우 참조). 케티는 뇌진탕과 깊은 무기력(실신)에서 회복하면서 모든 색으로 공작새를 그렸다(12장 새, 21장 치유된 환아들 참조).

프리스카의 병세가 급격히 악화되어 다시 병원에 입원했을 때 그린 매우 빈곤한 화단 그림(그림 85 빛바랜 연한 노란 해바라기가 있는 화단)을 보면, 화지 뒷면 왼쪽 위에 무지개 색으로 자기 이름을 적었다. 프리스카는 '전체성과 완결'을 향해 나아가고 있었을까? 프리스카는 6주 후에 세상을 떠났다. 나는 프리스카의 등불을 든 난쟁이(그림 68)에 대한 헐(Hull)씨의 의견을 감사한 마음으로 기억하고 있다. "인도 신화에서 뿌루샤(Purusha)는 우주인이자 절대적인 영인데, 엄지손가락보다 크지 않고 심장에 살고 있는 존재입니다. 뿌루샤는 연기 없이 불꽃처럼 타오르며, 과거와 미래의 창조자며, 항상 자신과 동등한 존재, 그것은 곧 자아입니다."[카타 우파니샤드(Katha Upanishad), 4, 13]

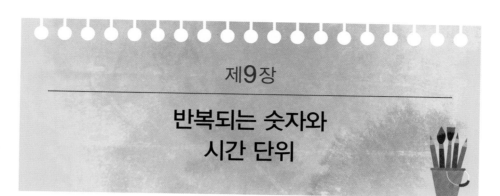

제9장

반복되는 숫자와 시간 단위

자발적 그림에서 숫자의 의미를 고려할 때 특히 반복되는 숫자가 있다면 일반적으로 중요한 삶의 주기 시간 단위를 암시하는 것 외에 일, 주, 월, 년과 같이 더욱 구체적인 단위로 범위를 좁힐 수는 없을지 생각해 보았다.

수십 년 동안 쌓인 풍부한 자료 중에서 가장 단순한 그림을 선택했다. 더 많은 대상이 포함된 그림으로 체계적인 분석을 반복적으로 설명할 수도 있었지만, 그랬다면 연구가 산만해졌을 것이다. 그래서 나는 다른 병원에서 각자의 의사에게 서로 다른 질병으로 치료받으며 서로 전혀 알지 못하는 9세와 10세의 두 여자 환아가 하나의 대상만 그린 그림 두 개를 골랐다.

첫 번째 그림(그림 28)은 KiSpi의 리스베스의 그림이다. 우리는 삶의 주기를 좁혀서 회복할 수 있을지 혹은 부정적인 결과가 나올지 정확한 예후를 예측하고자 한다. 리스베스의 상황에서는 며칠, 몇 주, 몇 달 또는 몇 년을 더 살 수 있을까?

먼저 4장에서 설명한 '리스베스의 병력'과 5장의 '다양한 대상에서 반복되는 숫자'에 대해 떠올려 보자. 하지만 여기에서는 보다 정확한 수명을 예측하기 위해 삶의 주기에만 초점을 맞출 것이다.

우리는 색채, 방향, 숫자, 모티브에 대한 자체적인

그림 28 춤추는 어릿광대. 리스베스.

분석 경로를 따른다.

리스베스는 14가지 표준화된 색상에서 선택한 7가지 색을 진하게 사용했다. 그림의 바닥은 창백한 초록이다. 선명한 연필 선 위에 넓고 파란 하늘은 상당한 생명 에너지를 반영한다. 이는 리스베스가 며칠 또는 몇 주 이상의 기대 수명을 가지고 있다는 것을 의미한다. 다양한 색 선택에도 불구하고 적절한 '흑갈색'이 완전히 사용되지 않았음을 알 수 있다. 춤추는 어릿광대의 손은 연한 노랑으로 그려져 있는데, 이는 중증 환아들이 하늘의 별을 표현할 때 자주 사용하는 색이다. 이에 우리는 아마 '리스베스가 몇 달 또는 몇 년 동안 더 살 수 있지 않을까?'라는 물음을 던질 수 있다. 파란 하늘의 넓은 면은 선명한 검은 선으로 구분되어 있고 그림 중앙의 땅과 하늘 사이에 춤추는 어릿광대가 매달려 있다. 이것이 리스베스가 느꼈던 감정이었을까? 춤추는 어릿광대의 발은 왼쪽으로 기울어져 희미한 땅에 닿아 있지 않다. 3개의 광선을 가진 핏빛의 빨간 석양은 이미 서쪽 지평선 아래에 있으며, 태양에 그려진 검은 이목구비는 우리에게 부정적인 측면을 경고한다. 춤추는 어릿광대의 원뿔형 모자가 이미 하늘에 닿고 있다는 점이 눈에 띈다.

내가 가장 놀랐던 것은 모자 끝에 달린 장식용 수술과 춤추는 어릿광대의 큰 입에 반복되고 있는 태양의 강한 빨강이었다. 환자에게 긴급히 수혈이 필요한 것일까? 아니면 3개의 빨간 광선을 가진 생명을 주는 태양은 3단위의 시간에 필요한 충분한 영양분을 갖고 있는 것일까? 마지막으로 춤추는 어릿광대는 무엇일까? 앞서 읽은 것처럼 춤추는 어릿광대는 외부에서 에너지가 공급되어야 움직일 수 있다. 이것은 병원의 지원, 임상적으로 말하자면 화학 요법이나 방사선 치료로 이해될 수 있는 것일까? 그림과 삶의 주기를 주의 깊게 분석하면서 다음과 같은 결론에 도달했다. 기대 수명이 얼마 남지 않은 며칠 또는 몇 주 동안에도 그림에 상당한 에너지와 많은 색이 사용되었다. 그렇기 때문에 태양은 비록 검은 모습이지만 일몰 과정에서 웃고 있다. 태양 전체의 4분의 1이 보이는 상태에서 우리는 1년의 4분의 1이라는 시간을 한번 생각해 볼 수 있다. 그리고 '3'개의 표식이 있는 '삼'각형 모자의 '3'개의 대들보, 그리고 '3'개의 돌과 '3'개의 광선에서 3이 5번 등장한 3×5 단위로 구성된 것을 알 수 있었다. 그러자 3개월 후에 어떤 일이 일어날지 궁금해졌다. **자발적 그림**을 분석하는 데 있어 우리의 경험이 아무리 깊다고 해도, 백혈병을 앓던 이 아동에게 '3단위의 시간'(우리가 몇 달로 이해하는 시간) 후에 무슨 일이 일어났는지 의학적 기록에 물어봐야 하는 순간이다. 리스베스가 이 그림을 그린 지 3개월 만에 갑작스럽게 사망했다는 사실을 알게 된 것은 충격적인 일이었다.

예후를 예측하는 정확도를 높이기 위한 삶의 주기를 찾기 위해 프리스카의 마지막 그림(그림 16)을 보았다. 프리스카가 퇴원하던 날 연필로 색이 없는 빈 버섯집의 윤곽을 그렸다(프리스카는 3개월 후 재검진을 위해 다시 방문할 예정이었다). 손잡이가 달린 커다란 아치형 출입문과 2개의 창문 그리고 지붕에는 윤곽선으로 표시된 10개의 반점이 있다. 지붕의 오른쪽 위에는 작고 명확하게 구분된 영역이 빨강으로 칠해져 있다. 똑같은 빨강을 재현할 수 없지만, 화지 뒷면 전체에 큰 글씨로 자신의 이름을 쓸 때(그림 36) 사용한 것과 같은 빨강이다. 우리는 그녀가 원래 왼쪽 소뇌 반구의 악성 종양으로 수술을 받았다는 것을 알고 있었기 때문에, 아직 발견되지 않아 임상적으로 진단되지 않은 새로운 종양이 그곳에 생겨서 결국 사망으로 이어질 수 있는 것인지 생각해 보았다.

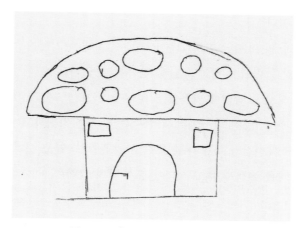

그림 16 프리스카의 버섯집. 프리스카.

프리스카가 며칠 또는 몇 주 안에 사망하지 않을 것으로 생각한 이유는 무엇일까? 프리스카의 집에 있는 문손잡이는 아직 구조의 손길이 접근할 수 있음을 알려 주며(그림 8 참조), 버섯집을 지탱하기에 충분히 길지 않은 짧은 지평선의 작은 조각도 발견할 수 있다. 또한 우리는 프리스카가 상당한 삶의 활력을 암시하는 크고 강렬하게 불타는 빨강으로 화지 뒷면 전체에 자신의 이름을 적었다는 점에 주목했다. 하지만 색이 부족한 텅 빈 집에, 유일하게 지붕 오른쪽의 불타는 빨간 선은 아직 진단받지 않은 새로운 종양의 위치일까? 그렇다면 우리는 몇 달, 아니 몇 년의 수명을 기대해서는 안 된다.

이 그림은 다른 임종 환자의 그림들과 비교했을 때도 그 자체로 의미 있게 보인다(그림 150 참조).

알다시피 고대 중국 전통에서 하양은 완전성을 상징하는 색이며, 지붕에 있는 반점의 수인 숫자 10은 신성시된다. 고대 그리스 철학과 연금술에서 10은 완전한 수다. 그렇다면 프리스카는 삶의 의무를 다함에 도달한 것일까? 프리스카가 수술을 받은 지 10개월이 지난 후 10개의 반점을 버섯집에 그렸다. 그녀는 결국 1년 중 10번째 달인 10월에 사망했고, 우리는 10이 프리스카의 삶의 단위라고 결론을 내린다. 프리스카의 사례 기록에서 실제 그녀가 10년째 되는 해에 편안하고 고요하게 사망했다는 내용에 위안이 된다.

여기에 설명된 두 개의 그림은 우리가 자주 사용하는 일반적인 분석 방법의 예다. 첫 번째 예인 리스베스의 풍부한 색채의 그림은 기본적으로 우리의 체계적인 '읽기' 및 '번역'의 경로를 따르며, 특히 반복되는 숫자 단위의 의미에 주의를 기울인다. 반면, 프리스카의 그림은 연필로 그린 대상이 하나뿐이고 색상도 한 가지만을 사용했기 때문에 다른 문화와 지식 분야의 확충적 해석을 통해 유추할 수 있다.

이 책의 22장 아드리안의 마지막 그림(그림 150)에서 삶의 주기를 일, 주, 월 또는 연 단위로 분석할 수 있는지에 대한 놀랍고도 명쾌한 답을 찾아볼 수 있다.

아직 연구되지 않은 새로운 영역에 발을 들일 때, 우리는 반드시 자신의 삶과 경험에서부터 출발해야 한다. 이는 원형적 상징의 세계에서 비추는 빛나는 지침과도 같으며, 그로부터 의미 있는 유사점을 발견하고 자신감을 북돋아 줄 확증을 발견할 수 있을 것이다.

독자가 직접 삶의 주기를 분석해 보고 싶다면 트루디의 그림 집과 나무(그림 37)가 매우 적절할 것이다.

제10장
다량의 연작 그림에서 필요한 그림을 선별하는 방법

　몇 년 전, 출판물을 위해 같은 나이인 두 아동의 그림을 선정하는 일을 맡은 적이 있다. 남아는 200장이 넘는 그림을 그렸고, 여아는 약 90장의 그림을 그렸다. 목표는 색상 복제의 범위를 100개의 그림으로 줄이는 것이었다. 다음은 내가 어떻게 그림을 선정했는지에 대해 설명하고자 한다.

　두 아동 모두 스위스 출신으로 같은 중증 질병을 앓았고, 주치의는 달랐지만 동일한 치료를 받았다. 아동들은 병원의 친근한 분위기 속 베버의 보살핌을 받으며 동일한 그림 재료를 사용하여 서로 다른 시간에 그림을 그렸다. 물론 여기에서도 우리의 NC 환아인 페터와 프리스카의 그림을 보게 된다.

　번호가 매겨지고 날짜가 표기된 순서대로, 모든 그림이 마치 한 아동의 모든 삶을 담고 있는 유일한 그림인 것처럼 꼼꼼하게 살피는 것으로 시작하는 것이 좋다. 선입견 없이 열린 마음으로 그림이 주는 메시지에 접근해 보면 첫인상이 중요할 때가 많다. 그러면 우리는 그림 속 대상이 신체적 징후나 정신적 반영을 나타내는 것과 색상이나 크기, 특히 연작 그림에서 평균보다 눈에 띄게 크거나 작은 요소에 더 민감하게 반응할 수 있다.

　그림은 종종 연작의 상황이나 변화를 보여 줄 수도 있고, 아동에게 특별한 의미가 있는 어떠한 측면을 강조할 수도 있지만, 적어도 건강한 아동과 아픈 아동의 그림을 분석할 때 알게 되는 것처럼 아동 내면의 이야기를 이해할 수 있게 해 준다.

　앞서 언급했듯이, 눈에 띄고 이해하기 어려운 그림에 임시제목을 붙이는 것이 도움이 될 수 있다.

　다음으로 필요한 것은 그림을 걸 수 있는 장치다. 가벼운 나무 틀을 벽에서 살짝 띄워 설치할 수 있다. 이 나무 틀에는 여러 개의 나일론 줄이 팽팽하게 당겨져 있어, 이 줄에 그림을 걸어 정리할 수 있으며, 벽에 바로 고정하지 않고도 깔끔하게 전시할 수 있다. 줄과 줄 사이의 간격이 약간 넓게 배치되어 그림이 겹치지 않는다. 그 줄에는 집게를 달아 쉽게 그림을 이동할 수 있게 한다. 수평으로 놓인 줄은 그림 수와 조명 상태에 따라 개수가 달라진다. 이상적으로는 이러한 나무 틀을 두 개 정도 서로 다른 벽에 설치하는 것이 좋다. 두 개 중 긴 나무 틀에는 이야기의 흐름이 보이는 그림을 걸고, 짧은 나무 틀은 연구나 자료 수집을 위한 보드로 사용한다.

깨끗하고 평평한 바닥을 '보드'로 사용할 수도 있는데, 모든 그림을 펼쳐서 한눈에 보고 선택할 수 있기 때문이다. 혹은 그림을 오랫동안 한자리에 놓을 수 있는 긴 탁자가 있다면 나무를 대신해 사용해도 된다.

각 그림을 최소 세 번 이상 복사하고 뒷면에 환자의 이니셜, 날짜, 그림 번호를 기입하자는 베버의 아이디어는 매우 유용했다. 사본이 있으면 원본을 불필요하게 옮길 이유가 없기 때문이다. 또한 연작의 그림 내에서 또는 다른 환자의 작품과 비교하기 위해서 그림을 꺼내야 할 때 시간 순서를 그대로 유지할 수 있다. 마지막으로 사본은 교차 검토를 가능하게 해 준다.

먼저 연작 그림에서 첫 그림과 마지막 그림을 양쪽 끝에 걸어 놓으면, 그 사이에서 그림으로 그려진 삶의 그림 이야기가 펼쳐진다. 그런 다음 퍼즐을 맞추듯이, 우리가 처음 분류할 때 이해하기 쉽게 정리해 둔 개별 그림이나 연작 그림들을 하나의 이미지로 또는 그림 이야기 내의 묶음 또는 '장'으로 골라낸다. 우리는 경험을 통해 이러한 연작의 그림이 종종 환자의 신체적, 심리적 상태 변화를 나타낸다는 것을 알고 있다. 이것이 긍정적인지 부정적인지에 따라 퇴원으로 이어지거나 재입원이 필요한 상태를 의미할 수도 있다.

우리에게 중요해 보였던 그림과 처음부터 눈에 띄었지만 '번역할 수' 없는 그림은 가능하면 시간 순서대로 위 또는 아래의 '수집 보드'에 붙이거나 다른 색의 클립으로 순서 안에 고정한다. 이와 같은 그림의 애매함을 혼란스러워하지 말고 이해를 돕는 열쇠를 찾으려고 노력하거나 나중에 번역이나 이해 단계에서 그 의미가 저절로 드러날 때까지 기다리는 것이 중요하다. 이를 위해서는 선입견을 갖기보다 자신 스스로 발견을 향해 이끌어 가는 연구자의 인내가 필요하다.

이를 위해 모든 배나 자동차, 태양, 부활절 토끼, 버섯집 등 같은 주제의 다양한 그림들을 연구 보드에 그룹별로 붙이고 보드에 각각의 사본을 남겨 둔다. 이렇게 하면 유사점과 차이점이 더 명확해지고, 미묘하지만 중요한 변화가 더 눈에 띄게 된다. 또한 최대한 모티브의 의미를 알아볼 수 있게 되어 '번역'을 위한 새로운 단서가 될 것이다. 일부 버전이 거의 반복되는 것처럼 보인다면, 가장 두드러진 예를 선택하고 나머지는 '기타 문서 보관함'에 보관한다.

　지금은 단순히 낙서처럼 보이는 그림이나 서로 관련이 없어 보이는 장면이 뒤섞인 그림들은 잠시 옆으로 치워 둔다. 하지만 이제 우리는, 대개 이러한 그림들이 중요하지 않게 보이는 것이 우리가 그림에 내재하고 숨겨진 가슴 아픈 의미를 아직 인식하지 못했기 때문이라는 것을 배웠다. 이렇게 우리는 그림을 임시로 선택한 상황이다. 그 후 환자의 상태에 일시적인 변화가 나타나는 것이 관찰되기도 한다. 이러한 변화는 잠시 지속될 수 있지만, 종종 환자 내면 깊은 곳에서 서서히 진행되고 있는 더 큰 변화를 암시하는 신호일 수도 있다.

　우리의 임무는 매일, 매주, 때로는 몇 달 또는 몇 년에 걸쳐 서로 연결되어 있는 그림들 사이의 내적 연관성을 이해하는 것이기 때문에, 이제 시작점으로 돌아가 본다. 우리는 **자발적 그림**이 잠재적으로 의미 있고 궁극적으로 분석 가능하다는 원칙을 기억한다. 그래서 우리는 '전체를 관통하는 핵심'을 발견하고 그림 이야기에 숨겨진 의미를 파악하기 위해 용기를 내 서로의 관계를 찾아 나선다. 이 시점에서 그림이 우리에게 '말'을 할 때까지 오랫동안 '그들과 함께 살아야' 한다는 사실을 깨닫게 될지도 모른다.

　이제 환자에게 신체적 그리고 정신적으로 어떤 일이 벌어지고 있었는지 이전보다 더 충분히 파악한 상태에서 보드 위에 수집된 자료를 전체적으로 살펴보면 이해가 더 쉬워진다. 이때 특별하게 걸려 있는 그림과 '아직 번역할 수 없음'이라고 표시된 그림을 새롭게 연구한다. 그중 일부는 갑자기 이해되기도 한다. 이제 '나머지 보관함'에서 이해하지 못한 그림을 가져온다. 초기의 그림은 시간상 나중에 그린 그림에서 얻은 통찰력으로 이해할 수 있게 되고 이로써 간극이 좁혀진다. 그동안 우리는 개별 그림의 분석과 전체 이야기에 대한 이해가 최종 선택과 전체 의미를 규명하는 것에 모두 연관되어 있다는 것을 확인했다. 왜냐하면, 판독된 그림 하나하나가 다음 그림의 의미를 밝혀 주기 때문이다. 다른 한편으로, 연작으로 그려진 그림의 의미가 명확해질수록 이전에는 번역할 수 없어 보였던 그림을 이해할 가능성이 커진다.

　아동들은 때때로 그림에 글을 쓰기도 하는데 이러한 글에도 특별한 가치가 있다. 그림 속 인물이 누구인지 아동들이 즉흥적으로 말한 내용과 베버가 세심하고 지혜롭게 던진 질문의 대답을 통해 이전에는 이해할 수 없었던 핵심 주제의 실마리가 갑자기 풀릴 수도 있다. 사실, 이러한 단서가 없었다면 이해하기 어려운 그림도 있고, 전혀 이해할 수 없었던 그림도 있다. 반면에 아동들의 의견은 새로운 수수께끼를 더하기도 한다.

　개별 그림에 대한 분석과 삶의 이야기를 이해하는 작업이 어느 정도 마무리되고 이해의 공백을 대부분 메웠으므로 이제 진료 기록을 살펴본다. 입원 전후에 신체적 또는 정신적 상태 또는 양쪽에 미쳤을 수 있는 중요한 개인 및 임상 데이터 목록을 작성한다. 각 관련 세부 사항을 색종이 띠에 적고 수집 보드의 그림 사이 적정한 위치에 걸어 둔다.

그런 다음 우리는 개인적 또는 임상적 사건이 그림 이야기와 관련이 있는지, 어떻게 반영되는지 살펴본다. 그림에 대한 '읽기'와 '번역'을 진료 기록의 항목과 주의 깊게 비교하여 서로 일치하는 부분, 서로 다른 부분 또는 서로 보완하는 부분을 파악한다. 특히 이전에는 이해할 수 없었던 그림이나 그 순서를 밝힐 수 있는 정보를 찾는다.

그림 전체의 흐름을 정리하며 대상의 수, 색 혹은 모티브를 조심스럽게 분석한 후 그림의 변화를 확인할 때 큰 보람을 느낀다. 이는 치료 후 상태의 호전을 의미할 수도 있고, 도움을 요청하는 절박한 외침일 수도 있다. 우리가 내린 결론 중 일부가 임상적 사실에 의해 확인되는 것 또한 고무적인 일이다.

우리의 분석과 진료 기록이 다를 경우, 우리는 이를 통해 해석을 유지하고 동일한 대상에 대한 예전의 그리고 최근의 '번역'에 대해서 주의 깊게 검토하는 방법을 배웠다. 이와 동시에 추가 진료 기록도 살펴봐야 하는데 이는 종종 이전 그림에서의 추론을 확인할 수 있게 해 준다. 간혹 그림에서 부스럼증과 같은 신체적 상태를 발견하지 못할 때도 있다. 그러나 그림 자료를 그 시점부터 거꾸로 살펴보면 놀랍게도 단순하고 직접적이어서 간과되었던 징후를 발견할 수 있다.

그림과 진료 기록의 내용이 상호 보완될 때 우리는 깊은 인상을 받는다. 예를 들어, 한 아동이 '해골 사람'을 그린 다음 '영혼의 안내자'라는 이상한 인물을 그렸다면, 그 그림이 어떤 상황인지 알 수 없다. 병동에서 죽음에 관해 이야기를 들었을 수도 있고, 아니면 이미지가 의식의 어느 층에서 반영된 것인지, 혹은 악몽을 꾼 것인지 궁금해진다. 우리는 사례 기록에서 아동이 수술 후 그림을 그렸다는 데에서 답을 찾을 수 있었다. 수술은 위험하지 않았고 아동은 잘 회복되었기 때문에, 의사는 아동이 내면에 어두운 세력, 즉 마지막 사건의 전조와 마주쳤다는 사실을 알지 못했을 것이다. 그래서 이 그림은 임상 결과를 보완하고 아동의 내면세계, 정신과 신체에 대한 완전한 이해를 더해 주었다.

이러한 종류의 자료에 점점 더 익숙해지고 비슷한 삶의 단계에서 비슷한 질병이 동일한 모티브와 색상으로 표현되는 것을 보게 되면, 반복되는 상징을 만족스럽게 해석할 수 있게 된다. 시간이 지남에 따라 빈번한 핵심 모티브에 대한 잠정적인 판독 목록이 형성되며, 이를 나중에 참조할 수 있다. 본질적으로 '번역'된 각 그림은 앞으로 그려질 그림을 이해할 수 있고, 설명되지 않고 머물러 있는 그림의 의미를 밝히는 데 도움이 된다. 하지만 많은 주제가 반복되는 광범위한 연작의 그림에서는 우리가 파악할 수 있는 주제가 항상 있는 것은 아니다.

이러한 모티브를 설명하기 위해 우리는 다른 환자나 건강한 사람의 그림, 예술품, 민속학 등에서 유사점을 찾았는데, 이러한 접근 방식을 융은 '확충(Amplifikation)'이라고 불렀다. 선사 시대 동굴 벽화, 그리스 신전 기둥의 조각품, 중세 신전의 성인상 등 이미 알려져 있거나 판독된 맥락에서 비슷한 형상이나 자세를 발견할 때가 있다. 그 의미를 통해 의문이 드는 **자발적 그림**에 대한 우리의 이해가 명확해진 것인지 아니면 확대되는 것인지 확인한다. 이는 잘 알려진 문헌학 방법으로 이해할 수 있는 텍스트 내에서 알 수 없는 단어나 구절의 의미를 찾을 때 사용된다.

　심도 있는 다양한 노력 끝에 그림의 이야기가 투명해지면 우리는 너무 많은 그림을 선택했다는 사실을 알 수 있다. 우리는 '이 그림이 없으면 연작의 연속성에 공백이 생기는 걸까? 이해하는 데 방해가 되나?'라는 질문에 답을 해 본다. 만약 그렇지 않다면 그림을 빼도 된다.

　인간이 기본적으로 경험하는 것을 그림에 반영한 것은 그 수가 상대적으로 제한적이다. 융이 우리에게 보여 주었듯이, 그리고 우리가 중증 환아의 그림에서 확인했듯이, 그림은 개인이나 문화에 따라 세부적으로 다를 수 있지만, 인종이나 장소, 시간과 관계없이 모든 곳에서 본질적으로 동일하다. 문자보다 오래된 이러한 그림 기호는 인류의 보편적인 알파벳 문자로 이해될 수 있다. 따라서 이러한 근본적인 힘의 상징은 일단 한번 알아내고 인식되면 그러한 양상으로 '번역'될 수 있다. 마찬가지로 자연과학에서 우리는 분광기(分光器: 빛 따위 전자파나 입자선을 파장에 따라 스펙트럼 분석하여 그 세기와 파장을 검사하는 장치 − 옮긴이)를 사용해 지구상의 원소에 대한 지식에 따라 행성에 어떠한 화학 원소가 포함되어 있는지 확인할 수 있다. 이 얼마나 가슴 뭉클한 유사성인가!

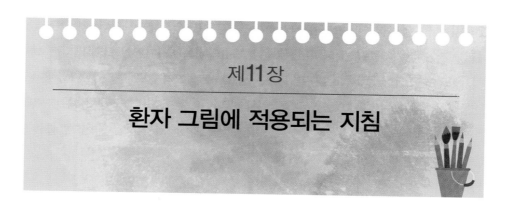

제11장

환자 그림에 적용되는 지침

1. 자신의 질병이나 삶을 대상에 그린 두 환아와 건강한 아동의 그림 비교

일반적으로 환자가 그림이나 대상을 따라 그릴 때 자신의 질병을 표현하는 경우가 많다는 사실은 놀랍다. 마찬가지로 서로 다른 두 명의 환자가 같은 주제를 선택해도 각자 자신의 질병을 그림으로 표현한다. 다음 두 그림은 서로 다른 질병을 앓고 있는 페터와 빌리가 동일한 주제인 '신호상자가 달린 기관차'를 그린 것이다(그림 92, 93).

그림 92 신호상자와 기관사가 없는 기관차. 페터.

가장 먼저 눈에 띄는 것은 빨강이 두드러지게 사용되었다는 점이다. NC 환자에게서 종양 상태를 나타내는 것으로 파악된 특징적인 '불타는 빨강'이다. 기관사가 없는 기관차가 왼편의 서쪽으로, 석양을 향해 달리고 있다. 연기가 피어나는 것을 미루어 볼 때, 이 기관차는 갑작스럽게 끝나는 한 선로 위에서 전속력으로 달리고 있음을 알 수 있다. 기관차의 안전 장벽이 세심하게 그려져 있다. 페터가 그가 속한 환경과 애정 어린 관계를 맺고 있는 것일까? '이상 없음'으로 설정된 신호는 빨강이며 구름조차도 같은 색으로 위험을 나타낸다. 우리는 자연스럽게 그림에서 무엇이 빠졌는지 궁금해진다. 그것은 바로 기관사와 철도 신호상자다. 또한 대부분 그림이 윤곽선으로만 그려져 있다는 것도 알 수 있다.

그림 93 신호상자와 기관사가 있는 기관차. 빌리. 남아. 7세. 심각한 사고. 재발성 뇌수막염. NC.

희미하게 연기가 피어나는 빌리의 기관차는 모브색이고 기관사가 있다. 그는 기관차에 진한 '건강한' 초록의 철도 객차를 추가했으며, 이 객차에는 노랑으로 빛나는 7개의 창문(소년의 나이)과 파란 지붕이 있다. 기차는 선로 전체를 가로지르며 왼쪽으로 달리고 있다. 브레이크가 있는 빨강과 하양의 줄무늬 신호는 '이상 없음'으로 설정되어 있다. 갈색 신호상자에는 4개의 창문이 있으며, 불이 켜져 있다. 누군가 지켜보고 있는 걸까?

우리는 신체적 그리고 정신적 측면으로 두 그림의 차이점을 분석해 볼 때 우리는 무엇을 추론할 수 있을까?

그림에서 신체적 측면에 도달하는 것, 말하자면 자신의 몸 안에서 대상을 물리적으로 느끼는 것이 어떻게 가능한지 배웠다. 우리 스스로를 불타는 기관차라고 상상해 보자. 우리를 공허하게 태워 버리는 소모적인 과정일까? 왼쪽으로 전속력을 다해 달리며 엔진 내부의 강한 화재로 인해 연기가 피어난다. 엔진을 조종하는 기관사도 없다. 환자는 스스로 멈출 수 없는 상황에 있는 것일까? 만약 우리가 의사로서 실제 이러한 상황에 처한다면 어떤 말을 해 줄 수 있을까? 우리는 이 소년이 오늘날의 임상적 수단으로는 치료할 수 없는 악성 종양을 앓고 있다는 사실을 사례 기록을 통해 알고 있다. 우리는 또한 빌리가 더 이상 '스스로 제어할 수 있는 기관사가 없는 과정'에서 마치 불에 타 버리듯 질병에 의해 소진되고 있다는 것도 알고 있다. 그리고 머지않은 미래에 그의 '생명의 기관차'가 멈추는 것을 막을 수 없다는 것도 알고 있다.

그림 속 '신체적 측면'을 함께 느꼈으니, 아동의 내면 상태에 집중해 보자. '이상 없음'이라는 신호를 믿었는데 갑자기 선로가 곧 끝나 버리는 경험을 해야만 한다면 어떤 기분이 들까? 기관차를 멈출 사람도, 신호를 제어할 사람도 없는 상황에서 페터가 얼마나 절망적일지 상상해 볼 수 있다. 내부에서는 아무도 도와주지 않을 것 같고, 외부에서는 이 재앙을 막을 수 있는 사람이 아무도 없다. 아동은 길을 잃었다.

온갖 놀이와 재미를 위해 병원 복도를 뛰어다니던 이 활기찬 소년을 보았을 때 우리가 알지 못했던 것, 그리고 알 수 없었던 것은 소년은 어떤 방법으로든 그의 내면 어디에서 그에게 무슨 일이 일어날지 '알고 있었다'라는 것이다. 사회적 편견을 피하기 위해 보호자가 아동의 입양을 비밀리에 한다고 해도, 입양된 아동이 진실을 알고 있는 것처럼, 페터는 이 '내면의 알아차림'을 가지고 있었다. 우리가 적절한 순간에 이 '내면의 알아차림'과 연결될 수만 있다면, 우리는 페터를 깊은 외로움에서 해방시킬 수 있지 않았을까?

다른 환아의 그림에서 무엇을 알 수 있을까? 왜 빌리는 뇌전증을 암시하는 다른 그림에서 자주 볼 수 있는 모브색을 기관차에 선택했을까? 그리고 왜 철도 객차의 지붕은 파랑일까? 여기서 이 색은 어울리지 않는데, 혹시 하늘이 비치는 걸까? 빌리가 머리를 다쳐서 두개골(지붕)에 구멍이 생긴 건 아닐까? 사고 이후 그려진 그림이나 두개골 뼈를 일시적으로 제거해야 하는 수술 후에 그려진 그림에서 자주 '구멍 난 지붕'이 관찰되는 것을 알 수 있다.

빌리가 이 그림에서 천체의 색인 황금색 노랑을 비교적 많이 사용한 이유는 무엇일까? 파랑과 노랑의 조합은 중증 환자의 그림에서 자주 볼 수 있다. 그렇다면 그는 심각한 사고로 죽음의 문턱에 가까워진 것은 아닐까? 철도 객차의 건강한 초록과 기관차가 주행할 수 있는 선로를 달리고 있다는 사실은 기관차(모터 시스템)가 여전히 약간 손상되었지만, 외상 후 회복을 암시한다.

사례 기록에 따르면 빌리는 심각한 사고 후 두개골 골절로 입원했으며 재발성 뇌수막염과 전신 뇌전증을 앓고 있었다. 소년의 목숨을 구할 수 있을지 의문이 들었지만, 회복을 희망할 만한 그림의 징후는 충분했다. 우리는 이 소년이 제거된 두개골 뼈를 삽입하는 수술을 받기 이틀 전에 이 그림을 그렸다는 점에 주목한다.

이 그림들을 주의 깊게 분석해 보면, 페터의 그림은 빌리의 그림보다 전반적인 상태가 훨씬 더 심각하다는 것을 반영하고 있다. 두 소년 모두 같은 주제를 선택해 그렸지만 각자 자신의 질병과 삶의 상황을 그렸다. 임상적 사실은 우리의 관찰을 전적으로 뒷받침하고 있다.

그림 94는 독일 바이에른의 작은 마을에 사는 10세 소년 알브레히트(Albrecht)의 그림이다. 나에게 건강한 아동의 그림을 보는 것은 언제나 특별한 즐거움이다. 이 그림에서 우리는 삶의 기쁨, 생동감, 색상의 풍부함과 많은 세부 사항, 생동감 넘치는 마차의 사람들과 석탄으로 가득 찬 탄수차(炭水車: 특수한 철도 차량의 일종으로, 증기 기관차의 바로 뒤에 고정 연결되어 물과 각종 연료, 석탄 등을 공급하는 차량을 의미 – 옮긴이), 다양한 형태에 감탄하게 된다. 나를 당혹스럽게 한 것은, 기차가 왼쪽 방향으로 가고 있고 역장이 '정지' 신호를 보내고 있는 것이었다.

당시 동료였던 그레그 퍼스와 나는 선로의 갈림길과 왼쪽 아래 모서리에 연필을 사용한 것에 대해 궁금했다. 그레그는 그 소년 앞에 장애물이 있을지도 모른다고 생각했다. 내가 조사해 본 바에 의하면, 실제로 소년은 마을 학교에서 고등학교로 진학할 시점을 앞두고 있었고, 재능이 뛰어나긴 했지만, 상당히 불안해했다. 외아들인 그를 향한 부모의 기대(동생들은 모두 여아였다)도 분명 두려움의 원인이었다. 그러나 결국에는 모든 것이 순조로웠다.

그림 94 기차와 역장. 알브레히트, 남아, 10세, 건강한 아동, 독일.

2. 원본과 환자가 따라 그린 사본의 차이점

내가 이 연구를 시작할 때, 나는 환자가 무언가를 보고 따라 그린 그림에는 관심이 없었다. 이것은 나의 심한 편견이었다. 하지만 그 원본 그림을 따라 그린 환자의 그림에도 환자의 신체적, 정신적 상태에 대해 중요한 점이 나타나는 것을 알게 되었다. 다시 말해서 나는 원본 그림과 그것을 따라 그린 환자의 그림 사이에 큰 차이가 있다는 것을 깨닫게 되었다.

성인 환자의 그림부터 시작하겠다.

우리는 고양이와 쥐(그림 64)라는 그림으로 마인라데를 알고 있다. 7장에서 이미 언급했듯이 성인들은 **자발적 그림**을 그리는 데 어려움을 겪는 경우가 많다. 왜냐하면 스스로 실력이 없다고 느끼거나 무엇을 그려야 할지 모르기 때문이다. 베버는 눈에 거슬리지 않는 방식으로 그림 재료를 침대 옆 탁자 위에 놓고 무언가를 그려 보라고 제안했다. 마인라데는 처음에는 거절했지만, 그날 아침에 누군가 준 린트 초콜릿 포장지를 보고 따라 그렸다(그림 95; 그림 96 린트 살구 초콜릿 포장지 참조).

그림 95 린트 초콜릿 포장지.
마인라데, 여성, 27세, 호지킨병, NC.

그림 96 린트 살구 초콜릿 포장지.

우리는 원본과 사본에서의 분명한 차이점을 알아차린다. 원본은 살구로 가득 찬 바구니를 가진 단순화된 형태의 작은 남자를 보여 준다. 그가 사다리의 12계단을 타고 나무 위로 올라가는 모습이다. 마인라데의 '사본'에서는 빈 바구니를 들고 아무것도 없는 곳에 서 있는 여성으로 바뀌었다. 이 여성은 다리가 8개뿐인 사다리를 향해 걸어가고 있다. 왜 8개일까? 나머지 4개는 어떻게 된 걸까? 마인라데는 더 이상 사다리를 올라갈 필요가 없었을까?

그림을 분석할 때 우리는 예측 징후를 찾느라 그녀의 실제 상황과 너무 멀어지는 것은 아닌지 의문을 가졌다. 때때로 '그림에 없는 의미를 집어넣어 읽고 싶어 하는' 유혹을 받는 걸까? 그러나 나중에 NC의 크라엔뷜 교수는 마인라데가 임상적 예상과는 달리 그림을 그린 지 4개월 후에 사망했다는 사실을 편지로 알려 주었다. '사다리'(12장)와 '예후'(22장)에 관한 장에서는 사다리의 모티브가 어떻게 성인과 아동 모두에게 예측적 의미가 있을 수 있는지 설명한다.

이제 다시 아동들의 그림으로 돌아가 베버의 벽화를 원본으로 사용한 브레니(Vreni)의 그림부터 시작해 보자(그림 97).

브레니는 앵무새의 꼬리가 깊숙이 닿는 불타는 듯한 빨간 지붕이 있는 집(오른쪽 아래)을 추가했다. 크라엔뷜 교수가 신경학적인 관점에서 분석한 대로 지붕을 두개골 뚜껑과 동등한 것으로 본다면, 새의 꼬리는 뇌하수체에 닿게 된다. 이것은 물의 색인 진한 파랑으로도 표현된다. 진료 기록은 뇌하수체 줄기 절제와 세포 내 두개인두종의 전 적출술을 보고하고 있다.

우리는 또한 다람쥐는 땅 위에 안전하게 앉아서 호두를 깨고 있지만, 올리브 가지와 편안한 목걸이를 찬 비둘기가 노아의 방주 위로 높이 날아가지 않고 땅 가까이 날아가는 것을 보게 된다. 우리는 이것을 긍정적인 예후의 표현으로, 즉 자신감과 안정감의 신호로 볼 수 있을까?

그러나 우리는 왜 11세 소녀의 그림에 7개의 광선만 있는 빛나는 태양이 추가되었는지 궁금했다. 게다가 집에는 8개의 열린 창문이 있으며, 각 창문에는 화분이 있으나, 9번째 창문은 (여전히?) 단단히 닫혀 있다. 브레니는 7세 이후 성장이 멈췄기 때문에 입원 당시 8세 아동의 키였

그림 97 집과 앵무새. 브레니, 여아, 11세, 세포 내 두개인두종, NC.

다. 그림 속 태양이 성장에 도움이 되지 않았을까? 수술 후 회복이 잘 되어 퇴원할 때는 이미 키가 5cm나 더 자랐다.

이제 우리는 크리스타(앞의 11세 환아보다 나이가 조금 더 많은)의 그림을 살펴보려 한다. 처음에 그녀는 그림을 못 그린다고 했지만, 집에서 몇 장의 그림을 따라 그리는 데 동의했다. 그렇게 그녀는 잡지에서 본 올빼미를 따라 그려 우리에게 가져왔다(그림 98).

원본과 환자의 사본 차이점을 통해 알 수 있는 것은 무엇일까?

잡지의 삽화(그림 99)는 새의 깃털을 자연스러운 색으로 보여 준다. 나무와 가지는 곧게 뻗어 있고 건강한 초록을 띠고 있다. 두 개의 노랑 눈은 똑같이 밝고 날카롭게 꿰뚫는 시선이고, 발톱은 가지를 단단히 잡고 있다. 솔잎은 빽빽하고 건강하다. 배경에는 자연 그대로의 색을 지닌 숲이 보인다.

그림 98 벌레 먹은 나뭇가지 위의 올빼미. 크리스타.
여성, 17세 6개월, 급성 림프모구 백혈병, KiSpi.

그림 99 잡지의 삽화: 올빼미 사진.

올빼미는 약간 왼쪽으로 기울어진 나뭇가지에 앉아 있다. 올빼미와 나무는 아름다운 가을색으로 그려져 있다. 왜 가을일까? 올빼미의 눈이 다른 점도 눈에 띈다. 왼쪽으로 구부러진 나뭇가지는 나무벌레의 흔적으로 거의 소멸된 것처럼 보인다. 발톱은 마치 미끄러지듯 나뭇가지에 거의 불안정하게 얹혀 있다. 솔잎은 드문드문 있고, 일부는 어둡고 다른 일부는 연한 노랑−초록이다. 크리스타는 또한 원본과 다르게 나무가 우거진 배경의 색을 여름의 초록으로 그렸다. 원본의 초록과 주황은 여기에서 검정이다. 왜 그랬을까? 사실 그녀의 미래는 암울해 보였기 때문이다.

두 그림의 차이점을 비교해 보면, 크리스타의 그림에서 올빼미의 며느리 발톱을 포함한 3개의 발톱이 나뭇가지에 단단하게 고정되어 있지 않다는 것을 알 수 있다. 발 밑의 땅을 잃은 것일까? 올빼미는 벌레 먹은 나뭇가지에 위태롭게 앉아 있는데, 나뭇가지는 왼쪽 아래로 뚜렷하게 구부러져 더 이상 단단히 붙잡을 수 없다. 올빼미 머리의 하얀 반점과 일부는 떨어져 나가고 일부는 진하거나 연한 초록 솔잎이 드문드문 자라 있는 것은 무엇을 의미할까? 소녀의 심한 탈모가 이미 항백혈병 치료의 결과로 시작된 것일까? 아니면 이러한 징후들은 '백색' 질병의 진행을 나타내는 것일까? 의사에게 이러한 색의 변화는 혈액의 철분 함량의 변화를 나타낼 수도 있다(8장 참조).

환자가 밤에만 볼 수 있는 새인 올빼미를 원본으로 선택한 것도 주목할 만하다. 크리스타는 어둠을 무서워하는데 올빼미는 크리스타를 대신해서 도사리고 있는 위험을 추적해야 할까? 한편, 올빼미는 순진한 생물에게 예기치 않게 덤벼드는 맹금류이기도 하다.

첫 번째 질문으로 돌아와서, 원본과 사본의 차이점은 무엇을 나타내는 것일까? 원본에는 자연에 있는 올빼미가 묘사되어 있고 계절은 여름이다. 반면에, 사본은 자신의 병에 대해 암묵적으로 알고 있는 말기 환자의 정신신체 이미지와 같다. 사례 기록에 따르면 소녀는 집에서 갑작스럽지만 평화롭게 사망했다(12장 새 참조).

우리는 성인 환자와 두 명의 환아가 린트 초콜릿 포장지, 베버의 벽화, 잡지의 올빼미 등 원본을 어떻게 '변형'했는지 살펴보았다. 이제 수천 킬로미터 떨어져 있고 시간적으로도 20년이나 차이가 나는 잡지 표지에서 자신의 질병을 그린 두 환아의 그림을 살펴보자(그림 100, 101).

시릴(Cyril)은 디즈니 잡지 표지에서 배경을 완전히 생략하고 도널드 덕의 모습에 집중했다. 베버는 도널드 덕이 물웅덩이에 앉아서 향수병에 걸려 울고 있다는 아동의 말을 전달했다. 우리는 그림에서 열린 척추관을 볼 수 있는데, 이는 환아가 앓고 있던 이분척추증(spina bifida)이 상징적으로 표현된 것이다.

베버가 전 세계적으로 검색해 보았지만, 아직 도널드 덕이 울고 있다의 원본을 찾는 데 성공하지 못했다.

그림 100 도널드 덕이 울고 있다.
시릴, 남아, 6세, 이분척추증, NC, 스위스.

킴(Kim)도 잡지 표지(그림 102)에서 다른 모든 세부 묘사(세 명의 조카와 웃는 문어 등)는 모두 생략하고 도널드 덕에 초점을 맞췄다. 도널드 덕의 머리는 항암화학요법으로 인해 머리카락이 없던 킴처럼 머리털이 없다. 대부분 색상은 옅은데, 바다의 색이 옅다. 그의 피부와 수영복의 오른쪽 어깨끈 그리고 하늘은 하양이다. 원본에서 하늘은 선명한 빨강이다. 사본에는 심지어 파란 안구조차도 하양으로 칠해져 있다. 도널드 덕은 그림 전체를 가로지르는 수평선에 있는 배를 바라보고 있다. 해골과 십자가 뼈가 그려진 해적의 깃발이 배 위에서 펄럭이고 깃발에는 배를 가리키는 화살표가 그려져 있다. 갈색 돌은 죽음이 가까이에 있음을 알려 주고 있는 것일까? 여기서 우리는 임박한 죽음을 두려워하는 '백색 아동'의 그림을 보고 있는 것일까? 킴은 어머니에게 태양 그리는 것을 잊었다고 말했다. 그는 2개월 후 사망했다.

이 다섯 가지 예는 원본과 환자가 그린 '사본'의 차이점을 보여 주고 환자의 가장 깊은 내면의 감정과 전반적인 상황에 대한 '내면의 알아차림'을 통찰할 수 있게 해 준다. 상대방의 감정을 이

그림 101 도널드 덕과 해적의 깃발. 킴.
남아, 8세 10개월, 코펜하겐 대학병원 입원,
급성 림프모구 백혈병.[1]

그림 102 잡지의 삽화: 도널드 덕 일러스트.

1) 그림 자료를 공동으로 작업해 준 Anne Jacobsen과 Hanne Nøhr에게 감사의 인사를 전한다. 지불된 치료, 1984년 11월, 단스크 테라피스크 포어닝(Dansk Billed Therapeutisk Forening: DBF).

해하고 공감함으로써 우리가 어떤 척을 하거나, 숨기거나, 거짓말을 하지 않고 진실하게 그들과 소통할 수 있었다. 우리는 그림에 비언어적으로 표현된 그들의 가장 깊은 고통을 나눌 수 있었다.

제2부

자발적 그림
분석 지침

제12장
심리적 측면에서 원형적인 모티브의 의미

중증 환아의 총체적 자아 표현인 **자발적 그림**을 평가하려면, 두 가지 핵심적인 요소를 고려해야 한다. 나와 친한 의사 친구는 오래전 나에게 "두 발이 땅을 단단하게 딛고 있어야 미지의 영역에 들어설 수 있다."라고 말했다. 신체적 측면에서 한쪽 발은 '신뢰할 수 있는 사례 기록'을 의미한다. 세월이 흐르며 더 분명해진 것은, 심리적 측면도 함께 고려되어야 한다는 것이다. 또 다른 한 발도 단단한 땅에 딛고 있어야 하는데, 이 중요한 측면은 원형적인 모티브에서 발견된다.

우리는 프로이트가 인간의 일상에서 어느 정도는 의식적이지만 자각되지 않은 무의식의 영역을 발견했다는 사실을 알고 있다. 이 무의식은 주로 우리의 억압된 측면에 속하는 금지된 소망, 특히 성적 본성으로 가득 차 있다고 여겨진다. 그는 그 후 환자들의 꿈과 연상에서 '원형적 층'의 흔적을 발견했다. 그러나 융은 더 깊게 파고들어, 개인의 무의식 아래에 있는 집단 무의식이라고 불리는 것을 발견했다. 이는 인종, 장소, 시간과는 상관없이 모든 인류에게 공통된 정신적 내용의 전체를 의미한다. 융은 이러한 원초적 층위에서 우리 의식으로 떠오르는 이미지를 '원형(Archetypen)'이라고 명명했다. **자발적 그림**과 꿈에서 나타나는 상징은 이해하기 어려운 그림의 기호를 해석하는 데 큰 도움이 될 수 있다. 이러한 모티브는 인간을 신체적, 정신적 그리고 영적인 면에서 총체적 존재로 나타낸 것으로 이해된다. 바로 이 두 가지, 신뢰할 수 있는 사례 기록과 환자의 실제와 관련된 원형적 상징이 바로 우리 연구의 핵심 요소다.

이 책에서는 해당 주제와의 관련성에 따라 각기 다른 분량을 할애했다.

이 연구를 처음 시작할 때부터 나는 유사점, 즉 융이 말한 확충을 찾고 있었다. 제자들과 동료들의 질문들은 고고학, 인류학, 신화 그리고 예술 분야에서 나타나는 유사점을 체계적으로 탐색

하는 영감이 되었고 이는 그림의 분석을 점검하고 정확도를 뒷받침하는 데 도움이 되었다.

우리는 상징을 우리가 올바른 방향으로 나아가고 있는지를 알려 주는 신호자, 우리가 따라야 할 단서로 받아들여야 한다. 이를 절대적으로 옳은 판단의 근거로만 봐서는 안 된다. 필적학 전문가는 아니지만, 필적을 분석하고 결론을 도출할 때까지 여러 가지 특징을 확인해야 한다는 것을 안다. 의학에서도 하나의 진단을 내리기 위해 반드시 더 많은 검사가 필요하다. 각원형적 상징은 환자의 삶과 관련된 다른 맥락에서 분석되어야 한다. 예를 들어, 한 점의 그림이나 연작 그림, 꿈 또는 연속적인 꿈과 같은 다른 요소들이 환자의 삶에 어떻게 반영되는지를 고려해야 한다. 또한 그림 안에서의 위치, 색채, 장소 또는 계절과의 일치도 중요하다(5장 참조).

더 나아가 환자의 사례 기록, 신체 상태 및 질병의 진전과 관련한 상징을 고려할 때, 상징에 대한 우리의 이해가 의미 있는지를 자문해야 한다. 원형적 상징을 이해하기 위해서는 그림을 그린 사람이나 꿈을 꾼 사람의 실제와 항상 비교해 봐야 한다. 여기서 실제란 신체적 측면뿐만 아니라 영혼이나 정신적 측면에서의 실제 삶의 상황을 의미한다. 여기서 가장 위험한 점은, 원형적 상징을 발견하는 데에만 빠져 환자를 잊어버리는 것이다. 그러므로 주어진 현실 상황과 반복적으로 비교할 때는 세심하고 주의 깊은 자세를 가져야 한다.

심리적 의미를 이해하기 위해 원형적 모티브를 지침으로 삼을 때, 우리가 이해한 것이 얼마나 정확한지 확인하는 방법은 무엇일까?

다시 한번 더 강조하자면, 모든 임상 및 분석적인 접근 방법에서와 마찬가지로, 결론을 도출하기 전에 하나 이상을 암시하는 단서가 필요하다. 환자의 꿈이나 그들의 그림에 나타나는 일정한 상징이나 모티브는 환자들과 분석가에게 매우 다른 의미로 해석될 수 있으며, 이것은 아주 중요하게 강조되어야 한다. 우리의 '분석'이 환자 삶의 상황과 건강 상태에 의미 있는 연관성을 가진다는 것은 중요하다. 무의식을 탐구하는 연구자들은 가장 깊은 층의 보편적 무의식에서 발견되는 그림 자료를 조사함으로써 원형적 힘의 중요성을 인식해야 한다고 믿는다.

위험한 부분은 우리가 원형 표식들에 의해 안내되는 대신 그것에 사로잡혀 그림이나 꿈에서 다른 중요한 인물이나 사물을 잊어버릴 수 있다는 것이다. 만약 우리가 상징을 절대적인 진리로 받아들이면 우리의 눈은 멀게 되고 이해의 폭이 좁아져 위험할 정도로 잘못된 길로 빠질 수 있다. 게다가 원형 표식에 잠식당하게 되면 우리는 환자에 관해 단지 추측만을 하게 되거나 우리 스스로 편견에 빠질 수도 있다.

그러나 원형적 상징을 수 세기 동안 효과적으로 사용된 지침으로 인식한다면, 이는 우리를

'인간을 경험하는 방향'으로 이끌 것이다. 즉, 원형적 상징을 통해 환자들의 그림이나 꿈 그리고 그 개인적인 내용에 대해 더 깊이 이해할 수 있다. 게다가 이러한 방식은 우리에게 통제력, 즉 확신을 주게 되는데 이는 원형적 상징을 뒷받침해 주는 그림 자료와 다른 문화의 유사성과 관련하여 여러 상징을 분석할 수 있기 때문이다. 이어 소개되는 모든 모티브는 이 책의 그림 자료에 포함되어 있다.

집과 나무

우리는 다양한 질병으로 고통받는 아동들의 그림 중에서 자주 반복되는 모티브, 특히 심리적으로 의미 있는 부분과 신체적 상태를 반영하는 그림을 선택했다.

여기서는 하나의 그림만 살펴본다. 이 그림은 '집'에서 나타나는 신체적 상태와 '나무'에 나타나는 심리적 예후 요소 모두를 반영하고 있기 때문이다. '집과 나무 그림 검사'에 대한 문헌은 많이 있지만 '환자의 신체적인 측면 및 전반적인 상황과 표현을 인식하고 이해하는 중요성'에 대해 기술된 출판물은 접하지 못했다.[1]

그림 37　**집과 나무**. 트루디. 여아. 8세. 상의세포종 및 혈종. NC.

---

1) 집, 나무, 사람 투사 그림 기법: 내용 분석. 엠마누엘 해머(Emanuel F. Hammer) 박사의 논문, pp. 165-207. In: *The Clinical Application of Projective Drawings* (Fourth printing, 1957), Charles C. Thomas, Publisher, Springfield, Illinois, U.S.A.

나는 여전히 융이 이 그림(그림 37)을 보고 신체적 측면뿐 아니라 심리적 측면까지도 정확하게 파악하고 설명한 것을 기억한다. 그 순간은 나에게 큰 기쁨이었기 때문이다. 그는 오른쪽에 돌출된 지붕의 종양-빨강과 특히 오른쪽에 있는 창문들의 갈색-빨강 혈종 사이의 차이를 즉시 알아차렸다. 그런 다음 갉아 먹힌 수관, 이제 막 열 번째 나뭇가지를 갉아 내는 설치류가 있는 나무의 가지 개수를 세었다. 융은 그림을 그린 트루디의 삶이 죽음과 연관되어 있을 수 있다는 생각을 했다.

집은 소녀의 '신체적 상태'를, 나무는 그녀의 '심리적이고 영적인 측면'인 '생명나무', 즉 '삶의 기쁨'을 나타내는 것으로 해석되었다. 더 자세히 알기 위해 트루디의 기록을 조사한 결과, 소녀는 오른쪽 측두엽 혈종 수술을 받았다. 이후, 또 다른 악성 종양이 같은 오른쪽에 발견되었다. 다른 종류의 진단이 하나의 그림에 반영된 것을 본 것은 이번이 처음이었다. 활발하게 움직이는 설치류는 급속히 악화되는 질병으로, 10개의 가지가 있는 나무는 트루디의 소뇌활수(arbor vitae)로 해석되었다. 나는 트루디가 10세가 되기 직전, 즉 사망하기 9개월 전인 10월에 이 그림들을 그렸다는 사실을 알고 충격을 받았다.

난쟁이

환아의 그림에서 특히 생명이 위험한 시기에 난쟁이 모티브가 자주 나타난다는 것을 발견했다. 건강한 사람들의 삶에서도 특별한 경우에 이 모티브가 나타날 수 있다는 사실을 또한 알게 되었다. 민속이나 동화에서 나오는 난쟁이들은 자신을 보이지 않게 할 수 있는 뾰족한 모자를 쓰고 땅속에서 등불을 들고 다닌다. 이들은 지하 보물의 수호자며 생명의 샘을 찾는 존재로 묘사된다. 반면 그들에게는 어두운 측면을 나타내는 '그림자'가 있는데, 이는 그들이 화가 나거나 방해를 받거나, 영역이 침범당하면 짓궂게 변할 수 있다는 뜻이다. 게다가 아픈 아동들의 그림에서 나타나는 난쟁이는 대개 사후 세계, 꿈의 나라로 인도하는 안내자로 나타난다.

그림 왼편에 위치한 모두 빨강으로 그려져 있는 일곱 난쟁이는 반대편에 있는 검은 머리에 하늘색 옷을 입은 백설공주 쪽으로 다가가고 있다(그림 63). 일곱 난쟁이는 마르셀의 '백설공주'를 구하고 싶은 걸까? 이들은 과연 마르셀에게 새로운 생명을 불어넣을 수 있을까? 우리의 공동 연구자 중 한 명이 "작고 빨간 난쟁이는 신체적으로 보면, 그의 질병과 싸우고 그를 구하는 적혈구에 비유될 수 있어요."라고 말했다. 다행히도 그림에서의 일곱 난쟁이는 이 환아가 회복할 수

그림 63 백설공주와 일곱 난쟁이. 마르셀. 6세. 남아. 급성 백혈병. KiSpi.

있다는 상징이었다.

이전 그림에서 난쟁이는 도우미로 해석되었다. 다음 두 그림에서 이들은 안내자며 이정표로 해석된다. 한 번도 서로 만난 적이 없는 두 소녀가 그린 난쟁이다. 둘 다 악성 뇌종양으로 진단받았다.

다음 그림(그림 68)은 프리스카가 병원에 입원한 직후에 그린 것이다. 그림 속 난쟁이는 삼각형 형체에 황금색이다. 난쟁이는 끝이 뾰족한 하늘색 모자를 쓰고, 손에는 하늘색 덮개가 있는 빨간 등불을 들고 있으며, 등불 안에서 황금색 양초가 빨간 불꽃을 내며 타오르고 있다. 그는 오른쪽 위에서 내려와 다리를 건너고 있고, 왼쪽 위 모서리(−/+)로 가파르게 이어지는 진하게 색칠된 흑갈색 길을 걸어 올라갈 준비를 한다. 이 길이 환아 앞에 놓인 길인 것일까? 그렇다면 이 난쟁이는 악성 뇌종양으로 힘들어하는 프리스카를 도와주는 안내자인가?

그림 68 등불을 든 난쟁이. 프리스카.

이 그림은 마치 '마술피리 부는 소년(Des Knaben Wunderhorn)'[말러(Mahler)의 교향곡 2번 4악
장에서 인용]의 독일 중세 민요를 삽화로 그린 것 같다.

> 오 로즈버드 레드.
>
> 여기 큰 도움이 필요한 사람이 누워 있습니다!
>
> 여기에 큰 고통 속에 누워 있는 사람이 있습니다!
>
> 나는 감히 천국에 가고 싶습니다.
>
> 그러다 넓은 길에 이르렀습니다.
>
> 천사가 와서 나를 외면하려고 했습니다.
>
> 오, 안 돼, 난 외면당하지 않을 거야.
>
> 나는 신(神)에게 속했고 신에게 돌아가고 싶습니다.
>
> 친애하는 신이 나에게 작은 촛불을 줄 것입니다.
>
> 저를 영원한 삶으로 인도할 것입니다.

아넬리(Anneli)의 난쟁이도 등불을 들고 다닌다(그림 103). 그러나 프리스카의 그림에서 보인
흑갈색 길 대신 옅은 파랑 강이 프리스카의 그림과 같은 방향인 왼쪽 위로 이어진다. 빨간 물고
기 한 마리가 상류로 헤엄치고 있다. 아넬리의 난쟁이는 초록 몸에 모브색 모자를 쓰고 있고, 훨
씬 더 오른쪽에 있다. 프리스카의 그림에 보이는 다리 대신, 아넬리는 버섯집을 그렸다. 버섯집
에는 일반 문보다는 더 기다랗게 그려진 황금색 노란 문이 있고, 섬세한 선으로 그려진 '종양−
빨강' 지붕이 있다.

그림 103 난쟁이와 물길. 아넬리, 여아, 11세, 악성 뇌종양, NC.

왜 하필 이번엔 물길일까? 심리적인 측면에서 물을 무의식의 상징으로 바라보고 신체적인 측면에서 빨강을 위험의 색이자 소멸하는 과정으로 이해한다면, 물의 '생명체'인 물고기는 왜 빨강으로 그려졌고, 단 한 마리뿐일까?

아넬리 또한 프리스카처럼 삶에서 멀어져 간다는 의미일까?

그러나 두 그림의 차이는 너무나 분명하다. 프리스카의 난쟁이는 등불을 들고 흑갈색의 길을 향하여 걷지만, 아넬리의 난쟁이는 생명의 물줄기에 휩쓸리듯 저 너머의 땅을 향해 무의식적으로 움직인다.

뇌종양을 앓고 있던 아넬리가 이 그림을 그린 후 얼마 지나지 않아 혼수 상태에 빠지고, 1년 후 사망할 때까지 의식을 회복하지 못했다는 사실을 알게 된 것은, 한참 후 그녀의 사례 기록을 통해서였다. 이제 우리는 아넬리가 왜 흑갈색 길 대신 물길을, 단 한 마리의 물고기만을 그렸는지 이해할 수 있었다.

이 모든 것이 우리에게 말하고자 하는 것은 무엇이며, 우리는 이로부터 무엇을 배울 수 있을까? 베버는 아넬리의 침대 머리맡에 앉아 아동의 손을 잡았고, 비록 아넬리의 의식이 멈췄는지는 몰라도 피부를 통해 아동과 일종의 의사소통이 이루어지는 것을 경험했다.

몇 년 뒤, 나 자신도 죽어 가는 사람의 피부를 통해 놀라운 의사소통을 경험했다.

우리는 '융의 돌'을 마지막으로 난쟁이 모티브를 마무리한다.

융은 1950년 볼링겐(Bollingen)에서 그의 75번째 생일을 기념하여 '자신의' 돌을 조각했다. 이 조각은 등불을 든 난쟁이 모티브가 환자들의 그림에서 뿐만 아니라 얼마나 심오하고 진실하며 생생한지를 보여 준다. 여기서 우리는 두건을 쓴 일종의 '카비르(Kabir: 인도의 사상가 – 옮긴이) 또는 아스클레피오스(Aesculapius: 그리스 로마에서 의학과 치유의 신 – 옮긴이)의 아들 텔레스포로스(Telesphoros: 회복의 신 – 옮긴이)'를 볼 수 있다.

그림 104 텔레스포로스를 상징하는 치유자 난쟁이. 융.

그의 발은 땅에 단단히 고정되어 있다. 등불은 오른쪽에 있으며 다른 손은 약간 위쪽에서 왼쪽으로 가는 길을 가리키고 있다. 오른쪽 아래 사분면에 몸을 2번 꼬고 있는 뱀과 생명의 원 가장자리에서 형상으로 이어지는 9개의 계단이 있다. 2에 9를 더하면 11이 된다.[2] 융은 11년 후 세상을 떠났다. 그는 돌 조각에 그리스 단어 몇 개를 새겼는데, 이는 다음과 같다. '⋯⋯그는 태양의 문과 꿈의 땅으로 향하는 길을 가리킨다'(『오디세이』, 호메로스, 24권 12절).[3]

그림 105　예술 작품과의 유사성: 망원경을 가진 아스클레피오스와 텔레스포로스
(in Palazzo Massimo alle Colonne, 로마).

사다리

이제 우리는 오랜 세월 동안 인간의 상상력을 사로잡고 언어와 예술 안에서 자주 등장하는 사다리 모티브를 이야기하고자 한다. 사다리는 건강하거나 아픈 아동과 성인 모두의 그림에서 특별한 의미가 있다. 먼저 다양한 질병으로 고통받는 아동이 그린 사다리를 살펴보자.

페터는 성공적인 방사선 치료 후, 집만큼 키가 크고 무기로 무장한 경찰이 불타는 비행기에 맹목적으로 총을 쏘는 그림을 그렸다(그림 106). 페터는 사다리의 10번째와 11번째 단 사이에 있는 사람은 강도가 틀림없으며, "그 강도는 집으로 올라가고 그의 자루에는 훔친 물건이 있어

---

2) 이 관찰은 취리히 장크트 갈렌대학교의 G. 베버 교수에게 빚지고 있다.
3) 융, 기억 꿈 사상, 루트리지(Routledge), 런던, 1963, p. 215.

요.”라고 했다. 페터는 자신의 어떤 중요한 본질이 강탈당했다고 가슴 깊이 느꼈다. 소년 안에 있는 ‘그것’은 이 아동의 수명이 얼마나 남아 있는지 알고 있는 걸까? 어쨌든 그 질병은 어린 소년에게 흔적을 남겼을 것이고 결과가 어떻든 우리는 그를 지지해야만 한다.

　더 많이 그릴 수 있는 공간이 있음에도 불구하고, 사다리에 11개의 단만 그려져 있다는 사실에 주목해 보자. 사다리 발판의 개수로 계산하면 우리는 페터가 11세가 될 때 무슨 일이 일어날지에 대해 물어야 한다. 사례를 통해, 우리는 그가 10세 9개월의 나이에 뇌종양으로 사망했음을 실제로 확인했다. ‘예후’의 질문으로 되돌아가 살펴보면 좋을 것이다.

그림 106 경찰과 강도. 페터.

　이제 다른 질병인 백혈병으로 고통받는 아동의 그림을 살펴보자.

　미키는 다른 병원에서 다른 의사들에게 치료받았다. 미키는 페터를 한 번도 만난 적이 없다. 미키는 8세 3개월 때 다음 그림(그림 107)을 그렸는데 여기서 우리는 균형이 불안정한 사다리의 7번째 단이 미끄럽게 빠지는 것을 관찰했다. 사다리 단을 햇수로 계산하면 이것은 그의 병이 진단된 나이와 일치한다. 더 많은 공간이 있음에도 불구하고, 사다리의 계단은 9번째에서 끝난다. 9년째 되는 해에 병이 전이되고 미키의 건강이 심각하게 악화되었다. 병원의 보살핌과 현대의학 치료 덕분에 그의 삶은 잠시 연장되었다.

　하지만 우리는 그림 맨 오른쪽에 위치한 회색 벽에 거의 수직으로 기대어 있는 두 번째 사다리를 보았고, 그 사다리의 10번째 단이 마지막 단임을 확실하게 나타내고 있는 것을 발견했다. 소년의 말에 따르면, 그 계단은 저녁에 사람들이 집으로 돌아가는 길과 이어진다. 그는 10세의 나이로 죽기 2년 2개월 전에 이 그림을 그렸다.

그림 107 **체리 수확**. 미키, 남아, 8세 3개월, 급성 림프모구 백혈병, KiSpi.

사다리 모티브에서 '황금색 배' 그림은 매우 긍정적인 측면을 보여 준다. 마르셀이 그렸던 많은 배 중 다음 그림 108에서 처음으로 사다리가 발견되었다. 사다리들은 타우라고 쓰여진 돛대에 기대어 있는데 그중 가장 높은 사다리는 돛대의 망대로 연결된다. 이 사다리는 누군가가 높은 곳에서 볼 수 있도록 만들어진 걸까? 무엇을 위해? 마르셀은 중병으로 병원에 입원했지만, 우리는 그가 골수이식으로 삶을 되찾았다는 사실에 감사한다(12장 타우 문자 참조).

그림 108 **타우 문자 돛대가 있는 황금색 배와 무지개**. 마르셀, 남아, 6세, 급성 림프모구 백혈병, KiSpi.

사다리 모티브의 특별한 의미와 아픈 아동이 그린 사다리 단의 개수, 사다리의 안정성과 위치에 집중한 뒤, 이제 우리는 건강하지만 불의의 사고를 당한 아동이 그린 그림을 살펴보고자 한다. 내가 이 책과 관련하여 사다리의 모티브에 관심을 두기 훨씬 이전인 1972년, 베버는 우연히 사고를 당한 아동들의 작품이 전시된 루체른(Luzern)에 있는 전시회장에 갔다. 이 그림(그림 109)에서 한 아동이 과일을 따다가 사다리에서 떨어진 것으로 보인다. 사다리의 9번째 단이 부러져 있다. 우리는 사고 당시 그가 9세였다는 것을 확인했다. 몇 년이 지난 후 그 그림을 다시 보게 되어 더 자세한 정보를 위해 소년을 수소문했지만 찾을 수 없었다.

그림 109　과일 수확. A. F., 남아, 9세, 사고를 입은 건강한 아동.

우리는 이미 11장 '원본과 환자가 따라 그린 사본의 차이점'(그림 95, 96)에서 사다리를 주제로 그린 성인 환자 마인라데에 관해 이야기했다. 마인라데는 22장 '예후'에서 다시 언급될 것이다.

사다리 모티브를 깊이 생각하다 보니 에서(Esau)와 야곱(Jacob)의 이야기에 나오는 야곱의 꿈이 떠오른다. 그 이야기에는 하느님과 직접 연결되는 사다리가 나오는데 천사들이 그 사다리를 타고 오르락내리락한다.

위대한 거장의 그림들을 보면 대부분 천사들이 사다리를 타고 위로 올라가고, 사다리 꼭대기에서 전능하신 하느님이 두 팔을 벌리고 그들을 맞이하는 장면을 발견할 수 있다. 그러나 레닌그라드(Leningrad)의 에르미타주(Hermitage)에 있는 무리요(Murillo)의 그림[4]에서는 신의 사자인 천사들이 사다리를 타고 오르내리는 모습이 보인다. 사다리는 마치 저 멀리 미지의 세계로 뻗어 있는 것처럼 보이며 신의 형상은 보이지 않는다. 이것은 신의 형상을 만들지 말라는 구약의 계명과 일치한다.

유명한 중세 시대의 사라예보 하가다(Sarajevo Haggadah)[5](그림 110)와 존 펙(John Peck)의

---

4) 레닌그라드의 에르미타주 미술관은 이 그림을 제공할 수 없음을 유감스럽게 생각한다.
5) 사라예보 하가다. W.H 앨런(Allan), London, 1961, p. 10.

그림(그림 111)에서도 천사들이 오르내리는 것을 볼 수 있다. 그들은 인간이 제공해야 하는 것을 신에게 가져가고 신이 인간에게 부여할 수 있는 것은 무엇이든 받아 인간에게 가져온다. 이것은 인간에게는 신이 필요하고 신은 인간을 필요로 한다는 마이스터 에크하르트(Meister Eckhardt)의 말을 상기시킨다. 이스라엘 자손의 율법과 관습에 따른 '첫 열매 수확'에 대한 축복은 오늘날까지 전해지고 있다. 창세기에 따르면 하느님과 땅 사이에 창조되고 존재하게 된 것을 하느님께 제일 먼저 드리는 것이다. 특별한 상황에서 천사들은 하느님의 사자로 존재할 뿐만 아니라 인간의 수호천사로도 존재한다. 만약 인간이 그들의 존재를 알아차릴 수만 있다면 말이다.

그림 110 사라예보 하가다.

그림 111 야곱의 꿈에 나타난 천국으로 가는 사다리. 존 펙.

우리는 아프거나 건강한 아동과 성인의 그림 및 예술 작품에서 사다리 모티브를 만났다. 또한 우리는 많은 세계의 종교, 예를 들자면 동쪽 지방의 유대교, 이슬람의 '사다리에 관한 책'과 부처 자신이 하늘에서 땅으로 내려온다는 불교의 개념을 통해서도 사다리를 발견한다. 기독교에서는 하느님이 우리에게 자신의 아들 그리스도를 내려보냈다. 우리는 이것을 하느님이 그리스도를 통해 인간으로서 생과 죽음이 어떤 것인지 경험할 수 있도록 하려는 것이라고 자문한다.

중증 환자들의 그림에서 보이는 사다리의 단과 개수에 대한 모티브는 우리에게 특별한 의미를 준다. 그림에 나타나는 사다리는 그것을 그린 개인의 삶의 순간과 깊게 관련된 '인간화된 사다리'다. 본질적으로 사다리 모티브는 다른 상징들처럼 땅과 하늘 사이의 연결에 대한 인간의 갈망으로 이해할 수 있다.

비

오래전부터 비는 신과 연관되어 축복이나 형벌로 여겨졌다. 비는 땅을 비옥하게 할 수도, 일년의 수확을 망치고 모든 생명을 파괴할 수도 있다. 여기서 우리는 인간의 사악함에 대한 형벌이었던 노아와 홍수에 관한 성경을 떠올려 볼 수 있다. 적시에 오는 비는 신들이 우리와 함께한다는 가시적 신호로 체험되었다. 꼭 필요한 비를 내리게 하려는 소망은 중국의 전설인 기우제에 표현되어 있다. 고대 중국에서 극심한 가뭄으로 위험에 처했을 때, 고통받는 하늘과 땅 사이의 평화를 기원하기 위해 기우제를 지내는 사제를 불렀다. 사제는 비가 올 때까지 제사를 지냈다.

현대에 와서 우리는 미국이 인공적으로 강수 조건을 형성하여 비를 내리려는 시도에 실패한 반면, 그 뒤 이스라엘이 성공한 것을 보며 인간이 비를 내리게 하려는 욕구에 직면했다는 것을 알게 된다.

놀랍게도 중증 환아의 그림에서 다양한 종류의 비, 특히 모양이나 색상이 특정 유형의 질병과 관련 있다는 것을 발견할 수 있었다. 예를 들면, '검은 비'는 질병의 전이를 막는 방사선 치료로, 이 방사선 치료를 통해 치명적인 세포가 '불타 버린'의 징후라는 것을 알았다. 우리는 여기서 뇌종양과 병의 전이로 고통받는 세 아동의 이야기와 검은 비가 그려진 세 개의 그림을 제시하고자 한다.

초록 바닥 위로 가느다란 우산대가 달린 다채로운 색상의 우산이 하나 놓여 있다(그림 43). 우산 아래에는 주황 윤곽선으로 그려진 고립된 작은 인물이 왼쪽으로 걸어가고 있는데, 주변에는 온통 비가 쏟아지고 있다. 프리스카는 "그 사람은 빗속에 서 있지만 제시간에 우산으로 들어가요."라고 말했다. 그녀는 "이것은 비를 피하는 우산이 아니에요."라고 덧붙였다. 아마도 이 우산은 위협적인 비로부터 그녀를 구할 수 있다는 희망이라고 할 수 있을까? 더욱이 우리는 배경에 비로 그려진 불규칙한 검은 갈고리 모양의 선들이 방사선 치료 후 병이 전이될 수 있음을 암시하는 표시임을 알게 되었다(5장 10. 빛에 비추어 그림 뒷면 관찰하기 참조).

그림 43 우산. 프리스카.

르누아르의 '우산'에서 사람들은 서로 좋은 관계를 맺고 있다(그림 112). 앞의 신사는 꽃 파는
젊은 여성에게 자신의 우산으로 도움(희망이라고 말할 수 있을까?)을 주고자 한다.

그림 112 예술 작품과의 유사성: 우산(Les Parapluis). 르누아르(Renoir, 1841~1919).

페터는 취리히에 내리는 검은 비를 그렸고(9월 7일) 이에 대해 "비가 오고 눈이 와요."라고 말
한다(그림 113). 그의 생명나무는 중심에 위치해 있는 편이며, 수관과 줄기 및 뿌리에 병이 있다.

그림 113　비가 오고 눈이 와요. 페터.

레나토(Renato) 또한 8월, 취리히에 내리는 검은 비를 그렸다(그림 114). 그러나 페터와는 시기적으로 1년의 차이가 난다. 그의 그림은 검은 획과 얼룩으로 가득 차 있다. 빨간 종양이 있는 사람이 스키를 타고 내리막길을 가고 있다. 레나토의 텅 빈 초록 집은 (−/−) 사분면에 있으며 연필로 그려진 그의 건물(교회일까?)은 왼쪽 위 사분면에 있다. 그는 "남자가 스키를 타고 내리막길을 빠르게 내려가고 있어요."라고 말한다. 레나토는 결국 뇌종양이 재발하여 사망했다. 화산 폭발 후 떨어지는 빗방울이 검게 변하는 것은 마치 검은 비의 파괴적인 면과 유사한 것 같다.

그림 114　스키를 타고 내리막길을 질주하는 남자. 레나토, 남아, 7세 6개월, 수모세포종, NC.

---

6) "지구물리학적 이상 현상 목록", W.R. 커티스 편저.

다음 세 개의 그림에서 보이는 그림의 상당 부분을 채우고 있는 '채색된 비'는 다양한 유형의 질병을 반영하고 있다.[6]

어둡고 위협적인 구름이 파란 비의 회오리바람 위에 드리워져 있으며, 이는 히치히 교수가 말한 것처럼 뇌척수막에 침투한 백혈병 세포의 폭발과 유사하다(그림 87). 어린 소년은 얼마 지나지 않아 사망했다(8장 하양 참조).

그림 87 파란 비. 한스 페터 슈, 남아, 9세, 급성 림프모구 백혈병, KiSpi.

에두아르(Edouard)의 그림에서 배경은 탁한 색의 빗방울로 가득 차 있다(그림 115). 우리는 그것을 '낭포성 섬유증 비(Cystic Fibrosis Rain)'라고 불렀다. 히치히 교수는 낭포성 섬유증을 앓고 있는 환자의 방사선 사진에서 회색을 띤 형태를 바로 기관지 폐렴으로 인식했다(그림 116). 에두아르는 보살핌을 잘 받던 중 급성 폐렴으로 약 20일 후 사망했다(13장 신체적 측면을 고려하는 방법 참조).

그림 115 탁한 비. 에두아르, 남아, 11세, 낭포성 섬유증, KiSpi.

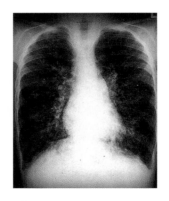

그림 116 감염된 폐의 방사선 사진.

여기에 설명된 마지막 그림에 내리는 비는 '생명을 살리는 비'다(그림 117).

파랑과 초록으로 쏟아지는 빗물은, 검정으로 보이는 전이성 종양 사진의 어둠과 백혈병 세포의 파랑으로 폭발하는 모습 그리고 낭포성 섬유증으로 고통받는 환아의 어두운 폐 조직과는 어떻게 다를까? 거의 중앙에 위치한 큰 형체는 쏟아지는 빗속에 무력하게 서 있다. 물을 마시려 입을 크게 벌렸지만, 비는 그의 입에 닿지 않고, 갈증은 해소되지 않는다. 그의 배 속에 있는 빨간 점은 아픈 췌장일까? 소년은 중병으로 병원에 입원했지만, 다행히 제시간에 병원에 도착했고 현재 회복 중이다.

그림 117 비 오는 날. S. Z., 남아, 9세, 당뇨병, KiSpi.

환자의 그림에서 '비'에 주목하는 것은 다른 유형의 질병을 연구하는 연구자들에게도 가치 있는 관찰임이 분명하다.

무지개

하늘의 무지개는 자연 과학에서 설명되기 훨씬 이전부터 인간에게 경외심을 불러일으켰다. 무지개의 다채로움은 자연 현상으로서 쉽게 설명될 수 있는데, 이는 물방울이 프리즘 역할을 하여 하얀 태양광을 여러 구성 요소(여러 색)로 나눈 것이다. 폭풍우가 몰아친 후 태양이 다시 떠올라 하늘에 무지개가 보이면 왜 우리 평범한 인간들은 그것을 주위 사람들에게 알리며 기쁨과 행복을 나눌까?

민속학에서 무지개는 영혼이 육신을 떠나 천국으로 가는 것과 관련이 있다. 여기서 우리는 소위 원시 사회나 집단(중앙 및 북동 아시아, 북미, 인도네시아 등)에서 특별한 종류의 의술가였던 주술사를 떠올린다. 이들에게 질병은 육체에서 영혼이 멀어지는 것으로 이해되는데, 오랜 시간의 전문적인 훈련과 경험을 한 주술사는 인간의 육체에서 벗어난 영혼을 찾아내 다시 몸으로 데려온다. 주술사가 추는 특별한 춤은 그를 황홀경 상태로 빠지게 하는데, 이때 아픈 이의 육체에서 빠져나간 영혼을 다시 데려온다. 주술사의 목적은 영혼을 신체로 데려와 정신과 신체가 통합하게 하는 것이다. 이를 통해 치유가 이루어진다. 혹, 정신과 신체의 분리가 너무 깊어 육체가 결국 죽어야 한다면 주술사는 저 너머 아래의 세계, 즉 삶과 죽음에 동등하게 관련된 영혼의 인도자가 된다. 주술사가 사람들 사이로 춤을 추며 떠나는 여행을 통해, 그는 자신이 어떻게 무지개 위로 올라가는지 설명할 수 있다.

북유럽 신화에서는 아동들이 무지개를 바라보는 것을 위험한 행동으로 여겼다. 아동들이 신에게 가는 다리를 건너거나 일찍 죽지 않도록 하기 위해 막대나 지푸라기로 만든 십자가의 네 개 끝에 돌을 올려놓았다. 반면에 무지개를 따라가다 보면 결국 황금 그릇[7]을 발견할 수 있다는 긍정적인 면도 있다.

창세기에 하느님은 인류와 모든 생명체를 멸하기 위해 홍수를 일으키기로 결정했다. 그 이유는 그를 닮게 창조했던 인간들이 악하게 변하는 것을 보며 그의 마음이 너무나도 슬펐기 때문이다. 그러나 무지개는 하늘과 땅 사이에 평화가 있을 것이라는 하느님이 노아와 맺은 언약을 기억시키는 징표자 약속의 상징이다. 실제로 성경은 생명의 위험과 개인의 운명에 대한 용서를 넘어서 인간과 신, 그리고 신과 모든 살아 있는 존재의 연결을 강조한다.

이제 환아의 그림을 보자. 페터가 삶의 중요한 순간에서 그린 연작 그림에서 나타나는 각기 다른 무지개의 모양, 개수 및 색채의 변화를 우리는 어떻게 해석할 수 있을까?

종이 전체를 거의 가득 채운 무지개는 왼쪽 위 모서리, 즉 해가 지는 방향으로 휘어져 있다(그림 118). 11가지 색상으로 강하게 그려진 11개의 무지개 곡선에는 가시가 그려져 있다. 이것은 페터의 가시밭길과 같은 힘든 고통에도 불구하고 하느님과 함께하는 평화로운 감정을 표현한 것이라고 이해할 수 있을까?

---

7) 미신 백과사전, E.R.E. 래드포드, 허친슨 브루어: 구절과 우화 사전.

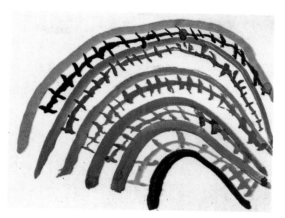

그림 118 가시가 있는 무지개. 페터.

　다시 한번 무지개가 보이는데, 이번에는 무지개가 거의 중앙에 자리 잡고 있다(그림 119). 4가지 색의 무지개 곡선이 황금색 출입구라 불리는 문의 중심을 에워싸듯 그려져 있다. 우리는 페터의 생애 동안 무슨 일이 일어났는지 자문한다. 그가 5주 동안 그린 네 개의 무지개 중 첫 번째와 마지막을 재현한다. 우리는 페터가 홍역을 앓은 후 심하게 아파서 NC에 입원한 것과 이후 뇌종양 진단을 받은 것을 기억한다. 그는 강도가 꽤 강한 방사선 치료를 받은 후 잘 회복되었으며 퇴원 후 집으로 돌아가 11개월 동안 좋은 시간을 보냈고 또래 친구들과 같은 평범한 삶을 살았다. 그러나 11개월 후 재발한 병은 그를 다시 무력하게 만들었고, 결국 수술과 방사선 치료를 받았다. 페터는 이후 짧은 시간 (재발을 막기 위한 치료 전) 동안 집에 머물렀는데, 그는 베버에게 "무지개를 그리고 싶다."라고 말했다.

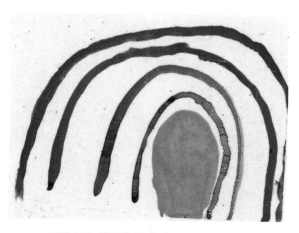

그림 119 황금색 문이 있는 무지개. 페터.

우리는 페터가 11세(10년 11개월)의 나이로 힘든 투쟁 끝에 사망했다는 것을 기억한다. 여기서 우리는 그의 첫 번째 무지개의 11개의 선을 떠올려 본다. 우리는 가시가 있던 무지개가 마침내 그를 황금색 문이 있는 무지개로 이끌었기를 소망했다. 페터의 고통스러웠던 삶이 결국 목적을 이루었을까? 그는 태양, 신 그리고 그의 하느님을 받아들이게 되었을까? 그의 마지막 그림(그림 15)의 '평화의 새'가 그를 평화의 땅으로 데려가기를 희망할 수 있을까(16장 남겨진 생애에서 변화되는 동일한 모티브에서 페테와 눈사람 이야기 참조)?

두 번째 예로 백혈병을 앓다가 치유된 한 소년의 무지개 그림을 보자(그림 108). 그는 생사를 건 투쟁과 성공적인 골수이식 후에 이 무지개를 그렸다. 우리는 이 무지개를 그림에 나타나는 다른 모티브와 함께 긍정적인 신호로 보았다(21장 치유된 환아들 참조).

그림 108 타우 문자 돛대가 있는 황금색 배와 무지개. 마르셀, 남아, 6세, 림프모구 백혈병, KiSpi.

우리는 신화와 전설 속 원형적 모티브로서의 무지개부터 죽거나 치유되는 아동들이 그린 무지개까지 꽤 긴 여정을 거쳐 왔다.

이제 많은 예술 작품에서 변함없이 보이는 신비한 무지개를 살펴보자. 우리가 찾는 무지개를 표현한 가장 오래된 작품은 그리스의 6세기 동판화다(그림 120, 비엔나에 있는 오스트리아 국립 미술관의 허가를 받음). 이 동판화에서는 무지개가 땅의 양쪽 끝에 닿고, 노아와 그의 세 아들 위를 덮으며, 하느님의 손은 노아 위에 놓여 있다.

그림 120 노아의 위에 떠 있는 무지개. 6세기 그리스의 동판화.

우리는 루벤스(Rubens)(그림 121)와 터너(Turner)(여기에 수록되지 않음)의 작품과 같이 잘 알려진 그림은 익숙하지만, 프리드리히(Caspar David Friedrich, 1774~1840)의 탁 트인 풍경 위에 보이는 이상한 하얀 무지개는 낯설게 느낀다(그림 122). 모든 색을 품은 하양, 그것은 완전함의 표시일까? 화가가 하얀 무지개를 그리게 된 동기는 알 수 없지만, 안개가 자욱한 날씨에 태양 반대편의 알프스 산맥 지역에는 하얀 무지개 또는 빛나는 고리가 때때로 보이기도 한다.

그림 121 무지개가 있는 풍경. P. P. 루벤스.

그림 122 하얀 무지개. C. D. 프리드리히.

한 친구가 자정에 폴리카스트로(Polykastro) 만을 가로지르는 무지개를 보았는데 보름달 아래였기 때문에 무지개의 색이 거의 없을 정도로 희미하게 보였다고 회상했다. 누군가는 이를 하얀 무지개라고 생각할 수 있다. 바다 위의 무지개는 완전했고, 모든 색을 하나로 통합한 하양의 인상은 강렬했다.

처치(Frederick Church)의 작품 열대지방의 우기(1866)(그림 123)는 열대성 폭우와 그 위에 있는 무지개를 표현해 홍수를 보다 가깝고 직접적으로 경험할 수 있게 한다. 그림 속의 거침없는 폭우는 홍수가 결코 멈추지 않을 것이라는 두려움을 갖게 한다. 그러나 그림 오른쪽 아래 구석 나무 뒤에 숨은 사람들이 있으며 그곳은 안전하게 쉴 수 있는 피난처로 보인다. '아동이나 중증 환자들, 특히 그들 인생의 중요한 시기에 무지개를 그리는 이유는 무엇일까?'라고 다시 한번 묻게 된다.

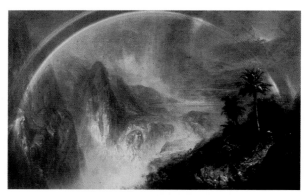

그림 123 열대지방의 우기. F. 처치.

그림에 나타난 것처럼, 환자들의 가장 깊은 내면에 담긴 희망은 아마도 인간과 모든 생물의 죄악에도 불구하고, 모든 것을 멸망시키지 않을 것이라는 하느님의 약속에 대한 기대일까? 병에 걸렸다는 것이 그들에게 죄가 있어 벌을 받은 게 아니라는 것을 바라는 것일까? 그렇다면 무지개의 상징은 인간과 신 사이의 평화 약속을 되살리는 것이 될 것이다.

새

우리는 집과 나무부터 시작해 땅속에 숨겨진 보물을 지키는 난쟁이의 모티브까지 이르렀다. 천국을 향하는 사다리를 타고 올라가 비를 만났고, 하늘과 땅을 연결하는 무지개도 만났다. 이제 우리는 영혼을 상징하고 인간과 신 사이의 메신저 역할을 하는 새에 대해 이야기하려 한다. 나는 왜 새가 영혼의 상징으로 알려져 있는지 궁금했다. 육체가 소멸하면 영혼이 어떻게 되는지에 대해 호기심을 품는 이들은 새 그림에서 자신의 질문에 대한 답을 상징적으로 찾을 수 있을까?

새들은 어떻게 깃털의 날개로 몸을 일으키고, 공중에서 비행(무중력 요소)하며, 연약한 몸으로 멀리 날아갈 수 있을까? 어떻게 그렇게 놀라운 시력으로 높은 곳에서 땅을 내려다볼 수 있을까? 아마도 가장 놀랍다고 할 수 있는 점은, 새들이 때가 되어 이주할 때 이전에 본 적 없는 길로 여행하며, 그럼에도 불구하고 그 목적지에 확실하게 도착한다는 사실이다. 얼마나 대단한 일인가?

여전히 나에게 가장 단순하면서도 설득력 있는 이야기는 동일한 종류의 새들이 알을 서로 교환하는 사례다. 지브롤터(Gibraltar) 너머로 겨울을 보내는 황새가 알을 가져와 보스포러스(Bosphorus) 해협 상공을 이동하는 다른 황새의 둥지에 넣으면, 그 어미는 그 알을 받아 마치 자기 것인 양 받아들이고 자기 새끼인 것처럼 키운다. 하지만 가을이 찾아오면 놀랍게도 교환된 새는 함께 자란 다른 새끼들을 떠나 본능적으로 타고난 선조들의 경로를 따른다.

환아의 그림으로 다시 돌아가기 전, 새와 관련된 즐거운 이야기를 하나 나누고 싶다. 제2차 세계 대전 중 폭격기 조종사들은 레이더 화면에서 식별할 수 없는 작은 검은 점을 발견했다. 그들은 이 작고 검은 점들이 무엇인지 알 수가 없어서 그냥 '천사'라 불렀는데 사실 그것은 이주하는 철새들이었다.[8]

하늘은 나는 새는 전 세계에서 여러 시대를 거쳐 오며 제한된 자원과 지평선 위로 올라가고자 하는 인간적인 동경의 상징으로 표현되었다. 오늘날 우주여행에 대한 인간의 열망은 어쩌면 그 너머에 있는 것에 도달하려는 타고난 충동에서 비롯된 것인지도 모른다. 루스의 그림 영혼의 새가 비행기가 되다(그림 42)에서 나타나듯, 새는 '지금 여기'를 넘어선 영역을 향해 날아가는 것으로 해석될 수 있다. 초기 인류 동굴 벽화에서부터 민속, 신화 및 전설 그리고 현대 신앙에 이르기까지 새가 지니고 있는 다양한 의미는 계속된다. 새에는 전설적이고 상징적인 의미가 있어 여러 국가의 우표에도 등장한다.

그러나 우리는 이 장에서 죽어 가는 아동과 중병에서 치유되어 가는 아동의 그림에만 나타나는 새들을 이야기할 것이다. 우리는 이 새들을 다음과 같은 순서로 배열한다. 일반적 새의 모양, 특정 질병에 따른 각각의 새, 환아의 그림에 반영된 새의 특징, 예술, 민속, 전설 및 신화에서 나타나는 유사점 등이다.

새를 나타내는 데 자주 사용되는 곡선이나 물결선의 위치와 개수 등은 환자의 그림에서 중요하지만, 여기에서는 다루지 않는다.

우리는 마리나의 마뇨겔리부터 시작한다(그림 30). 그녀의 새들은 모양이 뚜렷하며 새에 대

---

8) B.B.C. 제공: HORIZON 프로그램 "새의 뇌: 항법의 신비" 및 "우리에 관한 세계의 녹취록: 멋진 황새", 1974. 1. 14.

한 환아의 설명도 있기 때문이다. 마리나는 "마뇨겔리가 많이 먹어서 기분이 좋아요. 모든 새(모브색으로 그려진 7마리)가 하늘로 날아가고 있지만 가장 작은 새가 먼저 도착할 거예요."라고 말했다. 또한 소녀는 "지상에 7개의 꽃(Bergtrollblumen)이 자라고 있는데, 그들은 너무 사랑스러워요."라고 설명했다. 그러나 마지막 왼쪽에는 꽃이 없다. 게다가, 우리는 이 그림에서 7개의 손가락만을 발견했다. 7일 후, 어린 소녀는 7세가 되던 해에 매우 평화롭게 세상과 작별했다.

그림 30 마뇨겔리 . 마리나, 여아, 6세 10개월, 급성 림프모구 백혈병, KiSpi.

그림자와 같은 윤곽선으로 그려진 새는 다음 두 그림에서 나타난다(그림 124, 125).

아넬리는 거의 벽에 눌려 있다. 쥐를 물고 있는 거대한 고양이(고양이는 자신의 병으로 이해됨)에게 양털 공을 던지고 주의를 분산시키려고 한다. 그림 속 소녀는 붕대를 하고 있었고, 그 붕대는 마치 가시면류관 같은 머리띠처럼 보였다. 왼쪽으로 향하는 그녀의 '생명의 새'는 고양이 위에 그림자처럼 떠다닌다. 그녀는 그림을 그린 후 얼마 지나지 않아 혼수상태에 빠졌고 다시는 깨어나지 못했다(12장 난쟁이 참조).

그림 124 고양이와 쥐. 아넬리, 11세.
미상핵 부위의 악성 종양. NC.

　게오르그 O.(Georg O.)의 그림에서 그림자가 있는 새는 (천사일까?) 종양이 있는 집과 상처 입은 나무를 떠나 왼쪽으로 날아간다. 작은 마차는 통행이 막혀 보이는 길에서 기다리고 있다. 우리는 마차 앞바퀴에서부터 동물이 있는 아래의 빨간 표시까지 9개의 초록으로 그려진 짧은 선과, 경로가 갑자기 끝나는 곳까지의 짧은 선(동일한 9개)에 주목한다. 숫자 9는 두 번 반복된다. 치명적인 결과였다. 게오르그 O.는 9년째 되는 해에 사망했다.

그림 125 종양이 있는 집을 떠나는 영혼의 새. 게오르그 O., 남아, 8세, 수모세포종, NC.

　새 날개의 곡선에서부터 그림자와 같은 윤곽선이 있는 새의 그림까지 보았다. 놀랍게도 이제 인간의 모습과 얼굴을 가진 새를 본다.
　발터 H.의 그림(그림 22)에서 우리는 나무에서 떨어지는 과일, 종양처럼 빨간 창문이 있는 집, 아직 진단되지 않은 종양(송과종)과 비슷한 모양을 가진 솔방울 모양의 지붕 위에 있는 '비둘기 장'을 볼 수 있다. 수도꼭지에서 물이 멈추지 않고 흐르며, 굴뚝 위의 새는 서쪽으로 날아가고 있다. 그 새는 소년이 초기 그림에 그렸던 죽어 가는 아동의 얼굴을 한 작은 형상, 즉 그의 아이돌론(eidolon, 여기에서 재현되지 않음)과 닮아 있다.

그림 22 이른 수확. 발터 H., 남아, 8세, 뇌의 악성 종양, NC.

나는 언젠가 크리스마스 선물로 새에 관한 책을 받았다. 어느 날 우연히 그 책을 펼쳤고 기원전 440년의 그리스 화병 사진을 만났다. '프로크리스(Prokris)의 죽음'(그림 126)이라는 서명과 '그녀가 마지막 숨을 내쉴 때 그녀를 닮은 영혼의 새가 공중으로 날아간다.'라는 설명이 있다. 이 그림은 15장 '수수께끼 같은 그림 자료의 해석'에서 다시 설명한다.

우리는 약 800년 전, 죽은 이의 얼굴을 한 바(Ba)라는 날개 달린 죽음의 영혼이 아니(Ani)의 석관 위에 떠 있는 것을 발견했다(이집트, 기원전 1200년경, 12 왕조)(그림 127). 친절하게도 대영박물관의 직원들이 석관을 꺼내어 사진을 찍어 줬다.

그림 126 프로크리스의 죽음.
그리스 화병 사진.

그림 127 아니의 석관 위에 떠 있는 바.
이집트, 12왕조.

이제 우리는 특정 질병의 징후와 관련 있는 새를 살펴본다.

NC 소아 병동 벽화에 있는 다양한 모티브 중 이 소년은 단 2마리의 새를 선택했다(그림 81). 하늘을 나는 새 '제비'와 땅에 갇힌 공격적인 '도요새'다. 이유가 궁금했다. 둘 다 명확하고 강한 선으로 그려져 있으며 색으로 가득 채워져 있다. 게다가 둘 다 오른쪽을 향해 있다. 우리는 색상과 위치 변화에 주목한다. 짙은 갈색을 하고 있는 도요새는 벽화의 오른쪽에서부터 이동하며 그의 모브색 부리가 제비의 뒤쪽에 닿는다(모브색은 '발작' 상태의 색이다). 이 그림은 하늘과 땅, 위와 아래 사이의 긴장이 자연적으로 해소되기 전, 종종 뇌전증 발작으로 발생하는 긴장을 표현한 것으로 이해할 수 있을까(8장 모브 참조)?

그림 81 높이 나는 제비와 공격적인 도요새.
발터 B., 남아, 14세, 전신성 뇌전증: 아마도 부상으로 인한 것일 것이다., NC.

브레니 또한 베버의 벽화 일부에서 주제를 선택했다(그림 97). 뿐만 아니라, 그녀는 자신에게 중요하고 의미 있는 몇 가지 모티브를 더 추가했다. 그녀의 그림에서, 특히 새에 집중해서 보면, 붉게 타오르는 지붕에 꼬리가 깊숙하게 닿는 앵무새를 발견할 수 있다. 이 지붕이 두개골이라는 신경학적인 측면에서 보면 새의 꼬리는 크라엔뷜 교수의 말처럼 뇌하수체에 도달한다. 꼬리는 종양의 자리를 가리킨다. 성공적인 수술 후 브레니는 회복을 보였다(13장 신체적 측면을 고려하는 방법, 22장 병원 안뜰에서 일어나는 예후와 내면의 알아차림 참조).

그림 97 집과 앵무새. 브레니.

페터의 그림으로 다시 돌아가 보자(그림 113). 질병으로 고통받는 긴 여정에서 병은 결국 페터의 척추를 타고 퍼졌다. 그의 그림에는 딱따구리가 반복적으로 나타났는데 소년은 그림에 대해 이렇게 말한다. "딱따구리가 나무에 망치질을 해 구멍을 만들고 있어요." 우리는 빨간 테두리로 둘러싸인 나무의 수관을 우려스럽게 주목한다. 이 생명나무의 뿌리와 딱따구리가 '쪼아대는' 부분 또한 무서운 종양─빨강으로 그려져 있다. 새는 전이가 퍼진 곳을 가리키고 있는 걸까? 우리는 '숲의 외과의사'로 알려진 딱따구리를 기억해 냈고 그(여기서 딱따구리는 외과적 치료와 동일시된다 ─ 옮긴이)를 불렀다. 딱따구리는 우리가 볼 수 없게 소리도 없이, 나무껍질 아래에 나무를 파먹는 곤충과 벌레를 찾아 긴 부리와 혀로 그 침략자들을 '처리'했다. 딱따구리가 페터의 그림에 다시 나타났을 때, 우리는 NC에서 몇 주 그리고 여러 번의 외과적 치료가 페터를 치유하길 간절히 바랐다.

그림 113 비가 오고 눈이 와요. 페터.

멕시코 민속학에서 딱따구리는 아동의 수호성인으로 알려져 있으며 약사는 딱따구리를 약 가방에 넣어 다닌다(그림 128).[9]

그림 128 멕시코 민속학 속 딱따구리.

내가 연구를 위해 NC에서 KiSpi로 옮긴 후에 본 첫 번째 그림은 한 '백색 아동'이 빨간 소파에 앉아 있는 그림이었다. 그 아래에 아동은 '이것은 나야'라고 적었다(8장 하양 참조). 이것은 백혈병을 앓고 있는 환아의 그림이었다. 그러나 백혈병을 앓는 환아가 그린 하얀 새를 찾는 데는 오랜 시간이 걸렸다.

그림 107 체리 수확. 미키. 남아. 8세 6개월. 급성 림프모구 백혈병. KiSpi.

9) 암스트롱, 새의 민속학, 1958, pp. 179-185.

4월에 그려진 이 그림은 다양한 색으로 생생하게 채색되어 있다. 수레 하나가 트랙터 앞에 놓여 있고 사다리가 한쪽으로 위태롭게 서 있다. 그림 중앙 쪽에는 벚나무가 있다. 우리는 그 나무를 미키의 생명나무로 볼 수 있을까? 이 나무는 뿌리가 없고, 잎은 비어 있으며, 중앙이 하얀 빨간 체리는 오른쪽으로 떨어지는데, 떨어질수록 모브색으로 변한다. 나무의 가장 왼쪽 가지 위에는 하얀 새 한 마리가 세포 모양의 열매(중앙이 하얀 빨간 체리)를 먹으려 한다. 백혈병에 걸린 환아의 하얀 새는 위험에 처한 '영혼의 새'일까, 아니면 '삶의 의무를 다한' 하얀 새일까(8장 하양 참조)?

이제 우리는 월트 디즈니 잡지에 나온 새가 의인화된 '도널드 덕'을 따라 그린 두 개의 그림을 보게 된다. 두 그림 모두 환아가 겪고 있는 다양한 유형의 질병을 나름의 방식으로 반영하고 있다. 그림들은 대략 20년 간격으로 그려졌는데, 하나는 스위스의 취리히 NC에서, 다른 하나는 더 최근인 1982년 덴마크 코펜하겐 대학 병원 소아 병동에서다.

월트 디즈니의 도널드 덕, 디즈니가 오리에게 인간적인 모습을 부여하는 잡지 사진 사본의 도면 시트 뒷면에 베버의 코멘트가 있다. "그는 향수병에 빠져 계속 눈물을 흘린다."

다음 그림(그림 100)을 보면 시릴의 도널드 덕이 얼마나 불행한지 쉽게 알 수 있다. 이 그림이 우리에게 신체적으로 무엇을 말해 주고 있는지 알아보자. 그림 속에서 우리는 길게 늘어진 목을 볼 수 있으며, 척추에 갈라진 틈이 있다는 점에 주목해 본다. 이로 인해 그의 '물'이 통제되지 않으며, 시릴이 요실금을 겪고 있다는 사실과 연관해 볼 수 있다. 사례 기록에 따르면 그는 이분척추증을 진단받았다고 한다.

그림 100 도널드 덕이 울고 있다. 시릴, 남아, 6세, 이분척추증, NC.

그림 101 도널드 덕과 해적의 깃발. 킴, 8세 10개월, 급성 림프모구 백혈병, 대학병원, 코펜하겐.

우리는 11장 '원본과 환자가 따라 그린 사본의 차이점'에서 만화에 나오는 다채로운 인물 중 킴이 '도널드 덕'과 '해적선'을 추가한 것을 기억한다. 크게 눈에 띄는 색상의 변화가 있는데, 가장 중요한 점은 빨강이었던 하늘이 이제 하양으로 바뀌었으며 파란 눈과 수영복 끈도 하양으로 바뀌었다(그림 101). 배는 오른쪽 수평선에 있고, 뼈 모양인 십자가와 해골이 그려진 해적의 깃발이 있으며 화살표는 배를 위험하게 가리키고 있다. 우리는 이미 이것이 위협받고 죽어 가는 '백색 아동'의 그림인지 자문했다. 그는 12세 2개월의 나이로 죽기 1주일도 채 남지 않은 시점에 이 그림을 그렸다.

이제 우리는 환자들의 그림과 민속, 전설, 신화 및 예술계에서 나타나는 특정 질병의 징후를 보이는 '새'를 살펴보려 한다. 이 책의 맥락에서 보이는 특징이 다른 종류의 새들과 어떻게 연결되는지에 관해서 자세히 설명하기는 어렵지만, 관찰이라는 강력한 요소와 관련 있다는 것은 의심할 여지가 없다.

새가 번식하는 곳에서는 알에서 새끼가 부화할 것임을 짐작할 수 있기 때문에 우리는 새를 새로운 생명이 시작될 징조와 연결시킨다. 우리는 프리스카의 그림에서 바로 이 주제를 만났다. 그녀의 그림 속 울타리 안에 있는 세 마리의 병아리는 왼쪽에서 오른쪽으로 걸어가고 있다. 거기에는 놀랍게도 '먹이를 주지 마시오.'라는 경고 표시가 있다(그림 24). 프리스카는 자신의 짧은 삶을 예견한 것일까? 그녀는 뇌종양 수술과 방사선 치료를 받은 후 이 그림을 그렸고, 9개월 동안 즐거운 삶을 살다 평화롭게 숨을 거두었다.

그림 24 먹이를 주지 마시오. 프리스카.

다음 그림에서 우리는 굴뚝 위에서 어린 새끼들을 내려다보고 있는 황새 한 쌍을 발견했다(그림 129). 모두 5마리다. 게오르그 B.(Georg B.)는 상시상 정맥동 혈전증(thrombosis of the longitudinal and sinus sagittalis)으로 입원했다. 집중적인 항생제, 항간질, 항진균제, 응고제 치료를 받은 그는 5일 후(우리는 그림 속 5마리의 새라고 생각함) 의식을 되찾았고 10일 후 정상 체온을 보였다. 몇 주 후에 그는 퇴원할 수 있었고 약 복용 없이 학교로 돌아갈 수 있었다. 그의 이야기는 21장 '치유된 환아들'에서 찾아볼 수 있지만, 여기서 우리는 황새의 모티브가 생명의 '재생'과 연결되어 있음을 주목한다.

그림 129 굴뚝 위에 있는 황새 가족. 게오르그 B., 남아, 13년 6개월, 상시상 정맥동 혈전증, NC.

일반적으로 황새는 새로운 생명의 전달자, 즉 새 생명을 가져다주는 아기 탄생과 관련이 있다. 연못 깊은 곳에서 아기를 낚는 황새의 긴 부리가 외과용 겸자(다양한 외과 수술 과정에서 필수적으로 사용되는 도구 중 하나 - 옮긴이)와 관련이 있을까? 민속학에 따르면 아기를 데려오는 황새는 한때 신의 사자로 여겨졌는데 이는 아동의 영혼이 황새의 선물이라는 믿음에 의한 것이다.

앞서 새는 환아가 그린 그림 안에서 생명을 가져오는 측면으로 보았다. 이제는 생명을 위협하고 죽음을 가져오는 측면에서 새를 살펴보자. 17세 소녀 크리스타의 그림에 있는 올빼미(그림 98)는 잡지 사진의 올빼미를 따라 그린 그림이다(11장 원본과 환자가 따라 그린 사본의 차이점 참조). 여기서 우리는 이 중증 환아가 왜 올빼미를 선택했는지 묻는다. 올빼미는 어둠 속에서도 보고 사냥할 수 있으며 살아 있는 생물을 예기치 않게 습격하기도 한다. 사례 기록에 따르면 그 소녀는 집에서 갑작스럽지만 평화롭게 사망했다.

생명을 위협하는 새이자 죽음의 형상을 가진 올빼미는 수메르의(Sumerian) 여신 릴리스(기원전 2300~3000년)를 떠올리게 한다. 그녀는 올빼미의 발톱으로 묘사된다(그림 130). 히브리어로 '레일라(Leila)'는 밤을 의미하고 릴리스는 길가메시(Gilgamesh) 서사시에서 올빼미처럼 속이 빈 나무에 집을 지었다. '밤의 수호자'라는 부적은 이스라엘에서 오늘날까지도 널리 사용되고 있는데, 이는 갓난아기 납치범으로 여겨지는 릴리스의 위험한 힘에 대항하기 위함이다. 민속학에 나오는 올빼미의 울음은 죽음을 나타내는 불쾌한 부름으로 여겨지며 인간을 두렵게 만든다. 중국에서는 올빼미를 영혼을 빼앗는 새라고 부른다.[10]

그림 130 수메르의 여신. 릴리스.

큰까마귀와 우리가 흔히 연관 짓는 갈까마귀는 다른 많은 새처럼 양면적 의미를 가지고 있다. 유럽의 설화에서 이들은 죽음과 불길함의 징조로 여겨지기도 하며, 셰익스피어의 '운명의 까마귀'[11]를 떠올리게 된다. 반면에 까마귀는 버려진 아동들을[12] 돌볼 수도 있는 존재로도 여겨지며, 구약성서에서는 예언자 엘리야(Elijah)[13]에게 먹을 것을 가져다주는 역할을 했다고 전해진다. 또한 미트라(mitra) 신앙에서는 까마귀가 태양신의 사자로 숭배되기도 했다. 우리의 그림 자료와 관련하여 반 고흐(V. van Gogh)의 마지막 작품에 등장하는 까마귀들을 언급하고자

---

10) 암스트롱, 영국 새의 민속, 콜린스, 1958, p. 113.
11) 티투스 안드로니쿠스 II, III 97, p. 153
12) 겨울 이야기 II, III, p. 186.
13) 열왕기상 17, pp. 4-6.

한다. 이 작품에서 까마귀들은 폭풍이 몰아치는 밀밭 위를 날아다니며, 화가의 이른 죽음을 예
고하는 듯한 느낌을 준다(그림 131).

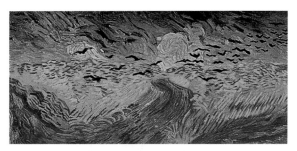

그림 131 까마귀가 나는 밀밭. 반 고흐.

불길한 부분이 있는 페터의 그림(그림 132)을 다시 보자. 새 부리 모양의 코를 한 죽음의 형상
이 구명선의 키를 잡고 서쪽 미지의 어둠 속으로 가는 것을 볼 수 있다. 소년은 "그가 배를 조종
해요."라고 했다. 새 부리 모양의 코는 자연스럽게 새를 생각나게 하며 고대에서 중요하게 여기
던 영혼의 운반자를 떠올리게 했다. 그 모습은 죽음의 선구자로서 고대 이미지와 직접적인 연
결 고리이다. 새의 머리를 한 이집트 신, 토트(Thoth)[14]는 지하세계로 인도하는 안내자다(그림
133). 우리는 동굴 안에서 발견된 동물의 머리(동물의 모습을 한 가면)를 쓴 선사 시대 사냥꾼의
벽화뿐만 아니라 인간의 몸과 새의 머리를 가진 이집트 예술품을 떠올린다. 이는 분명히 새와
동물의 중요한 특성을 나타낸다.

그림 132 배를 조종하는 사람. 페터.

그림 133 새의 머리를 가진 이집트 신 토트.

---

14) 람세스 무덤의 벽화, 1550~1575년에 그려진 토트.

페터는 소뇌 수술 이후 악성 종양의 다발성 전이가 진단된 지 2주 뒤에 다음 그림(그림 12)을 그렸다. 같은 날에 그린 그림(그림 147)에서 그는 비슷한 인물을 보며 "내 알을 훔치러 온다."고 말했다. 그의 태어나지 못할 자녀를 의미하는 것일까(12장 태양 참조)?

그림 12 마음의 죽음과 영혼의 인도자. 페터.

그림 147 삼켜 버리는 태양과 딱따구리. 페터.

페터의 어머니는 아동이 잠시 집에 머무르는 동안, 매우 피곤해하기는 했지만 식욕과 활기가 돌아왔다고 보고했다. 추가 치료를 위해 병원으로 돌아왔을 때 신경학적 증상, 질병, 현기증, 뻣뻣함 없이 전반적으로 양호한 상태였다. 그러나 우리는 페터가 이후에 그린 그림에서 죽음의 위협이 절대 그를 떠나지 않았다는 것을 알고 있다.

우리는 결코 중환아들이 겪는 내적 고통을 완전히 알 수는 없지만 그들이 그린 그림의 의미를 이해하는 것을 배울 때, 그들을 도울 수 있다.

공작새

생명의 불씨가 꺼져 가는 아동들의 그림을 너무 많이 보다 보니 우리에게 위로가 필요하다는 생각이 든다. 우리는 그림 141의 그림에 그려진 공작새를 새로운 탄생의 상징으로 본다. 심각한 뇌진탕 후 다시 살아난 11세 소녀는 공작새를 아름답게 그렸다(8장 모든 색, 21장 치유된 환아들 참조). 고대부터 공작새는 태양과 빛의 탄생 상징으로 알려져 왔다. 초기 기독교의 예술에서 공작새는 불멸의 상징으로 나타난다. 얼마나 좋은 예후인가!

그림 141 **화려한 공작새가 다시 살아나다.** 케티, 여아, 11세, 뇌진탕, NC.

인간과 신 사이의 중재자며 메신저인 새

우리는 이제 인간과 신 사이의 중재자며 메신저인 새를 본다.

카론이 우산 아래 있는 어린 소녀를 데리러 온 지 삼 일만에 그린 프리스카의 그림이다(그림 43).

그림 43 **우산.** 프리스카.

나는 한동안 프리스카의 마법의 집 그림을 이해하지 못했다. 집은 지면 없이 진한 갈색 윤곽으로만 그려졌다. 이 소녀는 파란 창문을 낮게 그렸는데, 그 위에는 또 다른 창문을 그리기 위한 공간으로 보인다. 작은 파란 원 안에는 같은 색으로 섬세하게 채워진 원이 하나 더 있는데 마치 눈동자처럼 보인다. 우리가 종종 '제3의 눈' 또는 '영혼의 창'을 발견하는 위치와 같은 곳에 있다. 이 파란 눈은 삼위일체 상징의 중심에서 찾을 수 있는 '모든 것을 볼 수 있는 하느님의 눈'인 걸까? 이것은 샤갈의 그림 초록 눈의 집(그림 135)을 생각나게 한다. 그 초록 눈 또한 비슷한 위치에서 마을 풍경을 내려다본다. 프리스카의 그림에 있는 눈은 영혼의 창을 통해 보는 걸까? 여기까지가 내가 생각할 수 있는 부분이었다. 베버에 따르면, 프리스카는 "여기가 그 마법의 집이에요."라고 말했다.

그림 134 마법의 집. 프리스카.

그림 135 초록 눈의 집. M. 샤갈.

예전에 베버가 보여 준 멕시코 후이콜(Huichol) 원주민의 태양 사원과 프리스카의 그림과의 유사성에서 마침내 이 그림의 수수께끼 같은 상징들을 해석하고 그 의미를 이해할 수 있었다.

주술사이자 의술가로 알려진 후이콜 원주민들은[15] 시에라 마드레 옥시덴탈(Sierra Madre Occidental)에 있는 불모의 산에 산다. 일 년에 한 번 열리는 종교 축제 동안 남성들은 패요틀(Peyotl), 즉 사슴 신의 발굽 지문에서 자라는 환각 물질이 들어 있는 신성한 선인장을 찾으러 간다. 이 위대한 의식을 위해 그들은 노랑으로 얼굴을 칠하는데, 이는 태양과 관계를 보여 준다. 선인장이 충분히 모이면 수사슴의 뿔을 쓴 위대한 주술사이자 의술가는 그들에게 신성한 선인장의 즙을 나눠 준다. 즙을 마시고 난 후 이들은 황홀한 환각 상태에 빠지게 되고, 그때 태양으로 날아가는 새들을 만난다. 이 새들은 태양신 타야오(Tayaoh)와 후이콜 원주민들 사이의 중재자로 메시지를 전달하는 역할을 한다. 또한 위대한 할머니 타테하우리(Tatehauri)는 이 부족이 내년에 무엇을 해야 하는지 알려 준다(그림 136).

---

15) 멕시코 후이콜 원주민의 주술의 세계-이미지 로슈 1964, S. 13.

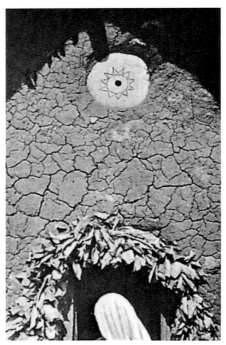

그림 136 후이콜 원주민의 태양 사원으로
향하는 입구.

여기에 수수께끼같이 어려웠던 프리스카의 마법의 집 그림에 대한 놀라운 답이 있다. 집의 모양, 둥근 태양 원반, 그녀가 일주일 전에 그렸던 뿔 달린 마법사(여기에서는 재현되지 않음), 차이점이 보이는 문의 입구 등 그녀의 그림에서 의식의 중요한 특징이 동시에 나타난다. 후이콜 원주민들과 그들이 만나는 신과의 조우는 프리스카에게 어떤 의미일까? 마법의 집은 그녀에게 변화의 집이 될까?

구름새

이제 서양 문화로 다시 돌아가 구름새를 살펴보자. 새의 이미지는 인간의 마음속 깊은 곳에 뿌리내려 우리는 구름에서도 새의 모습을 찾게 된다. 예술가의 그림은 물론이고 환아들이 그린 구름에서도 새의 형상이 나타난다.

여기, 상점(Laten)에서 더 많은 탄약을 구입하기 위해 용감하게 길을 가고 있는 페터의 친구 아메리칸 원주민이 있다. 그는 오른쪽에서 걸어왔는데, 왼쪽에서 휩쓸고 온 파란 구름새(불길한, 알려지지 않는)가 화면 대부분을 덮고 있다. 땅에 붙어 있지 않은 '영혼의 집' 굴뚝에서 뻗어 나온 지그재그 선이 페터의 용감한 친구 위로 뻗어 있다. 우리는 페터의 짧은 사례 기록을 통해, 그가 위독한 상태로 NC에 입원했고 병의 차도를 위한 항암화학요법과 재발 방지를 위한 방사선 치료를 함께 받은 것을 알게 되었다. 그림에 나타난 강력한 구름새는 페터가 더 이상 아프지 않은 삶을 살 수 있도록 몇 달의 시간을 가져다준 것이 아닐까? 그러나 우리는 그가 마지막으로 그린 평화의 새(그림 15)를 기억하였고, 결국 소년은 몇 달 후에 사망했다(3장 소아암 환아 부모와 첫 면담, 8장 검정 참조).

그림 137 구름새. 페터.

우리가 이 그림을 연구하고 있을 때쯤, 우리 팀원 중 한 명인 컬버 바커는 가게에서 우연히 세간티니(G. Segantini)의 그림 라 모테(La Morte, 죽음, 그림 138)의 삼부작 중 마지막 그림을 보았다 (Segantini Museum, St. Moritz). 41세의 화가는 이 그림을 완성하기 위해 구름 형성으로 잘 알려진 폰트레시나(Pongresina) 근처 샤프스베르크 산(Schafsberg)으로 갔다. 그의 '구름새'는 왼쪽을 향해 날아가 캔버스의 끝 너머에 닿아 있다. 검은 형체들은 빈 썰매와 말과 함께 집 밖에서 기다리고 있다. 세간티니는 이 그림을 완성하고 일주일 뒤 복막염으로 급작스레 사망했다(15장 수수께끼 같은 그림 자료의 해석, 22장 예후 참조).

그림 138 라 모테.G. 세간티니.

인간과 신 사이의 중재자인 새를 생각해 보니 자신의 친구들을 돌보던 '분수 새'가 떠올랐다. 튀르키예어 필사본(오스만, c. 1550~1575)에서, 새 한 마리가 가뭄이 극심하던 때 자신의 목에 물을 저장해 크고 작은 새들에게 먹이는 것을 발견했다(그림 139). 여기서 우리는 펠리컨을 떠올리게 된다. 전설에 따르면 펠리컨은 절박한 시기에 자신의 피를 새끼에게 먹이로 주는 모성이 강한 새다. 1977년 스위스는 우표를 발행할 때 새끼에게 먹이를 주는 새를 모티브로 차용했다. 이렇듯, 이 상징은 사람들을 감동시켰고 새는 인간의 상상력을 사로잡았다. 우리는 우표를 만든 이가 왜 이 주제를 선택했을까 자문했다(그림 140).

그림 139 분수 새. 오스만 제국의 사본.

그림 140 스위스의 우표.

더 나아가 아시시의 성 프란치스코(St. Francis of Assisi)가 떠올랐다(그림 142). 우리는 이 성인이 사람들에게 설교했다는 것을 잘 안다. 그러나 그는 새들에게도 설교했다. 왜일까? 새들 자신이 하느님의 사자며 영혼의 운반자임을 깨닫게 하려고 한 것일까? 전설에 따르면 새들은 성 프란치스코의 설교를 듣고 십자가 모양으로 일어나 나침반의 네 방향으로 날며 하느님의 영광을 노래했다.

그림 142 아시시의 성 프란치스코.

　1181년 아시시에서 태어난 성 프란치스코는 부유한 상인의 아들이었다. 질병과 내전이 그에게 영향을 주기 전까지 그는 사치스럽고 방탕한 삶을 살았다. 그러던 어느 날, 그는 산 도미아노 (San Domiano) 교회에서 "프란치스코, 무너진 내 집을 수리하시오."라는 그리스도의 음성을 들었다. 그는 그 부름에 따라 자신의 손으로 산 도미아노 교회를 재건하기 시작했다.

　성 프란치스코는 사제 서품을 받지 않았지만, 1217년에 성 프란치스코 수도회를 창설했다. 이후 이 수도회는 가난, 겸손과 복음적 자유를 바탕으로 항상 모범을 보여 왔다. 엄청난 영적 통찰력과 모든 피조물에 대한 불타는 사랑을 가진 성 프란치스코는 모두를 자신의 형제자매라고 느꼈으며, 해, 바람, 불, 달, 별, 물과 땅, 심지어 죽음까지 환영했다. 성 프란치스코는 새들에게 설교했다는 것으로 더 널리 알려졌는데, 그는 새들을 매우 특별하게 여겼다.

　인간의 마음속에 성 프란치스코를 간직하게 만드는 것이 무엇인지 궁금하다. 어떻게 그의 '형상'이 우리 안에 그토록 살아 숨 쉬고 있는 걸까? 그의 탄생 800주년은 최근 전 세계적인 기념이 되었으며, 칠레에서는 그를 기리는 우표가 발행되었다(그림 143).

그림 143 칠레의 우표.

나 또한 취리히 대학 청소년 정신과 외래 진료부에서 근무하는 정신과 의사며 분석가인 동료 헤르츠(A. Herz) 박사와 사적인 경험을 했다. 어느 날, 취리히 연구소에서 헤르츠 박사와 함께 환자들의 그림을 연구하던 중, 그녀는 당시 작업 중이던 성 프란치스코의 자수를 나에게 보여 주고 싶어 했고, 나를 집으로 초대했다. 이 자수는 성 프란치스코가 새들에게 먹이를 주는 장면을 담고 있다(그림 144). 고된 하루를 보낸 뒤 집에 돌아와서 틈틈이 자수를 하다 보니 완성까지는 몇 주가 걸렸다. 이 작업은 그녀에게 있어 성 프란치스코의 회복력과 연결을 의미했다. 나는 그녀가 어떻게 성 프란치스코를 알게 되었는지 물었다. 그녀는 7세의 어린 나이에 그의 이야기를 처음으로 들었고, 그것이 그녀의 미래의 삶과 직업에 큰 영향을 미쳤다고 말했다. "모든 자연물에 대한 경외심, 모든 피조물에 대한 겸손과 헌신을 성 프란치스코에게 영감을 준 하느님의 위대한 사랑의 표현이라 느꼈고, 그것이 내가 이 자수 장식을 만들게 된 이유입니다."라고 대답했다.

이제 우리의 질문으로 다시 돌아가 보자. 어떻게 성 프란치스코의 형상이 우리의 정신과 마음에 깊은 뿌리를 내렸을까? 그것은 이타심, 세속적 물질주의로부터의 자유, 궁핍한 자들에 대한 헌신, 모든 생명체에 대한 사랑, 소홀히 여겼던 우리 자신의 가치에 문을 두드리는 것일까? 그가 우리 삶에서 부족한 것과 우리가 간절히 원하는 것을 채워 주는 것일까? 새들에 대한 그의

그림 144 새들에게 먹이를 주는 성 프란치스코. 수공예 자수 벽걸이 양탄자.

설교는 우리 안에 뿌리 깊게 자리한, 반쯤 잊힌 꿈을 일깨울 수 있다. 먹이를 주고, 보호하고, 피난처를 제공하고 보살피고자 하는 영혼의 관심과 사랑을 가진 하느님에 대한 믿음이다. 오랜 생각 끝에 나에게 떠오른 것은 "성 프란치스코는 하느님의 음성을 듣고 따랐지만 우리는 '아마 들었음에도 불구하고' 따르지 않는다."라는 것이다.

태양

인간 및 모든 생물의 위대한 계시자며 길잡이인 태양을 주제로 한 연구만으로도 아마 책 한 권을 쓸 수 있을 것이다. 그러므로 이 절 안에서 태양은, 다양한 연령과 성별, 국적 등 여러 질병으로 고통받는 아동들의 **자발적 그림**으로 제한했다. 우리는 환자 나이, 생애, 삶의 중요한 사건과 관련한 '태양과 태양 광선'에 집중하고, '진단 및 예후'를 전달하는 데 집중한다(13장 신체적 측면을 고려하는 방법 참조).

이제 우리는 시간을 초월한, 초인격적으로 의인화된 태양과 마주할 것이다. 아동에게 태양은 친구 또는 적대적인 사람이다. 태양은 자비롭게 웃을 수 있고, 화낼 수 있고, 파괴할 수 있고, 치유할 수 있고, 울 수 있다. 죽어 가는 아동이 '태양이 없다'(그림 101)고 말하는 것처럼 태양은 고통스러운 그리움일 수도 있다. 킴은 의인화된 태양과 원본 그림을 보고 그린 태양(이 그림은 이전에 한번 보았다)과의 차이점을 설명했다. 태양은 그 자체로 물질을 녹일 수 있다. 또한 눈사람을 녹이는 것처럼 멀리서도 힘을 발휘한다. 태양 광선은 멀리서부터 우리를 신과 만나게 해 주는 안내자가 되기도 한다.

태양 모티브에 관심을 갖게 되면서, 나는 곧 태양의 위치, 색상, 크기, 광선의 수 등의 특징들이 환자들의 신체적 및 심리적 상태와 전반적인 생활 상황에 따라 어떻게 다르게 그려지는지 알게 됐다. 게다가 나는 태양이 가진 하나의 중요한 측면에 집중했는데, 몇 가지 다른 중요한 특징도 같은 그림에 표현되어 있음을 인식하였다.

나이와 수명

우르스의 생명을 구한 두 번의 수혈 뒤, 아동은 자신의 나이와 같은 8개의 빨간 꽃잎이 있는 '꽃나무'와 다정한 얼굴을 한 황금색 노란 태양이 빛나는 그림(그림 6)을 그렸다(1장 참조). 그는 치료를 받은 후 건강을 회복했다.

그림 6 꽃에 빨간 물 뿌리기. 우르스. 남아. 골수성 백혈병. KiSpi.

서쪽에 위치한 커다란 황금색 태양은 부분적으로 보여진다(그림 17). 그 태양은 파란 수평선 아래 깊은 곳에서 눈을 감고 있으며 8개의 황금색 광선을 뿜어낸다. 이미 5장 '주변 환경과 그림 비교하기'에서 보았듯, 바구니에 정렬된 사과를 자세히 설명하는 그림을 통해 리스베스가 8세에 사망했음을 알고 있다.

그림 17 5월의 사과 수확. 리스베스.

　다음 그림은 우리가 방금 보고 이야기한 5월의 사과 수확을 그린 리스베스의 마지막 작품이다(그림 28). 서쪽(왼쪽 상단 모서리, −/+ 사분면)에 위치한 부분적으로 보이는 빨간 태양에는 검정의 특징이 있고 3개의 빨간 광선만 있다. 그 광선 중 하나는 춤추는 어릿광대가 쓰고 있는 모자의 둥근 파란 장식용 수술과 거의 닿아 있다. 모자에 그려진 3개의 세포 모양의 줄무늬와 바닥에 있는 3개의 돌, 반복적으로 나타나는 숫자 3은 리스베스의 삶이 곧 3이란 단위의 시간 안에 끝날 수도 있다는 것을 말해 준다. 결국 소녀는 3개월 뒤 숨을 거두었다(9장 반복되는 숫자와 시간 단위, 22장 예후 참조).

그림 28 춤추는 어릿광대. 리스베스.

그림 14 자비의 일격. 페터.

페터의 마지막 그림 중에서, 왼쪽 상단 모서리에 위치한 설명하기 힘든 얼굴을 가진 황금색 태양이 있다. 태양이 뿜어내는 16개 광선이 종양−빨강으로 그려진 그의 영혼의 집에 닿아 있다 (−/+). 이 그림은 페터의 남은 시간이 16주라는 것을 알려 주었고 그는 결국 16주 후에 사망했다(9장 반복되는 숫자와 시간 단위, 22장 예후 참조).

친구인 태양

텔레비전 테두리에는 페터가 아끼던 장난감 말이 세워져 있다. 장난감 말이 망가졌을 때 베버가 본드로 접착시켜 수리했다. 같은 날 아침 페터가 방사선 치료를 받았던 바로 그 자리에 '방사선 태양'이 장난감 말을 비추고 있다. 이는 그에게 눈에 띄는 '치유'의 시간이 되었다.

그림 145 장난감 말. 페터.

요세프(Joseph)의 그림은 우리에게 굉장히 현실적으로 다가온다. 4개의 황금색 태양 모양의 젖꼭지를 가진 젖소는 고대 위대한 어머니인 원형적 상징과 현재 아동의 상태를 연결한다. 요세프는 정신적 발달 상태가 4세에 머무는 소년이었다.

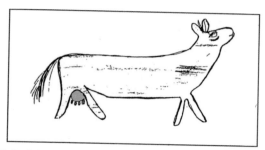

그림 146 황금색 젖을 가진 갈색 암소. 요세프, 남아, 13세 6개월, 정신발달장애 소년.

적인 태양

부분적으로 보여지는 수평선[왼쪽 상단 모서리 (−/+) 사분면] 아래에 위치한 태양은 11개의 광선을 뿜는다. 그것은 연한 노랑이며 모브색의 특징을 가지고 있다. 태양 광선이 길어진다면 전체 그림을 덮을 것으로 예상되며, 이것은 그의 병이 전이되고 확산되면서 전신에 영향을 줄 것임을 암시한다. 페터가 "해가 지면 나머지 알을 훔칠 거예요."라고 말했다. 3일 후 페터는 왼쪽 상단 모서리에 태양을 다시 한번 그렸고, 이번에는 "태양이 녹고 있어요."라고 말했다(여기에서 재현되지 않음). 우리는 그가 11세의 나이에 사망한 것을 기억한다.

그림 147 삼켜 버리는 태양과 딱따구리. 페터.

변화하는 태양의 의미

우리는 브레니가 베버의 벽화 '노아의 방주'를 보고 그렸으며, 집과 서쪽에 있는 황금색 태양과 7개의 광선을 추가한 것을 기억한다. 여기서 우리는 8세 아동이 왜 7개의 태양 광선을 그렸는지 궁금했다. 그녀의 사례 기록에서 7세 이후 성장을 멈춘 것을 발견했다. 태양은 7개의 광선으로 7세 때 그녀의 성장을 돕지 않은 것일까? 우리는 브레니의 집 문턱에 화분이 있는 8개의 창문과 셔터가 굳게 닫혀 있는 9번째 중앙 창문에 주목한다. 세포 내 두개인두종 수술 후, 그녀는 다시 성장했고 퇴원 시 이미 5cm나 자랐다. 우리는 브레니의 9번째 창문이 곧 열릴 것이라고 믿었고, 회복을 보였다는 것을 사례 기록을 통해 알게 되었다. 브레니의 그 소식에 너무나 기뻤다.

그림 97 집과 앵무새. 브레니. 여아. 8세. NC.

의인화된 태양

신체적 증상이 태양의 모티브로 반영될 수 있다는 놀라운 관찰과는 별개로, 우리는 여기서 아동의 신체와 정신의 상태를 표현하는 '의인화된 태양'을 본다. 지금까지 우리는 친근하고, 의심스럽고, 화나고, 파괴적이며, 치유되는 다양한 분위기의 태양을 만났다. 다음 두 그림에 태양은 아동의 신체 그리고 정신 상태와 거의 동일하다. 다시 한번, 우리는 다른 모든 것은 잠시 뒤로하고 하나의 주제에만 집중한다.

우리는 주터(Suter)의 첫 번째 그림에서 많은 광선을 내뿜는 황금색 태양을 볼 수 있다. 중앙에서 벗어나 있는 태양은 유감스러운 표정으로 파란 눈물을 흘린다(그림 148). 중앙이 하얀 세포 모양의 눈물은 크기가 각각 다르다. 우리는 이것이 백혈병에 걸린 환아의 그림이라는 것을 기억한다.

주터의 다음 그림(그림 149)에서 태양은 이제 서쪽에 있는데, 환아는 "그 태양에 눈이 멀었어요."라고 말했다. 히치히 교수는 이 그림과 아동의 말을 바탕으로 주터의 눈을 검사했다. 검사 당시 눈에는 아무 이상이 보이지 않았으나, 얼마 지나지 않아 백혈병이 눈에 전이되었고, 이로 인해 아동은 시력을 잃었다. 여기서 우리는 곤경에 처한 아동이 자신의 운명을 예상하고 있었다고 말할 수 있을까?

그림 148 파란 눈물을 흘리는 태양.
주터, 남아, 백혈병, KiSpi.

그림 149 눈이 먼 태양.
주터, 남아, 백혈병, KiSpi.

이 그림은 이전 장 '원본 그림과 환자가 따라 그린 사본의 차이점'에서 이미 이야기한 부분을 바탕으로 설명된다. 우리는 잡지 삽화의 도널드 덕이 백혈병에 걸려 죽음에 직면한 킴의 그림에서 재구성된다는 것을 기억한다(그림 101). 킴의 어머니 말에 의하면 아동이 사망하기 2개월 전 자신의 그림에 태양을 그려 넣는 것을 깜빡했다고 한다. 태양의 부재는 이미 킴의 마지막을 알고 있었을까?

그림 101 도날드 덕과 해적의 깃발. 킴.

초인격적 태양

다음 그림에서 태양은 시간을 초월한 초인격적인 힘으로 인식된다(그림 62). 동쪽에 뜬 태양의 빛이 집의 지붕과 나무의 수관에 그림자를 짙게 드리운다. 소녀는 돌바닥에 떨어져 일시적으로 의식을 잃었다(21장 치유된 환아들 참조). 다행히 이틀 후 그녀는 회복되었고 3주간 병원 침대에서 휴식을 취한 후 퇴원할 수 있었다. 여기에서 우리는 태양을 환자의 상태와는 상관없이 빛나는 초인격적 힘으로 볼 수 있다. 얼마나 오랜만에 느끼는 감정인가!『마태복음』의 말이 떠오른다. '선과 악을 가리지 않고 해를 뜨게 하시는 너희의 하느님'(『마태복음』 5장 45절).

그림 62 나무 그늘로 덮인 집. 케티.

케티의 그림에서는 태양을 초인격적인 힘으로 보았다. 아드리안의 그림에서는 태양의 초인격적인 힘이 그의 깊은 종교적 신념과 거의 하나가 되는 것을 알 수 있다(그림 150).

아드리안의 그린 태양 광선 7개는 신이 발산하는 것처럼 보인다. 그러나 우리는 이 광선들이 그의 격리된 커튼에 완전하게 도달하지 않는다는 것을 안다. 커튼 위에는 '치유를 받았다'고 쓰여 있다. 이 그림에서 생명을 주는 태양은 영원한 빛과 융합된다. 결국 그는 7일 후에 사망했다. 이는 아드리안이 처음 KiSpi에 왔을 때 표현했던 '하느님과 함께하고 싶은 깊은 소망'을 이루기 위함으로 보인다(22장 예후, 19장 자발적 그림: 의사, 봉사자, 환자와 가족의 다리 역할 참조).

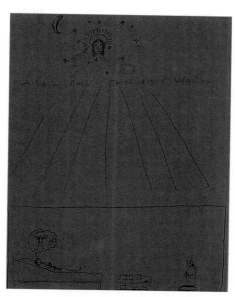

그림 150 아드리안의 마지막 그림. 아드리안.

여기에서 고대 이집트의 카이로 비석이 생각난다. 태양이 내뿜은 수많은 광선은 손에 닿으며 끝이 난다. 아크나톤(Akhnaton, 이집트 제18왕조의 제10대 왕, 재위 BC 1379~BC 1362 − 옮긴이) 왕과 네페르티티(Nefertete) 여왕은 선물을 제공하고 생명의 징표를 받는다. 셀 수 없는 태양 광선은 우리 중 누구라도 잡을 수 있게 손에 닿으면서 끝이 났다. 컬버 바커는 "우리는 그것을 깨닫기만 하면 된다."라고 했다[텔 엘 아마르나(Tell-el-Amarna), ca. 1400 B.C., 카이로의 비석에서](그림 151).

그림 151 기원전 1400년경 이집트의 비석, 카이로.

야곱의 꿈에 나오는 사다리를 주제로 한 그림도 떠오른다. 인간과 신의 관계는 천사의 형상으로 나타난다. 천사는 전달자가 되어 하느님의 선물을 인간에게 가져다주고 인간의 선물을 그에게 전달한다.

환아의 그림에서 보이는 태양에 관한 모티브를 마무리하며, 우리는 내면으로 시선을 돌려 퀴스나흐트로 간다. 이 고요하고 아름다운 마을은 과거에 융이 머무른 곳인데, 많은 사람이 지혜와 깨달음을 얻기 위해 이곳에 왔다. 우리의 위대한 친구이자 스승인 융의 집을 방문하기 전, 아름다운 황금색 간판(그림 152)이 걸린 여관에 잠시 앉아 우리의 내면을 들여다보는 생각에 잠길 수도 있을 것이다. 이 책은 융이 나의 삶에 깊은 영향을 미쳤다는 증거다. 또한 그의 통찰력은 내 앞에 펼쳐진 길을 밝혀 주었다.

그림 152 **태양을 향하여**. 스위스 퀴스나흐트에 있는 여관 간판.

타우 문자

우리는 종종 사람, 작가, 작곡가 또는 음식의 이름을 한번이라도 듣게 되면, 그 이름이 같은 날이나 그다음 주 혹은 몇 달 동안 반복적으로 떠오르는 경험을 한 적이 있을 것이다. 무언가가 우리 마음에 깊이 각인되면, 우리는 놀라울 정도로 자주 듣게 된다. 그것은 타우 문자와 함께 나에게 일어났다.

뇌종양이 의심되는 어린 소년의 **자발적 그림**을 연구했을 때 그 의미를 처음 알게 되었다. 히브리어로 tov(토브)는 알파벳의 마지막 문자이자 하느님의 소유라는 표시다.

하루 동안 방사선 치료를 받은 후, 로베르토는 지붕처럼 보이는 윤곽선과 굴뚝 왼쪽 기둥에서 연기가 나는 그림을 그렸다. 이 외에 다른 것은 그리지 않았다(그림 56). 방사선 치료를 받은 지 열흘이 지난 후, 지붕의 왼쪽(종양의 자리)에 빨간 표시가 있는 집이 재구성되었다. 같은 왼쪽 상단에서 시작되는 밝은 갈색 길에는 자동차 1대와 가느다란 나무가 흔들리고 이 길은 집 근처에서 멈추었다. 연못에는 2마리의 물고기가 왼쪽을 바라보고 있으며 (왜일까?) 소년의 설명에 의하면 팔을 쭉 뻗은 남자가 집에서부터 왼쪽으로 성큼성큼 걸어온다고 한다. 문에는 T(이름의 성 이니셜)가 표시되어 있다. 거의 보이지 않는 희미한 수평선이 그림 전체에 가로질러 그려진다. 우리는 가느다란 나무의 들쭉날쭉한 가지를 발견했다. 오른쪽 상단 모서리에 있는 태양은 산발적인 광선을 보낸다. 이는 두 가지 모두 뇌전증 발작하는 환자가 경험하는 느낌을 묘사하는 것으로 이해될 수 있다. 우리는 나중에 로베르토의 사례 기록에서 그에게 뇌전증 발작이 있음을 확인할 수 있었다.

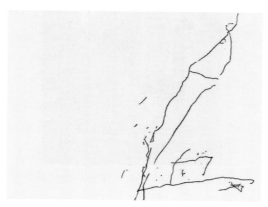

그림 56　남은 것은 한 줌의 연기. 로베르토, 남아, 7세, 악성 뇌종양(소뇌 vermis의 수모세포종) NC.

그림 57　타우 문자와 물고기 두 마리. 로베르토, 남아, 7세, 악성 뇌종양(소뇌 vermis의 수모세포종) NC.

이제 우리는 T라고 쓰여진 문을 본다. 우리는 이 T를 로베르토의 이름의 이니셜로 봐도 될까? 하지만 왜 문에 쓰여져 있어야 할까? 이것은 하느님의 인장(seal)을 떠오르게 했다. 왼쪽을 향한 2마리의 물고기가 있는 연못, 무의식을 품은 살아 있는 생물은 숫자 2라는 시간과 하느님의 보호를 나타내는 것처럼 보였다. 로베르토는 악성 종양으로 2개월 후 사망했다.

이 그림을 알아가며 큰 충격을 받았고, 결국 친한 친구에게 이 그림에 대해 이야기했다. 얼마

후 그는 친척들이 그에게 보낸 엽서를 나에게 전해 주었다(그림 153). 12세기 에나멜 십자가가 그려진 엽서인데, 그림의 한 부분에는 집 창문을 가로지르는 긴 대가 있고 거기에 타우 문자가 쓰여 있다(그림 154). 하룻밤 사이에 장자들이 모두 죽게 될 위기에서 그들을 구원한 이야기의 실례다. 그들을 보호하기 위해 그들의 문은 타우 문자로 표시되었다. 이는 '출애굽기' 12장에 쓰여져 있는데 그 내용은 다음과 같다. "그 피가 너에게 가고, 이 표시는 네가 있는 집에 대한 증표이니 내가 너를 지나쳐 너를 멸하지 아니하리라."

베버와 내가 이 그림에 대해 이야기를 나눈 후, 그도 다른 곳에서 타우라는 글자를 알아보았다. 예를 들자면, 병원을 방문하는 성직자의 드레스에 보이는 하얀 카라 부분과 같은 곳에서이다. 몇 년이 지난 후, 나는 삶의 중요한 순간에, 치유 또는 하느님의 소유와 관련된 또 다른 타우 또는 토브 문자를 발견했다.

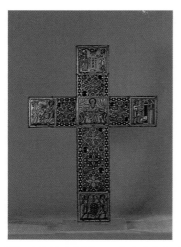

그림 153 타우 문자가 있는 12세기 에나멜 십자가.

그림 154 출입문 위의 타우 문자를 확대한 사진.

기독교에서는 재림십자가의 기원을 히브리어 타우 십자가로 거슬러 올라가며, 그것은 모세가 들어 올린 놋뱀에 얽힌 장대에 뿌리를 두고 있다. 이 행위는 하느님께서 내리신 형벌인 뱀의 재앙으로부터 이스라엘 백성들을 돕기 위해 행해진 일이었다. '민수기(모세 5경의 하나이며 구약성서의 네 번째 기록 – 옮긴이)'에 기록된 바에 따르면, '모세가 놋뱀을 만들어 장대 위에 다니 뱀에게 물린 자마다 놋뱀을 쳐다본즉 모두 살더라'(그림 155, Matthew Merian, 16세기 참조)라고 한다. 나무 기둥에 뱀이 있는 타우라는 상징은 치유의 신인 아스클레피오스의 뱀과 유사점을 불러일으켜 의사들에게 상기시키는 역할을 한다.

그림 155 모세의 타우 문자가 있는 메리안의 판화 작품.

10년 후, 골수이식에 관해 도움이 되고자 나는 KiSpi의 여러 환자가 그린 연작 그림을 연구했다. 그때 '타우' 문자 표시를 다시 한번 만났다. 문자 표시는 백혈병으로 위독한 환아가 그린 배의 돛대에 표현되어 있었다. 당시 백혈병에 사용할 수 있는 모든 치료법을 시도했지만 소년의 회복에 도움이 되지 않았고 결국 골수이식에 대한 결정을 내려야 했다.

나의 질문은 '소년의 그림에서 나타나는 것과 그것에 대한 우리의 이해가 이 중요한 골수이식 여부를 결정하는 데 도움이 될 수 있을까?'였다. 다음 그림들에는 어떤 예측 가능한 표시가 포함되어 있을까? 타우 문자 표시의 존재는 의심할 여지 없이 나를 긴장하게 하고 격려했다. 내가 반복적으로 중요하게 강조하는 점은, 잠정적인 결론을 내기 전에 적어도 서너 개의 징후가 필요하다는 것이다. 그러나 여기서 우리는 소년이 가장 좋아하는 주제 중 하나인 배에 집중하여 두 개의 그림만 고려한다. 전체 이야기는 21장 '치유된 환아들'에서 자세히 설명한다.

첫 번째 그림(그림 156)에서 놀라운 점은 갈색 배 위에 달린 검은 돛대에 적힌 타우 문자가 한눈에 알아볼 수 있게 쓰여 있다는 것이다. 골수이식 전 방사선 치료(1000의 방사능 노출량)에서 이 상징을 볼 수 있을까? 심리적인 측면으로 볼 때, 그림에서 나타나는 상징들이 소년은 신의 소유라는 표식인 타우 문자 표시로 이해해야 할까? 물론 어두운 측면이지만 말이다. 나에게는 이것이 결정적인 표시였다. 나는 타우 문자 표시가 적힌 검은 돛대에도 불구하고 수술을 감행해야 한다고 느꼈다. 검은 타우 문자 표시의 상징도 결국 신의 것이기 때문이다.

두 번째 그림(그림 108)은 위험한 이식 수술 직후에 그려진 것으로, 적갈색 타우 문자 돛대가 있는 황금색 배가 그려져 있다. 돛대 중 하나에는 멀리 볼 수 있는 망대가 있고, 그 위에는 황금색 태양이 떠 있으며, 심지어 작은 무지개도 보인다! 신은 위험에 처한 그의 자녀 중 이 한 명에게 평화를 주었을까? 우리는 그랬기를 간절히 바란다.

그림 156 검은 타우 문자가 있는 돛대가 있는 갈색 배.
마르셀, 남아, 6세, 급성 림프모구 백혈병, KiSpi.

그림 108 타우 문자 돛대가 있는 황금색 배와 무지개.
마르셀, 남아, 6세, 급성 림프모구 백혈병, KiSpi.

제13장
신체적 측면을 고려하는 방법

지금까지 우리는 그림이 지닌 심리적인 의미를 집중적으로 다루었다. 이제는 **자발적 그림이** 총체적 인간을 시각적으로 표현한다는 이해를 바탕으로 신체 측면의 문제점을 다루어 보려 한다. 먼저 히치히 교수의 논문 「소아 백혈병」을 소개하려 한다. 그의 또 다른 논문 「소아암 환아 부모와 첫 면담」은 3장에서 찾아볼 수 있다. 이 장에서는 우울증, 자살 충동, 상실감 또는 신체적 측면에서 팔의 마비나 한쪽 눈이 실명되어 심리적 고통을 받는 것과 같은 이미 알려져 있고 의식적인 증상을 반영하는 그림을 다루지는 않는다.

뒤러(Dürer)가 자신의 병을 진단받기 위해 주치의에게 보낸 유명한 그림(그림 160)은 예술에서의 유사성을 떠오르게 한다. 여기서 우리는 덜 의식적이고 더 깊은 성격의 층위(層位)에서 자발적으로 나타나 회화적으로 반영되는 현상에 집중해야 한다. 이는 종종 환자나 때로는 의사조차도 알지 못하는, 아직 인식되지 않은 '침묵하는' 질병을 드러내기도 한다.

그림 160 진단을 위해 주치의에게 보낸 드로잉, A. 뒤러

소아 백혈병

취리히 대학병원 소아 병동 히치히 교수

정의

백혈병은 '골수암'으로 알려져 있다. 골수는 마치 모든 혈액 세포를 생산하는 공장과도 같아서, 적혈구의 경우 100일마다, 백혈구의 경우 10일마다 놀랍도록 빠른 속도로 교체되어야 한다. 이러한 급속한 증식 과정에서 실수가 발생하는 경우는 드물지만, 매일 수백만 개의 세포 돌연변이가 발생한다. 일반적으로 이러한 비정상적인 세포는 활력이 떨어지므로 즉시 제거된다. 그러나 돌연변이 세포가 다른 정상 혈액 세포보다 생존 가능성이 더 높은 경우, 이 '암'세포 또는 백혈병 세포는 증식하기 시작해 점차 과잉 성장하며 정상 세포 요소를 대체하게 된다. 이 세포는 골수 공간 전체를 차지하고 주변 조직과 장기에 침범할 수 있다.

증세와 징후

서서히 진행되는 과잉 성장의 결과로 두 가지 특징적인 임상적 징후가 뒤따른다.

1. 정상적인 혈액 세포가 대체되면 적혈구 감소로 인한 빈혈, 백혈구 부족으로 인한 감염(백혈구 감소증 및 호중구 감소증), 혈소판 감소로 인한 출혈(혈소판 감소증)과 같은 첫 번째 임상적 증세가 나타난다. 서서히 나타나는 징후를 발견하고 그 중요성을 인식하기까지는 보통 몇 주가 걸린다.
2. 두 번째 증세는 림프절과 간 및 비장의 비대증, 얼굴과 신장 및 기타 장기의 부종, 뼈와 관절의 통증('류마티스 통증'으로 잘못 해석되기도 함) 및 중추 신경계 장애와 같이 수많은 장기로 뻗어 나가는 백혈병 세포의 증식으로 인해 발생한다.

이러한 현상은 백혈병이 신체에 악성 세포가 널리 퍼진 후, 즉 병이 이미 진행된 늦은 단계에서 진단되는 이유를 설명한다. 백혈병의 임상적 특징은 주로 초기 변이된 백혈병 세포의 특성에 따라 달라진다.

급성 백혈병의 자연적 경과

아동의 경우 백혈병은 빠르게 진행되는 급성 질환으로 나타난다. 이것은 아마도 혈액 세포를 포함한 아동기 모든 조직이 가진 높은 성장 잠재력과 관련이 있을 것이다. 이러한 이유로 아동이 의사에게 진찰만 받게 된다면 큰 어려움이나 의심 없이 짧은 시간 내에 진단이 내려질 수 있다. 진단을 위한 결정적인 증거는 간단한 바늘천자(바늘천자검사: 바늘로 피부를 찔러 상처를 내면, 그 부위에 정상보다 과도한 염증 반응이 나타나는 것을 관찰하는 검사 – 옮긴이)를 통해 몇 초 만에 수행되는 골수 검사에서 나온다. 결과는 90% 이상의 사례에서 명확하게 보여 주고 있다. 따라서 숙련된 혈액 전문의는 일반적으로 아동을 처음 본 후 단지 몇 시간 이내에 진단을 내린다. 급성 백혈병을 바로 치료하지 않으면 출혈과 빈혈 그리고 감염으로 인해 몇 주만에 치명적일 수 있기 때문이다.

급성 백혈병 치료

약 60년 전, 빈혈은 수혈을 통해 어느 정도 개선되기 시작했고, 이후에는 항생제를 사용하여 단기간 이 병의 진행에 영향을 미치는 최초의 성공적인 시도가 이루어졌다. 결정적인 전환점은 세포 분열에 직접적인 영향을 미치는 세포 증식 억제제였다(Sidney & Farber, 1974).

지난 45년 동안 백혈병에 대한 분석은 급격히 변화했다. 특히 가장 악성인 급성 백혈병의 경우는 세포 분열이 더 빈번하게 일어난다. 특히 이 단계는 약물에 매우 민감하기 때문에 약물의 영향을 가장 잘 받을 수 있다고 말할 수 있다. 이는 병원에 입원한 중증 환아의 경우 몇 주 내에 눈에 띄는 호전을 보여 겉보기에 건강한 상태로 퇴원하게 된다는 사실을 설명한다. 의학 용어로는 질병의 완화에 해당된다.

그러나 일시적으로 억제된 질병의 재발은 모든 암의 특징이기 때문에, 우리는 완치라고 하지 않고 완화라고 부르는 것이다. 안타깝게도 악성 세포는 시간이 갈수록 내성을 가지게 된다. 이 경우 다시 재발한다. 그러나 연구 초기에 기적적인 완화를 경험해 깊은 인상을 받았던 많은 의사는 재발을 예방할 수 있는 새로운 방법을 찾기 시작했다. 그들은 수십 년 동안 연구를 진행하며 질병이 완화된 상태를 오랫동안 유지할 수 있는 여러 가지 약물의 조합과 순서를 개발했다.

1950년대 초반부터 치료를 중단한 후에도 병이 재발되지 않는 환자들이 보고되었다. 일부에서는 조심스럽게 완치에 대해 이야기하기도 했다. 그 이후 수천 건의 관찰을 통해 특정 형태의 소아 백혈병은 완치될 가능성이 매우 높다는 사실이 확인되었다. 백혈병 치료에 안정적으로 반응하지 않는 다른 하위 그룹의 경우에는, 향후 안전하게 치료할 수 있는 새로운 방법을 찾는 것이 우리의 임무임이 분명하다.

급성 백혈병은 성인에게도 발생하지만 비교적 드물다. 환아에 대한 경험은 성인 치료에도 매우 유용할 것으로 판명되었지만 아직 모든 어려움이 해결되지는 않고 있다.

사례 보고

1972년 3월에 첫 증세를 보이고 진단을 받은 우르스의 사례는 이러한 질병의 경과를 전형적으로 보여 주는 예이다. 당시 이 8세의 소년은 주사, 수액, 수혈, 천자법, 약물 복용의 집중 치료를 받아야 했다. 3주 만에 임상적 상태가 현저히 개선되고 혈구 수와 골수가 정상화되는 차도를 보였다. 완화된 증상을 강화하기 위해 추가로 치료를 했고, 우르스는 6개월 후에는 증상이 상당히 완화되었다. 아동은 병원에 약 3개월을 머물러야 했고, 이후의 모든 추가 검사와 치료를 외래에서 받았다. 그 후 몇 년 동안 3개월마다 정기적으로 병원을 방문하여 주치의의 외래진료를 받았다. 그는 처방대로 약물을 복용했고, 정해진 간격으로 주사를 맞았다. 때때로 수혈이 필요하거나 특정 약물을 견디지 못해 치료법을 변경해야 하는 경우도 있었다. 진단을 받은 지 5년 후 모든 치료는 중단되었지만, 그 후 몇 달 동안은 재발을 놓치지 않기 위해 검진이 강화되었다. 5년 후에도 질병의 징후가 없이 유지되었기에 우리는 우르스가 완전히 치유되었다고 확신했다.

질병이 시작된 지 17년이 지났고 치료가 끝난 지 12년이 지나는 동안 우르스는 정상적으로 학교에 다녔다. 병원 방문이나 약물 부작용으로 인해 가끔 결석해야 했지만, 그 외에 별다른 어려움은 없었다. 그의 신체적 발달은 다소 느렸지만, 현재 그는 건장한 성년으로 자랐다. 우르스는 치료로 인한 부담으로 자신감이 떨어질까 하는 우려와는 달리 잘 단련되고 반듯한 청년의 모습을 보였다. 의무 교육을 마친 우르스는 철공소에서 견습 과정을 마쳤고, 고용주에게도 인정을 받았다. 1988년 6월, 그는 결혼을 했고, 평범하고 행복한 삶을 살고 있다.

오늘날에는 비슷한 환자라면 최근의 경험을 바탕으로 초기에 더 집중적으로 치료하고 추가로 약물을 투여하지만, 치료 기간을 1년 이내로 단축할 것이다.

같은 시기에 치료를 받았던 두 번째 환자 마르셀도 처음에는 경과가 좋지 않은 사례로 설명되었다. 3세 때 병에 걸렸고, 처음에는 우르스처럼 병원에서 치료를 받았고, 즉시 차도를 보였다. 그는 집에서 유사한 치료를 이어 나가며 담당 주치의와 전문 외래 클리닉에서 검사를 받았다. 안타깝게도 1년 후 재발을 보이는 첫 징후가 나타났고, 이듬해에 재발했다. 따라서 우리는 훨씬 더 집중적인 치료를 시작해야만 했다. 1975년 11월에 골수이식을 실시하기로 부모와 의논했고, 환자의 누나 중 한 명이 이상적인 기증자였기에 조건이 유리했다. 마르셀의 골수 전체는 매우 집중적인 약물 치료와 전신 방사선 치료로 파괴되었지만, 누나의 골수에서 채취한 세포로 즉시 다시 채워졌다.

수술은 성공적이었다. 몇 주 간의 심각한 투병 끝에 마르셀은 1976년 1월에 완치 판정을 받고 퇴원할 수 있었다. 그 이후로 그는 더 이상 약을 복용할 필요가 없었고, 정기 검진 결과 골수 및 혈구 수치가 정상으로 나타났다. 전반적인 건강 상태는 양호했지만, 집중 치료의 후유증으로 성장이 더뎌지고 눈 합병증으로 백내장 수술을 받아야 했다.

현재까지 알려진 지식에 따르면, 급성 백혈병을 앓는 아동은 초기 단계에서 추가 약물을 투여받으며, 대부분 중추신경계 방사선 치료를 피하고 보다 집중적인 치료를 받는다. 입원 기간은 3~5주로 단축될 수 있으며, 예외적인 경우에는 입원이 전혀 필요하지 않을 수도 있다. 동시에 총 치료 기간은 2년 반으로 단축된다. 가장 흔한 유형인 급성 림프모구 백혈병(ALL)의 초기 완화율은 98% 이상이며, 양호한 경우 치료율은 80%를 넘을 수 있다.

오늘날 사용되는 더 완만한 방법으로 원하지 않는 부작용을 크게 피할 수 있지만, 특정 후유증, 특히 영구적인 불임은 종종 피할 수 없다. 이러한 이유로 1차 치료를 통해 백혈병 퇴행세포를 최대한 근본적으로 감소시켜 신체 자체의 방어 메커니즘이 남아 있는 소수의 악성 요소를 완전히 극복할 수 있도록 하여, 나중에 골수이식과 같은 극적인 개입을 피할 수 있는 연구가 계속되고 있다.

지난 40년 동안 급성 백혈병의 중요한 측면은 급격하게 변화했다. 이는 더 이상 불치병이 아니다. 복잡하지만 엄격한 치료 방식을 따른다면 완치 가능성이 충분히 있는 질병이다. 모든 기술과 지식을 갖춘 뛰어난 종양 전문의가 환아를 안내해야 하며, 가족과 함께 아픈 아동에 대해 치료의 모든 고통과 부담을 자신 있게 협력하고 용감하게 지원해야 한다. 이렇게 크게 변화된 견해는 의사가 환아에 대한 접근 방식과 질병에 대해 제공하는 설명도 변화시켰다.

수잔 바흐의 연구 작업과의 관계

독일의 병리학자 루돌프 피르호(Rudolf Virchow)는 백혈병을 '백혈구의 병'이라고 불렀다. 수잔 바흐가 위험하고 다소 획일적인 증상을 보이는 아동들에 대해 물었을 때, 우리는 이 질병을 알려 주었다. 그녀는 자신의 새로운 연구 프로젝트에 '백색 아동 프로젝트'라는 이름을 붙였다.

우리는 곧 비정상적으로 심각한 빈혈 증상을 보이는 아동들의 '피가 없는' 그림들에 깊은 인상을 받았다. 그들의 **자발적 그림** 덕분에 우리는 특히 첫 만남에서 말하기를 꺼려 하는 아동들과도 도움이 되는 대화를 시작할 수 있는 경우가 많이 있었다.

신체적 측면으로 보는 법

일반적으로 우리는 한 점의 그림에서 정신적인 의미를 찾았지만, 이제는 신체적 측면에도 동등한 관심을 갖고자 한다. 이를 통해 우리는 신체적으로 보는 방법이라는 핵심적인 질문에 도달하게 된다.

1947년, 영국의 가장 큰 정신병원 중 한 곳에서 열린 사례 회의에서 나는 뜻밖에도 만성 질환 환자의 그림에서 그녀의 정신적, 심리적 상태뿐만 아니라 신체적 상태도 반영되는 것을 처음 보게 되었다. 수년간 정신질환을 앓고 어떤 치료에도 반응하지 않는 28세 여성에 대한 전두엽 백질 절단 수술을 시행해야 하는지 여부를 토론하던 자리였다.

C는 정신분열증, 히스테리, 불안 신경증 등 다양한 진단을 받고, 8년째 정신병동에 입원했다. 당시 가능한 모든 치료 방법은 효과가 없었다. 나를 회의에 초대한 시릴 버니(Cyril Bernie) 박사를 제외한 의료진은 만장일치로 그 돌이킬 수 없는 수술에 찬성했다. 나는 버니 박사의 우려를 감지하고 C가 이전에 그림을 그린 적이 있는지 물어보았고, C의 그림 중에서 '발 없는 고양이'를 그린 작품을 발견했다.

이 고양이는 발이 없다. 왜 없는 걸까? C는 걸을 수 없는 걸까? 알고 보니 그녀는 떠날 수 없거나 떠나고 싶지 않은 것으로 밝혀졌다. 이 고양이는 목이 없다. 왜 없는 걸까? 그녀는 삼킬 수 없는 걸까? 그녀는 실제 삼킬 수 없어서 인공적으로 영양분을 섭취하고 있었다. 그 밖에 고양이의 얼굴이 눈에 들어왔다. 콧수염을 기른 한 남성의 얼굴인 것일까? 이것은 트라우마를 경험한, 심리적인 문제의 비유적 표현인 것일까? 나는 수술을 약 3주 뒤로 미루자고 제안했다. 이 기간 동안 C는 이 기관에서 정신분석 치료를 받게 되었다. 그녀가 어렸을 때 미혼인 이모와 그녀의 오빠인 삼촌에게 맡겨졌다는 사실이 밝혀졌다. 분석 세션에서 삼촌이 그녀의 상반신을 성적으로 폭행했다고 기억했다. 그 경험은 너무나 금지되고 위험하며 음탕한 것이었기 때문에, 그림에서 볼 수 있듯이 그녀는 그림에다가 그것을 검게 칠해야 했다. 색이 없는 고양이의 얼굴은 (일부러 그런 것일까?) 윤곽선으로만 그렸다. 알고 보니 삼촌과 많이 닮았다. 삼촌이 '죄를 지은' 행동 때

그림 40 발 없는 고양이. C. 여성, 28세, 정신분열증, 히스테리 또는 불안 신경증, 런던 세인트 버나드 병원.

문에 이모에 대해 생기는 죄책감은 그녀의 히스테리적 반응의 한 요인이었다.

8개월간의 심리치료 덕분에 그녀는 퇴원할 수 있을 만큼 건강해졌다. 수년에 걸친 검진 결과 재발 없이 꾸준한 호전을 보였다(8장 검정, 5장 9. 대상을 덧칠했거나 그림을 버린 경우, 17장 일반화와 오역 위험 참조).

수십 년 후, NC에서 많은 사랑을 받고 있는 임상 예술가이자 동료인 베버는 **자발적 그림**에서 신체적인 측면에 관한 매우 비슷한 인상적인 경험을 했다. 다음은 그가 직접 들려준 이야기다.

"문을 두드리는 소리가 들렸어요. 취리히 대학병원에서 오랫동안 일하던 기술자 H. B.가 들어오더라고요. 몇 년 전, H. B.는 병원에서 수리공으로 일하다가 그만두고 한 고등학교에서 관리인으로 일했어요. H. B.는 제 옆에 앉아서 어떻게 지내냐고 묻고 나서야 병원에서 수술을 받아야 해서 오게 되었다고 설명했습니다. 모든 일이 너무나 순식간에 일어났더라고요! 그는 깜빡깜빡하기 시작했다고 합니다. 처음에 그는 여러 번 늦잠자며 지각하는 일이 잦아졌다고 했습니다. 교장 선생님이 부탁한 일도 잊어버리곤 했다죠. 교장 선생님은 H. B.를 질책해야 했고, 이는 그에게 큰 상처가 되었어요. 교장 선생님은 그가 진료를 받도록 했고, 간단한 진찰을 마친 의사는 그를 신경과 전문의에게 의뢰했어요. 방사선 촬영 결과 뇌종양이라는 진단이 내려졌어요. H. B.는 즉시 수술을 받아야 했죠. 그날 오후, 저는 H. B.씨의 병실을 방문했고 그가 다음날이나 모레쯤 수술을 받을 것을 알고 있었어요. 그때 저는 종이와 색연필을 가져갔어요. 그에게 제가 환자들의 그림을 수집하고 있으니 그림을 그려 줄 수 있는지 물어보았어요. 그리고 크든 작든, 많든 적든 H. B.가 원하는 것을 그리면 된다고 했어요. H. B.는 오랫동안 아무것도 그려 본 적이 없지만 저를 위해서 그려 보겠다고 했어요. 하지만 H. B.는 '무엇'을 그려야 할지 몰랐어요. 저는 어깨를 으쓱하며 그에게 곧 무엇인가 떠오를 것이라고 말하고 돌아왔어요. 다음 날 아침 저는 회진을 시작하기 전에 그를 찾아갔어요. 저는 H. B.에게 잠은 어떻게 잤는지 물었고 그가 그린 그림(그림 157)을 보게 되었어요. 그림에는 창문을 통해 보이는 정원에 복잡한 돔형 지붕을 가진 대학 건물이 있는 풍경으로, 매우 어려운 주제였습니다.

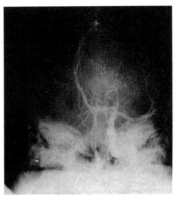

그림 157 대학 반구형 지붕(돔).
H. B. 남성, 58세, 뇌종양, NC.

그림 158 방사선 사진.
H. B. 남성, 58세, 뇌종양, NC.

복잡한 돔형 지붕 앞쪽 좌우에는 연두색 나무, 자작나무와 비슷한 나무가 있고, 가운데에는 지붕 돔 바로 아래에 너도밤나무가 있었습니다. 자세히 살펴보니 정원을 향한 시선과 연필로 그린 선 위에 추가한 매우 연한 초록과 진한 초록으로 여기저기 풍기는 분위기, 대학교 지붕 바로 아래에 매우 옅고 부드럽게 그려진 너도밤나무의 빨간 색상이 매우 흥미로웠습니다. 저는 빨간 반점의 모양과 크기, 그리고 지붕 바로 아래에 위치한 '사색의 자리'에 놀랐습니다. 이것은 종양일까요? 그 종양은 두개골 바로 아래에 위치했을까요? 후각 수막종인 걸까요? 수술 후 저는 제 관찰을 확인하기 위해 방사선 사진의 사본을 확보했어요. 저는 종양의 윤곽을 베껴 그린 그림을 H. B.의 그림 위에 얹었는데, 너도밤나무와 종양의 윤곽이 거의 똑같았어요!"

확실히 신체적 시각의 가능성을 보여 주는 놀라운 사례임이 분명하다! 베버는 대학의 돔이 환자의 머리에 해당하는 것으로 보고, 아직 제철이 아닌데도 빨강을 띠는 너도밤나무의 얼룩(환자의 언급)에 대해 궁금해했다. 나의 제안에 따라 베버는 투명한 종이에 인간의 두개골 윤곽을 그렸다. 이것을 환자의 그림 위에 올려놓았더니 방사선 사진과 정확히 일치했다(그림 159). H. B.가 회복되었다는 소식을 전할 수 있게 되어 기쁘다.

그림 159 베버가 그린 인간의 두개골 윤곽.

　세 번째 예는 이전에 한번 언급되었던 의대생의 졸업시험 대상자로 선택된 환아의 그림이다. 의사들이 질문에 답하고 이야기 나누는 동안 소년이 지루해하자 히치히 교수는 종이와 표준화된 색연필을 주었다. 소년이 자리를 떠난 후, 히치히 교수는 소년이 그린 그림을 살펴보았다. 다음이 그 그림이다(그림 49).

그림 49 나의 의사. 사베르, 11세, 급성 골수성 백혈병(급성 골수모구 백혈병), KiSpi.

　입원 당시 환아는 코와 입에서 피를 심하게 흘렸고, 그림 속 의사 옷에 묻은 핏자국은 아동의 피부에 있는 혈종과 정확히 일치한다. 소년이 그림을 그릴 당시 링거를 맞고 있었기 때문에 왼손으로 그림을 그려야 했는데, 그림에서 오른쪽이 뻣뻣한 것을 확인할 수 있었다.

수년간의 집중적인 연구에서 환자의 그림이 그의 신체 상태를 얼마나 정확하게 반영하는지에 대한 가시적인 증거가 필요했는데, 바로 이것이 그 증거였다. 트롤리 덮개의 빨강만이 여전히 나에게는 미스터리였는데, 실제로 빨강이었다는 사실이 밝혀졌다. 다시 한번 실제와 그림을 비교하면서 히치히 교수는 의대생의 가운이 티끌 하나 없는 하양이었음을 확인했다. 여기서 우리는 그림의 세부 사항을 실제 사실과 함께 확인해야 할 필요성을 다시 한번 충분히 알 수 있다. 이 소년은 3년 동안 재발 없이 집중적인 약물 치료에 잘 반응하다가 진단 후 4년 만에 병에 굴복하고 말았다.

이제 이 세 가지 비유를 함께 살펴보고자 한다. 첫 번째는 삼키지도 걷지도 못하고 정신병원에서 치료를 받던 28세 여성이 정신분열증과 불안 신경증을 진단받고 전두엽 백질 절단 수술을 앞두고 그린 그림이다. 두 번째는 NC에서 뇌종양 수술을 앞둔 54세 남성이 그린 그림이다. 세 번째는 그림을 그리기 전날 내려진 급성 골수성 백혈병 진단으로 KiSpi에 입원한 11세 환아의 그림이다. 우리는 다른 병원에서 수집된 각각의 그림에서 환자의 연령, 질병, 성별에 관계없이 신체적 상태를 반영한다는 것, 즉 '신체적으로 보는 법'을 배울 수 있다는 점을 인식할 수 있었다.

1. 임상 상태를 반영하는 자발적 그림

이제 우리는 특히 환자의 신체 상태를 반영하고 환자의 병력, 진단, 치료 및 예후에 대한 기여도를 보여 주는 **자발적 그림**의 예를 살펴보려 한다. 또한 이러한 자료가 환자의 과거, 현재와 미래를 반영하는 경우가 많다는 점도 강조하고자 한다. 이를 위해 이 책에서 관련 그림과 사례 기록을 언급한 부분을 참조할 것이다.

◆ 병력

우리는 한 소녀가 같은 날에 그린 그림 2개를 가지고 있다. 그림 62에서 태양은 동쪽에서 빛나고, 집의 지붕과 나무 꼭대기에는 그림자가 드리워져 있다. 우리는 이러한 '드리워진 그림자'가 잠깐의 무의식 상태를 비유하는 것으로 이해한다. 두 번째 그림(그림 141)에서 화려함으로 가득한 태양의 새인 공작새는 왼쪽에서 오른쪽으로, 즉 다시 살아나기 위한 방향으로 내딛고 있는 것일까? 특히 장식깃의 중앙 깃털이 빨강인 것이 눈에 띈다. 이 부위는 우리가 나중에 케티의 사례 기록에서 읽은 것처럼 케티가 돌바닥에 넘어져 심하게 다친 머리 부분과 정확히 일치하는

그림 62 나무 그늘로 덮인 집.
케티, 여아, 11세, 사고, NC.

그림 141 화려한 공작새가 다시 살아나다.
케티, 여아, 11세, 사고, NC.

것을 알 수 있다.

그 후 케티는 의식불명 상태로 위급하게 입원했다. 그녀는 이틀 만에 회복되어 3주 동안 집에서 안정을 취한 후 서서히 일상으로 복귀했다(8장 검정, 12장 태양, 21장 치유된 환아들 참조).

8장 '색의 사용에 관하여' 중 우리는 리스베스가 그린 악마의 가면을 쓴 꽃에서 4번째 꽃 이후 잎의 색이 진한 초록에서 연한 초록으로 바뀌고 꽃의 얼굴이 악마의 가면으로 바뀌는 것을 관찰했다(그림 18). 이는 백혈병이 발병한 4세에서 5세 사이, 즉 그녀에게 '어제'를 의미하는 것이다. 또한 7번째 꽃은 리스베스에게 '오늘'을 의미한다. 그다음 번 그림에는 자신과 꼭 닮은 어린 여아 옆에 있는 마법의 꽃을 그렸다(그림 19). 이 꽃은 8번째 꽃으로 간주될 수 있다. 우리는 다른 중증 환아의 그림에서 비슷한 꽃을 발견했는데, 이는 그들의 끝이 곧 임박했다는 것을 깊이 내면으로 알아채는 것을 반영하고 있다. 우리는 이 꽃을 변화의 상징으로 이해되는 '리스베스에게 아직 오지 않은 내일', 즉 이른 죽음을 위한 '마법의 꽃'으로 이해할 수 있을까? 리스베스는 8세에 사망했다(5장 3. 눈에 띄는 사항 확인하기, 8장 연한 초록과 진한 초록 참조).

그림 18 **악마의 가면을 쓴 꽃**. 리스베스.

그림 19 **마법의 꽃**. 리스베스.

우리는 8장 '단색' 장에서 리차드의 기관차 전체가 빨강으로 칠해져 있고 왼쪽을 향해 있다는 것을 기억한다(그림 91). 이제 우리는 3개의 연기 구름을 리차드가 3세에 발병한 것과 연관 지을 수 있는데, 이는 형제의 탄생과도 일치한다. 그의 '어제'의 상태가 그림에 반영된 것일까? 연기 구름의 형태와 색깔은 백혈병 세포를 연상시킨다. 이 그림은 그가 사망하기 직전인 '지금, 여기' 시점에서 그려졌기 때문에 철길 위에 놓인 8개의 침목(枕木)은 그의 '내일', 즉 그의 수명으로 이해될 수 있다. 따라서 그림에는 그의 전 생애에 대한 비유적 표현이 담겨 있다. 그는 8세에 세상을 떠났다(22장 예후 참조).

그림 91 **3개의 연기**. 리차드, 남아, 8세, 백혈병.

우리는 12장 '새'에서 이 그림을 만났고 22장 '예후'에서 다시 살펴볼 것이다. 여기서 우리는 11장에서 보았던 소녀의 이야기를 참조한다. 부분적으로 보이는 황금색 태양의 7개 광선은 브레니의 성장을 멈추게 한 질병의 시작을 의미할 수 있고, 각각의 화분이 놓인 8개의 창문은 그녀의 현재 신장을 상징할 수 있다(그림 97). 문 위 중앙에 있는 9번째 창문은 아직 닫혀 있지만, 성공적인 치료 후에 열릴 가능성이 있다. 또한 우리는 그녀가 베버의 벽화에 추가한 집 위에 있는 앵무새 꼬리의 위치가 뇌하수체를 절제하는 근치적 적출술로 성공적으로 제거된 두개인두종의 위치를 나타낸 것임을 기억한다. 그 후 그녀는 키가 5cm나 자랐다.

그림 97 집과 앵무새. 브레니.

◆ 진단

우리는 이미 다음 이미지의 대부분을 알고 있지만 진단적 측면 때문에 여기에서 함께 살펴보고자 한다.

왼쪽을 바라보는 모브색 남자 얼굴은 전이가 퍼질 때 자주 볼 수 있는 색이다(그림 161). 이는 나중에야 임상적으로 진단되고 확인되었다. R.W.는 베버에게 그림을 건네기 전에 급성 질병의 진행을 나타내는 색상인 밝은 빨강으로 선을 빠르게 추가했다. 그는 반사적으로 새 색연필 상자에서 이 색들을 골랐다. 겉보기에는 예후가 좋아 보였지만, 환자는 4개월 후 후두암으로 사망했다.

그림 161 한 남성의 초상화.
R. W., 남자, 60세, 후두암. NC.

그림 145 장난감 말. 페터.

소년이 가장 좋아하는 장난감은 텔레비전 위에 놓여서 '방사선 치료'를 받고 있다(그림 145). 이는 당일 아침에 환아가 받은 방사선 치료 부위와 정확히 일치한다. 이 환아는 악성 뇌종양을 앓고 있었다(4장 페터의 병력, 12장 태양 참조).

그림 80 춤추는 어릿광대. 한스 페터 슈, 남아, 9세, 뇌전증, NC.

소년의 뇌전증 증세는 전신발작으로 전이되었고 병소 부위는 왼쪽이다(그림 80). 이는 그림에서 모자 왼쪽의 진한 보라에 반영되어 있는데, 뇌에서 이상이 발생하는 부위를 나타내고, 이로 인해 영향을 받는 신체의 부분, 특히 재발하는 위치인 오른쪽 다리를 나타내고 있다(8장 모브참조).

우리는 이미 8장의 '검정' 단락에서 크리스타를 알게 되었고, 19장 '자발적 그림: 의사, 봉사자, 환자와 가족의 다리 역할'에서 다시 만나게 될 것이다. 여기에서는 크리스타 그림의 임상적 측면에 주의를 기울인다. 히치히 교수는 세포 같은 형태, 특히 오른발로 밀어내려고 하는 연한 파란 '공'이 병든 골수의 이미지라는 것을 즉시 알아차렸다(그림 162. 그림 163 현미경 사진 비교).

그림 162 외래 진료소로 가는 자갈 포장도로.
크리스타. 여아. 17세 6개월. 백혈병. KiSpi.

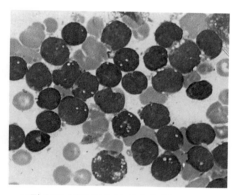

그림 163 병든 골수의 이미지. 현미경 사진.

우리는 이미 8장에서 이 그림의 하양에 관해 설명했고, 파란 비가 히치히 교수의 진단에 의해 백혈병 세포의 분출로 인식될 수 있음을 발견했다(그림 87). 집 꼭대기에 있는 하얀 형체는 아동에게 죽음이 다가오고 있음을 예언했다(12장 비 참조).

그림 87 파란 비. 한스 페터 슈.

2마리의 새가 동쪽에서 서쪽으로 날아가는데, 큰 새(검정)는 부리에 빨간 부스러기를 물고 있다. 모양과 색깔이 낭포성 섬유증을 앓고 있는 중증 환자의 가래와 비슷하다(그림 115). 작은 새(검은 윤곽선)는 거의 배설물에 가까운 황갈색으로 칠해져 있다. 배경은 우리가 읽은 것처럼 흑갈색 방울로 가득 차 있다. 이는 히치히 교수에게 낭포성 섬유증 환자 폐의 전형적인 방사선 사진, 즉 폐에 보이는 기관지 폐렴의 어두운 병소인 회색 '눈송이'를 연상시켰다(그림 116 감염된 폐의 방사선 사진, 12장 비 참조). 에두아르(Eduar)는 10일 후 급성 폐렴으로 사망했다.

그림 115 탁한 비.
에두아르, 남아, 11년. 낭포성 섬유증. Kispi.

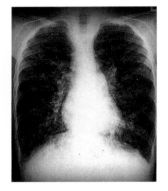

그림 116 감염된 폐의 방사선 사진.

수술 전에 그려진 다음 그림에서 두 언덕 사이의 노랑-빨강의 태양 광선이 없는 태양은 시신경과 시신경 교차 지점 사이에 밤알 크기의 거대한 종양(두개인두종)의 위치와 색상을 정확하게 반영한다(그림 70). 종양은 성공적으로 제거되었으며, 수술 후 소년의 시력은 크게 좋아져 학교에 돌아갈 수 있게 되었다. 다음 그림에 대한 자세한 설명은 22장 '예후'에서 찾을 수 있다(7장 사분면, 8장 빨강 참조).

그림 70 일출 혹은 일몰?. 베아트, 남아, 10세, 뇌종양, NC.

그림 71은 시신경 교차 지점의 종양이 위치할 수 있는 네 가지의 가능성을 스케치한 것이다.

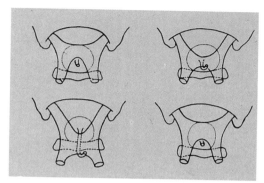

그림 71 시신경 교차 지점의 종양이 위치할 수 있는 네 가지 해부학적 위치.

슈투트가르트에 있는 종교 재단에 있는 이 인상적인 조각품(그림 164)은 1958년에 제작되었다. 진단학적으로 오른쪽 눈의 변형이 우리의 주목을 끈다. 작가는 작품을 완성한 후 오른쪽 눈의 시력을 잃었다(그림 165, 22장 예후 참조).

그림 164 예술 작품과의 유사성: 심판의 천사. 프리츠 폰 그라에베니츠(Fritz von Graevenitz, 1893〜1959).

◆ 치료

임상 자료를 연구하는 과정에서 환자가 자신의 질병, 즉 질병의 위치와 확산을 그림으로 시각화한다는 것이 분명해졌다. 때로는 어떠한 치료의 유형이 필요한지를 나타내기도 한다. 페터가 입원 직후 그린 다음 그림 두 개는 치료가 그에게 미친 영향을 잘 보여 준다.

첫 번째 그림에는 파란 망토를 입은 발이 없는 두 인물이 보인다(그림 54). 상단에 "불타는 듯한 빨간" 모자를 쓴 키가 큰 인물이 집에서 왼쪽으로 걸어가고 있고, 하단의 노란 모자를 쓴 작은 인물은 파란 굴뚝이 있는 집을 향해 오른쪽으로 향하고 있다.

그림 54 두 방향으로 당겨지는. 페터.

그림 9 방사선 전등 아래에서. 페터.

약 한 달 후, 페터는 여러 가지 색상의 테두리를 가진 텔레비전 속 중앙에 인물을 그린다(그림 9). 이 인물 역시 두 방향으로 잡아당기게 그려졌다. '뇌전증으로 인한' 발작이 일어난 모브색 다리는 왼쪽으로 걷고, 게처럼 생긴 집게가 있는 팔은 오른쪽과 왼쪽을 가리키고 있다. 그러나 주황 머리는 삼각형의 파란 테두리로 되어 있는 전등에서 비추는 '빛나는' 빛에 반응하여 명확하게 오른쪽으로 향하고 있다. 방사선 치료에 대한 반응일까?

사례 기록에 따르면 페터는 입원 직후 후두부와 목 윗부분에 방사선 치료를 받았다고 한다. 페터는 매일 받았던 치료에 좋은 반응을 보였고 상태도 꾸준히 호전되었다.

수술 후 환아는 기저선 없이 화병에 진한 갈색으로 연한 음영을 넣고 고개를 오른쪽으로 돌린 꽃 4송이를 그렸다(그림 75). 이 중 얼굴(한쪽은 정면을, 다른 한쪽은 오른쪽을 바라보는)을 가진 인물이 오른쪽으로 힘차게 걸어가고 있다. 오른쪽 눈은 왼쪽 중앙을 향해 있다. 그림에는 여전히 수술 전에 머리가 오른쪽으로 기울어진, 외전신경마비로 인해 부어 있는 오른쪽 부분이 왼쪽 내측으로 치우쳐진 모습을 반영하고 있다. 소년은 오른쪽을 바라볼 때 복시가 있었다. 3개월 후, 그는 또 다른 화병을 그렸다(그림 76). 환자가 점진적으로 호전되는 것이 늘어나는 대상과 색상에 반영된다. 아픈 사람의 형체가 사라졌다. 화병은 이제 거의 비옥한 흙의 색인 짙은 갈색과 주황이 섞인 색으로 칠해져 있다. 화병에는 초록 잎이 무성한 15송이의 꽃이(첫 번째 화병의 4송이 꽃과 비교해 보면) 꽂혀 있고, 단단한 진한 갈색과 주황 바탕 위에 서 있다. 사례 기록에 따르면 미켈레는 수술 후에도 계속해서 좋은 경과를 보였다고 한다. 그는 어려움 없이 다시 학교로 돌아갈 수 있었고, 안경을 착용했으며 안진 증세도 없었다. 안저에는 정상 색의 선명한 동공이 보였다.

그림 75 꽃이 있는 화병(1).
미켈레, 남아, 8세, 좌측 소뇌반구 성상세포종, NC.

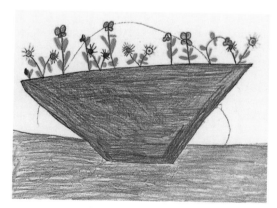

그림 76 꽃이 있는 화병(2).
미켈레, 남아, 8세, 좌측 소뇌반구 성상세포종, NC.

작은 빨간 인물은 빨간 호스를 들고 빨간 꽃(꽃잎이 8개 – 소년의 나이)에 빨간 물을 뿌리고 있다(그림 6). 우리는 이 빨간 물이 환아의 생명을 구한 수혈로 이해한다. 그는 위독한 상태로 입원했는데, 두 차례 수혈을 받은 후 헤모글로빈 수치가 100mL당 4.9g에서 9.9g으로 증가하였고, 이는 우리에게 큰 격려가 되었다(1장 물의 다양한 의미, 21장 치유된 환아들, 8장 빨강 참조).

그림 6 꽃에 빨간 물 뿌리기. 우르스. 남아. 7세 5개월. 급성 골수성 백혈병. KiSpi.

◆ 예후

마지막으로 예후와 관련하여 네 개의 그림을 살펴보려 한다. 첫 번째는 악성 종양이 있는 환아가, 나머지 세 개는 림프모구 백혈병 환아가 그린 것이다(그림 37). 모두 22장 '병원 안팎에서 일어나는 예후와 내면의 알아차림'에 자세히 설명되어 있다.

이 환아는 혈종 수술을 받기 전과, 반년 후 악성 종양(상의세포종)으로 두 번째 수술을 받기 전에 그림을 그렸다. 10개의 가지와 갉아 먹힌 수관이 있는 나무(생명나무), 그리고 10번째 가지를 갉아 먹으려는 설치류(그녀의 무자비한 질병의 이미지)로 인해 예후에 대해 매우 걱정스러웠다. 트루디는 악성 종양으로 사망했는데, 우리는 이 소녀가 돌출되게 걸려 있는 불타는 듯한 빨간 지붕에 '미리 그려진' 악성 종양으로 사망했다고 말할 수 있을까? 우리는 트루디가 10세 때 사망했다는 사례 기록을 읽었을 때 마음이 매우 동요되었다. 참으로 마음이 미어지는 예후다(7장 사분면, 12장 집과 나무, 8장 색, 22장 예후 참조)!

그림 37 집과 나무. 트루디. 여아. 9세. 종양. NC.

다음 그림(그림 28)에서 우리는 춤추는 어릿광대의 빨간 입과 검은 얼굴, 그리고 빨간 광선이 있는 서쪽 하늘에서 부분적으로 보이는 빨간 태양에 주목했다. 이 태양은 빨간 폼폼이가 달린 모자의 파란 장식용 수술에 거의 닿을 듯한 위치에 있다. 또한 그림 속에서 숫자 3이 5번 등장하는 것에 주의를 기울였다(세포 모양의 발자국이나 돌 3개, 삼각형 모자, 가운데에 동그란 모양이 있는 3개의 빨간 줄무늬가 있는 하얀 모자, 마지막으로 3개의 태양 광선). 이를 예후를 예측할 수 있는 단서로 받아들일 수 있을까? 우리는 그녀가 급성 림프모구 백혈병으로 죽기 3개월 전에 이 그림을 그렸다는 것을 사례 기록에서 알게 되었다(5장 자발적 그림의 체계적 분석, 7장 그림에서 대상의 방향, 9장 시간 단위, 12장 태양, 22장 예후 참조).

그림 28 춤추는 어릿광대. 리스베스.

우리는 마리나를 '숫자'와 '새'에 관한 단락에서 알고 있으며, 그녀가 새에 대해 "새들은 모두 하늘로 날아가지만, 가장 작은 것이 먼저 도착해요."라고 말한 것을 기억한다(그림 30). 우리는 숫자 7이 반복되는 것을 마리나가 7단위의 시간 내에 사망할 수 있다는 예후의 징후로 이해한다. 우리는 사례 기록을 통해 그녀가 이 그림을 그린 지 7일 후인 7세에 사망했다는 사실을 알고 있다(22장 예후 참조).

그림 30 마뇨켈리. 마리나.

　　우리는 이미 12장 '태양'과 19장 '의사와 환자의 관계' 내용에서 이 그림을 접한 바 있다. 마지막 사례인 예후적 징후에서 우리는 신으로부터 발산되지만 소년이 격리된 텐트에는 도달하지 못하는 7개의 태양 광선에 집중해 본다(그림 150). 백혈병 환아였던 소년은 골수이식을 기다리고 있었다. 그는 이식을 위한 준비 과정을 놀라울 정도로 잘 견뎌 냈고, 우리는 이식이 그의 생명을 구할 수 있기를 간절히 바랐다. 그러나 매우 안타깝게도 그는 이 그림을 그린 지 7일 만에 급성 감염으로 사망했다(22장 예후 참조).

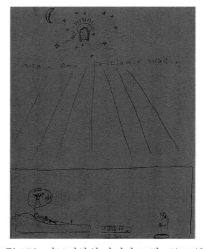

그림 150 아드리안의 마지막 그림. 아드리안.

앞의 사례는 **자발적 그림**에 심각한 질병이 반영된 사례 중 일부에 불과하다. 병력, 진단, 치료 및 예후, 이 네 가지 모두 하나의 동일한 그림에 포함되어 알아볼 수 있는 경우가 많았다.

나의 연구 작업이 진행되면서 관찰한 풍부한 자료를 돌이켜 보면 대부분 그림에 이러한 임상적 의미가 반영된다고 말할 수 있다. 따라서 이 분야의 연구자들은 이를 주시할 가치가 있다.

이 장의 마지막에 있는 [도표 2]에는 질병 유형에 따라 정리되어 있다. 우리가 모은 그림들 중 눈에 보이는 표현의 의미를 가장 쉽게 알아볼 수 있는 사례를 선정했다. 우리의 연구는 주로 NC와 KiSpi에서 진행되었기 때문에 뇌종양이나 백혈병 환아들의 그림이 주를 이룬다.

2. 예방의 보조수단이 되는 자발적 그림

중증 환자의 질병에 관한 예방을 이야기하는 것은 거의 모순처럼 보인다. 대부분의 경우 병원에 입원했을 때 이미 위중한 상태기 때문이다. 그러나 우리는 그들의 그림과 낙서를 통해 눈에 보이거나 알아볼 수 있는 증상이 나타나기 몇 달 전부터 그들의 질병과 생활 상황이 낙서와 그림에 반영되어 있는 경우가 많다는 사실을 알게 되었다.

다음 네 개의 그림은 이러한 **자발적 그림**이 환자의 생명을 위협하는 위험을 우리가 어떻게 인식할 수 있는지 보여 준다. 이를 통해 우리는 예방조치를 취할 수 있을 것이다. 수십 년간의 연구와 관찰을 통해 나와 다른 연구자들은 **자발적 그림**과 꿈에서 예후를 관찰해 왔다. 여기서 우리가 던지는 질문은, 이러한 징후가 예방 분야, 즉 심각한 질병뿐만 아니라 일반적인 일상생활에서도 도움이 될 수 있는지의 여부와 그 방법이다.

중증 환자의 자연스러운 수명에 개입할 수 있는지 여부와 시기에 대한 법적인, 그리고 윤리적인 고려는 잠시 제쳐 두고, 이 부분에서 우리는 **자발적 그림**이 신체 질환의 분야뿐만 아니라 일상생활의 넓은 의미에서 발병의 예방에 도움이 될 수 있는지를 고려할 것이다.

이제 우리는 내가 '예측'이라고 부르는 것을 식별할 수 있는 다양한 삶의 영역에서 그려진 네 가지 그림을 살펴보려 한다.

그림(그림 168)의 중앙에는 한 남자의 머리가 타오르는 용광로 밖을 엿보고 있고, 손으로 가장자리를 꽉 붙잡고 있다. 위쪽에는 두 마리의 커다란 검은 박쥐가 맴돌고 있고, 오른쪽 아래에는 망설이는 표정의 남자가 있다. 그는 긴 막대기로 뚜껑을 들어 올리려는 걸까, 아니면 위험에 처한 남자를 밀어 버리고 싶은 걸까? 남자가 설령 화덕에서 탈출할 수 있다고 해도, 그림 왼쪽 아래에 이빨을 드러낸 빨간 지옥 사냥개에게 붙잡힐 것이다.

이 그림은 살인 용의자의 방에서 발견되어 그의 자백을 이끌어 냈다. 그는 젊은 조수를 살해했는데, 범행 후 몇 달이 지나서야 공장의 난방 시스템에서 해골이 발견된 것이다. H. K.는 살인 전에 이 그림을 그렸던 것이다. 이는 시기적절한 해석이 얼마나 도움이 될 수 있었는지를 보여 준다. 이 경우라면 살인을 막을 수 있었을 것이다. H. K.는 여러 차례 자살을 시도한 적이 있었다. 그의 사례 기록에 따르면, 그는 언젠가 다른 사람을 죽일지도 모른다는 두려움 때문에 정신과 치료를 받으려고 여러 번 시도한 적이 있었다고 한다. 하지만 소용이 없었는데, 아무도 이 그림을 보지 못했고, 그림 안에 담긴 예측적인 측면을 알아차리지 못했기 때문이다.

그림 168 난방기사. H. K., 남, 29세, 스위스에서 일하는 독일인.

이 환자의 임상 병력은 하나의 전형적인 예시로, 진단 15개월 전에 그려진 **자발적 그림**에 신체 상태가 어떻게 반영되는지를 보여 주고 있다(그림 169). 다시 한번 우리는 예방 문제에 직면하게 된다.

이 환자는 처음에 인간관계와 환경 전반의 어려움 때문에 심리치료를 받으러 뮌헨에 있는 S 교수를 찾아왔다. 정신과 의사 S는 그녀의 꿈과 그림에서 죽음을 암시하는 징후를 발견했다. 그는 그녀가 무의식적으로 죽음을 준비하는 동안 그녀의 문제를 전적으로 다루고 그녀가 의미 있는 삶을 살 수 있도록 돕는 것이 자신의 임무라고 생각했다. 그녀의 **자발적 그림**과 꿈을 본 S 교수는 그녀에게 신체적인 문제가 있을 수 있다는 의심을 품고 전문의에게 보냈지만, 당시의 임상적 기술로는 어떠한 신체적 질병도 발견할 수 없었다. 이후에도 경고하는 꿈과 그림이 이어졌지만 2년 반이 지나도록 신체 진단에서 어떠한 결론도 내려지지 못했다.

진단을 받기 15개월 전, 그녀는 반쯤 죽은 나무를 그렸는데, 이 그림은 우리에게 경각심을 주었다. 이 나무는 왼쪽(-/- 사분면)으로 경사진 갈색과 초록 땅 위에 서 있다. 왼편에는 잎이 없다. 나무의 중간쯤, 제일 아래쪽 가장 멀리 뻗어 있는 나뭇가지에는 수많은 빨판이 있는 푸르스름하고 빨간 문어 같은 모양이 자리하고 있다. 이것은 진단되지 않은 악성 종양의 비유적 표현이자 위치인가? 그녀가 죽기 불과 3개월 전, 그녀의 신체 상태가 너무 악화되어 S 교수는 그녀에게 전문의를 만나도록 설득했다. 이번에도 방사선 촬영을 통해 종양이 발견되기 전까지는 임상적 소견이 없었다. 그 후 수술이 불가능한 복부암이 발견되었고, 너무 진행되어 제거될 수 없는 상태였다. 우리는 나무의 중간 높이에 있던 '문어'를 떠올렸다. 그녀는 심리치료사의 보살핌을 받았고, 여한 없이 평화롭게 숨을 거두었다. 그녀의 **자발적 그림**들은 진단이 내려지기 훨씬 전부터 신체적인 문제가 진행 중이었음을 분명히 보여 주었다. 다시 한번 우리는 이러한 그림에서 조기 진단과 질병의 발병을 예방할 수 있는 임상적인 잠재력을 볼 수 있다.

그림 169 문어 나무. F. T.. 여. 중년의 나이(정확한 나이 모름).

다음으로 직접적으로 예방을 이끌어 낸 꿈 그림을 보겠다. 이 여성 환자는 심리적으로 힘든 문제를 안고 나를 찾아왔다. 나는 전체 과정이 진행되는 동안 그녀와 함께할 수 있었다.

심리치료를 받는 과정에서 환자는 다음과 같은 꿈을 꾸었다. "저는 한 어린 소녀의 그림을 찢어 버려요. 그 소녀는 '더 많이 성장하려면 도움과 지도가 필요해'라고 말했어요. 이 아동은 어떻게, 무엇을, 어디서 하는지 알고 싶어 했어요." 분석적 대화를 마친 후, 나는 환자에게 꿈에서 찢어 버린 소녀의 그림을 한번 그려 보길 제안했다. 그래서 그녀는 다음 세션에서 수채화를 가져왔고, 거기에서 생명에 위협을 느끼는 감정이 드러났다(그림 170). 오른쪽으로 약간 기울어진 달걀 모양의 형태를 검은 낫의 형태가 관통하고, 그 지점에서 핏빛 빨강이 흘러내리고 있었다. 내 눈에는 식도열공탈장처럼 보였다. 환자는 피곤함을 호소했다. 나는 그녀의 안색과 전반적으로 소극적인 태도가 마음에 걸렸다. 나는 그녀가 얼마나 불안해하고 있는지 감지했기 때문에, 겨울에는 철분제나 비타민을 처방받아야 한다는 핑계로 그녀가 주치의와 상담할 것을 제안했다. 그녀가 의사를 찾아가기로 결심하는 데 3주가 걸렸고, 이것으로 진료를 받는 데 그녀의 두려움이 얼마나 컸는지 확인할 수 있었다.

그림 170 실현된 꿈. L. M., 여, 51세, 식도열공탈장.

임상적인 검사와 방사선 촬영에서 내가 의심했던 식도열공탈장이 확인되었다(그림 171). 다행히 수술은 필요하지 않았다. 환자는 외래에서 치료를 받았고 완전히 치유되었다. 그 후 20년 동안 재검진에서 그녀의 상태는 만족스러웠다.

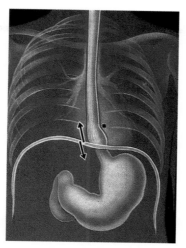

그림 171　식도열공탈장의 방사선 사진.

　8세부터 이 소년은 이따금 정신이 혼란하고, 메스껍고, 두통으로 짧은 발작에 시달렸다. 작년 한 해 동안 이러한 발작이 성격 변화와 함께 점점 더 빈번해지자 KiSpi에 검사를 받으러 왔다. 뇌파 및 두개골 방사선 촬영, 그리고 신경학적 검사는 정상이었다. 그래서 정신과에 의뢰하는 방안이 고려되었다.

　하지만 그 전에 신경과 전문의이자 정신과 의사인 이즐러(W. Isler) 교수는 환자가 그린 **자발적 그림**(그림 172)을 주의 깊게 해석하였고, 우측 전두엽에 종양이 있다는 진단으로 이어졌다. 이는 NC에서 공기뇌촬영술(PEG)로 확인되었다. 크라엔빌 교수는 즉시 수술했고 우측 전두엽의 외측 기저부에 부분적으로 낭성 종양이고 부분적으로 단단한 표피 종양을 절제했다(그림 173). 이 소년은 완전히 치유되어 현재 의학을 공부하고 있다.

그림 172　탈출하는 영혼의 새와 가족의 집.
S. U., 남아, 10세, 오른쪽 전두엽 뇌종양, KiSpi.

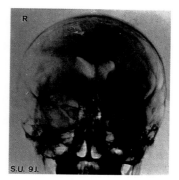

그림 173　전두엽 뇌종양. 방사선 사진.

우리가 이 그림을 '예방' 단락에 포함한 이유는, 한 환자의 **자발적 그림**을 정확하게 해석하는 것이 정신적인 문제가 되는 것을 방지했다는 것을 보여 주기 때문이다.

학교 방학 동안 NC에서 자원봉사를 했던 교사 H씨는 모든 학생이 참여하여 교실 벽면에 프리즈(벽면에 거는 좁고 기다란 액자화 – 옮긴이)를 그리도록 했다. 스위스의 관습에 따라 방학이 끝난 후 아동들은 학교 의사의 진찰을 받았다. 더 이상 교사로 근무하지 않던 H씨는 프리즈의 오른쪽 하단에서 머리가 온통 빨강으로 칠해진 작고 통통한 인물을 발견했다(그림 174). 깜짝 놀란 그녀는 '이 아동이 바흐 부인의 아동 중 한 명'인 것을 알아보았다.

그림 174 **빨간 얼굴을 가진 땅딸막한 소녀**. 에스더(Esther). 여아. 9세. NC.

에스더(Esther)는 유치원에 다닐 때부터 학습 속도가 느려 특히 산수와 논리적 사고가 어려웠지만, 이야기에 대한 기억력은 놀라울 정도로 좋았고, 색채 감각이 뛰어나 그림에 재능 있는 모습을 보였다. 수업 시간에 뛰어난 집중력을 보이다가도 전혀 생각이 없는 것처럼 무관심한 모습을 보이기도 해 학습부진아와 같은 취급을 받았다.

어울리지 않게 빨강을 칠한 사실에 주목한 H씨는 에스더의 어머니에게 에스더의 상태를 학교 의사에게 알리도록 권유했다. 진찰 후 의사는 에스더를 즉시 NC로 보냈고, 거의 동시에 수술이 진행되었다. 좌측두엽에 커다란 낭종이 발견되었는데, 액체가 가득 찬 것이었다. 제거할 수 없었기에 배액만 해서 뇌에 가해지는 압력을 완화할 수 있었다.

에스더는 수술 후 배액관을 삽입해야 했지만 자가관리를 배웠고, 빠르게 회복되어 발달이 정상화되었다. 하지만 몇 년 후 그녀는 급성 두통을 호소했고, 다시 병원에 입원해야 했다. 결국 낭종과 심장 사이의 배액관을 복강까지 연장해야 했다.

신체적 증상을 동반한 **자발적 그림**이 제때 인지된 것이 임상적인 치료로 이어져 아동의 생명을 구했다. 심리적인 측면에서 보면, 학습 부진으로 여겨지던 아동은 정상적으로 발달하여 직업을 가진 여성으로 성장했다. 그리고 여러 우연의 일치가 겹친 덕분에, 나는 나중에 그녀가 행복하게 결혼했다는 소식을 듣게 되었다. 학교의 프리즈 속 아동과 결혼식 사진 속 그녀(그림 175)가 얼마나 다른가! 독자들은 이번 장 마지막에 실린 '우연의 이야기' 단락에서 전체 설명을 확인할 수 있다.

그림 175 에스더의 결혼식 사진.

내가 이 이야기를 선택한 주된 이유는, **자발적 그림**에서 얻은 과학적 통찰력을 학교라는 새로운 영역에 적용할 수 있다는 점을 알려 주기 때문이다. 교사와 학교 의사에게 낙서와 그림을 '읽는' 방법에 대한 단기 특별 강좌를 제공하는 것은 비교적 쉬운 일이며, 이는 아동들의 복지와 생명에 상당히 중요한 의미를 지닐 수 있다.

◆ 우리의 협업을 기념하며 전하는 우연의 일치 이야기

'예방'이라는 주제에 대해 어떤 사례를 들어야 할지 고민하고 있을 때, H씨의 학교 프리즈(그림 174)에서 빨간 얼굴의 작은 소녀 에스더가 떠올랐다. 하지만 프리즈를 어떻게 찾고, 아니면 적어도 슬라이드나 사본이라도 찾을 수 있을지 고민되었다. 이런 경우에는 늘 그렇듯이 먼저 베버에게 H씨의 주소를 아느냐고 물어보았다. 오래된 주소록(1968년)에서 나는 그녀의 취리히 전화번호를 발견했는데, 그 번호는 없는 번호였다. 베버는 그녀가 결혼한 지 오래되었고 남편의 성을 따라 다른 이름을 가졌을 수도 있다고 말했다. 그때 내가 존경하고 애정하는 슈(Shoe) 부인이 떠올랐다. 슈 부인은 크라엔뷜 교수의 비서로 상사인 크라엔뷜 교수가 환자를 보기도 전에 진단을 내리는 특별한 재능을 가진 사람이었다. 놀랍게도 그녀는 남편의 성을 따라 새로운 이름을 갖게 된 H씨의 현재 이름과 주소를 알고 있었다. 게다가 그녀는 베버가 살고 있는 마을의 모퉁이에 살고 있었던 것이다! 그녀는 예전 NC 동료였던 우리의 소식을 듣고 매우 기뻐하며 우리가 에스더의 그림을 찾고 있다는 사실에 찾을 수 있을지 모르겠지만 흔쾌히 도와주겠다고 했다.

"신이라면 어떻게 하실까?" 나의 친한 친구 한 명은 이런 경우에 이렇게 말하곤 했다. 당시 나는 취리히 NC의 기록 보관물을 KiSpi로 옮기는 엄청난 업무에 매우 바빴다. 감사히 몇몇 동료들이 그 자료를 분류하고 나르는 일을 도와주겠다고 나섰다. 그들이 자료를 들고 몇 시간씩 오르내리던 그날도 나는 아름다운 풍경이 보이는 나에게 아직 익숙한 공간에 앉아 떠날 엄두를 내지 못했다. 베버가 본보기가 되게 꼼꼼히 보관했던 NC의 자료 중 몇 가지 굉장한 '보물'이 나타났지만 프리즈의 흔적은 없었다. 그럼에도 왜 내가 아직도 여기에 앉아 있을까 궁금해하다가 창틀에 눈을 돌렸고, 두 개의 청동 경첩을 발견했다. 이 기록 보관소가 NC 환아들의 사진, 슬라이드, 사례 기록을 보관하기 위해 설치되었을 때, 대형 자료는 넣을 공간이 없었던 기억이 어렴풋이 떠올랐다. 창턱 아래에 작지만 넓은 장을 설치하자고 한 것이 베버의 아이디어였을까? 나는 도와주러 온 동료에게 창턱의 뚜껑을 들어 올려 달라고 부탁했다. 그의 손에 가장 먼저 떨어진 것이 무엇이었는지 아는가? H씨 학급 아동들이 그린 프리즈가 말려서 보관된 통이었다! 이 얼마나 놀라운 발견인가! 덕분에 지쳐 가던 이사 작업이 견딜 만해졌다. 우리는 함께 맛있는 저녁 식사를 하며 행운의 발견을 축하했다.

당연히 나는 H씨에게 프리즈를 찾았다고 말했다. 그녀는 이 우연의 일치에 매우 감명을 받았다. 하지만 이게 다가 아니었다! 어느 한 모임에서 그녀는 몇몇 손님들에게 어린 소녀의 이야기와 그 그림이 어떻게 다시 나타났는지에 대해 이야기를 했다. 다음 날 아침, H씨는 전화를 한 통 받았다. 수화기 너머로 한 여성이 "제가 당신이 찾는 그 소녀의 엄마입니다. 저는 X 국장님의 비서인데, 그가 저에게 당신이 에스더를 찾고 있다는 소식을 전해 주었어요. 저희가 기꺼이 도와드리겠습니다."라고 말했다.

이렇게 나는 임상 자료(사례 기록)를 받게 되었고, 에스더의 결혼식 날 찍은 아름다운 사진(그림 175)도 함께 동봉되어 있었는데, 내 책이 출간되면 한 권을 준다는 조건으로 사진을 마음대로 사용해도 된다는 허락을 얻었다. 평소에 나는 약속을 잘 하지 않지만 이번 약속은 진심으로 지켰다.

[도표 2] 질병의 유형에 따라 반영되는 다양한 그림 상징

	병의 유형	이름, 나이, 성별	그림 제목	그림에 나타나는 질병의 징후
1a.	낭포성 섬유증	에두아르, 11세, 남아, KiSpi	탁한 비 그림 115	기관지 폐렴의 어두운 병소와 유사하다.
1b.	방사선 사진		감염된 폐의 방사선 사진 그림 116	
2	뇌진탕	케티, 11세, 여아, NC	나무 그늘로 덮인 집 그림 62	태양은 동쪽에서 빛나고, 지붕과 나무 꼭대기에는 그림자가 짙게 드리워져 있다.
3	뇌전증, 일반화 및 좌초점	한스 페터 슈, 9세, 남아, NC	춤추는 어릿광대 그림 80	모자 왼쪽의 짙은 보라는 뇌의 이상이 발생하는 부위를 반영하며, 특히 오른쪽 다리에서 재발한다.
4a.	식도열공탈장	L. M., 52세, 여성, 런던 출신	실현된 꿈 그림 170	피가 흐르는 빨간 달걀 형태를 검은 낫이 관통하고 있다.
4b.	방사선 도식		식도열공탈장의 방사선 사진 그림 171	
5	이분척추증	시릴, 6세, 남아, NC	도널드 덕이 울고 있다. 그림 100	도널드 덕은 자신이 통제할 수 없는 웅덩이에 앉아 있다. 척추의 '틈'에 주목해 보자.
6	당뇨성 소염	S. Z., 9세, 남아, KiSpi	비 오는 날 (수업 주제) 그림 117	많은 비가 내리지만 목이 마른 환자의 입에는 한 방울의 물도 닿지 않는다.
7	분비액으로 가득 찬 낭종	에스더, 9세, 여아, NC	빨간 얼굴을 가진 땅딸막한 소녀 그림 174	프리즈 벽화 앞에 있는 빨간 얼굴의 땅딸막한 인물
			암의 유형	
8a.	두개인두종	베아트, 10세, 남아, NC	일출 혹은 일몰? 그림 70	시신경과 시신경 교차 지점 사이에 있는 밤알 크기의 거대한 노랑-빨강 종양을 제거하는 수술에 성공했다. 수술 전에 그린 그림
8b.	스케치		그림 71	종양 위치 스케치: 네 가지 해부학적 위치 중 한 곳
9	복부암	F. T., 성인 여성, 독일 출신	문어 나무 그림 169	15년 후 진단되지 않은 복부암으로 사망한 여성이 그린 그림이다.

10	대장암	E. D., 성인 남성, 스위스 출신	예술가의 그림 그림 226	예술가는 "파랑과 빨강으로 구도를 잡아 그리고 싶다."라고 말했다. 그는 첫 증상이 나타나기 5개월 전, 그리고 대장암 진단 및 검사와 성공적인 수술을 받기 6개월 전에 그림을 그렸다.
11	후두암	R. W., 60세, 남성, NC	한 남성의 초상화 그림 161	모브색으로 머리의 윤곽(전이)을 그렸고, 왼쪽을 바라보고 있다. 그림이 완성되자 환자는 재빠르게 빨강으로 굵은 선 하나를 추가했다. 암의 전이는 임상적으로 나중에 진단되었다. 예후는 좋았음에도 그는 4개월 후 사망했다.
12a.	오른쪽 전두엽 뇌종양(표피 종)	S. U., 7세, 남아, KiSpi/NC	탈출하는 영혼의 새와 가족의 집 그림 172	처음에는 행동 장애 진단을 받았다. 어지럽고, 메스껍고, 두통으로 인한 발작이 있었다. 그림 분석 이후 신체적 증상은 재진단되었다. 이후 진행된 수술은 성공적이었다.
12b.	방사선 사진		전두엽 뇌종양 그림 173	
13	뇌의 악성 종양, 전이	프리스카, 9세, 여아, NC	한스 페터 베버의 초상화 그림 166	좋아하는 사람에게 전이가 투영되었다. 악성 뇌종양은 그녀의 척추로 빠르게 퍼졌다. 그녀는 2개월 후 사망했다.
14	뇌의 악성 종양, 전이	페터, 8세 3개월, 남아, NC	Frl. T의 초상화 그림 167	좋아하는 비서의 초상화이고, 악성 뇌종양이 척추를 따라 서서히 퍼지고 있다. 그는 15개월 후 사망했다(척추를 따라 붉은 반점이 있다).
15	종양, 후두종 및 지혈, 전이	트루디, 8세, 여아, NC	집과 나무 그림 37	감별 진단: 오른쪽으로 돌출된 지붕에 반영된 전형적인 빨강으로 나타난 우측 측두엽 종양. 창문에 특징적인 적갈색으로 나타난 혈종
백혈병				
16	급성 골수성 백혈병	사베르, 11세, 남아, KiSpi	나의 의사 그림 49	의사의 옷에 묻은 혈흔은 아동의 피부에 있는 혈종과 정확하게 일치한다. 빨간 코와 입은 입원 당시 출혈이 심했던 상황이 반영되었다.
17	림프모구 백혈병	아르투어, 6세, 남아, KiSpi	빨간 소파에 앉은 백색 아동 그림 48	그룹에 주어진 주제: "우리 가족". 왼쪽 상단에 있는 빨간 소파에 있는 백색 인물에 대해 소년은 "저예요"라고 말했다. 그에게서 모든 빨강(피의 색)은 모두 사라지고 '백색'만 남은 것일까?

18	급성 림프모구 백혈병	킴, 12세, 남아, 덴마크 출신	도널드 덕과 해적의 깃발 그림 101	코펜하겐 대학병원. '백색' 도널드 덕은 해골과 십자가 모양으로 그려진 뼈다귀가 표시된 해적의 깃발을 보고 두려움에 가득 차 있다.
19	급성 림프모구 백혈병	리스베스, 8세, 여아, KiSpi	5월의 사과 수확 그림 17	히치히 교수는 빨강의 동그란 요소들이 잘 정돈된 투명한 바구니에서 몇몇 요소들의 가운데가 하양이라는 것을 발견했다. 그는 이를 통해 세포 형성이 교란된 것을 알아챈 것이다. 이 소녀는 그림을 그린 해에 사망했다.
20	급성 림프모구 백혈병	한스 페터 슈, 남아, 9세, KiSpi	파란 비 그림 87	중병에 걸린 환아의 그림에서 백혈병 세포의 표현이 폭발적으로 증가한다. 검은 윤곽으로 그려진 하얀 집의 상단에 있는 창에 백색 인물이 보인다. 소년은 이 그림을 그린 후 얼마 지나지 않아 세상을 떠났다.
21a.	급성 림프모구 백혈병	크리스타, 17세 6개월, 여아, KiSpi	외래 진료소로 가는 자갈 포장도로 그림 162	히치히 교수는 자갈밭에 세포와 비슷한 형상 조약돌(특별히 발 아래쪽에 묘사된)을 보고 손상된 골수가 비유적으로 묘사되었다는 것을 인식할 수 있었다. 현미경 사진(그림 163) 참조
21b.	현미경 사진		병든 골수의 이미지 그림 163	

그림 166 한스 페터 베버의 초상화. 프리스카.

그림 167 Frl. T의 초상화. 페터.

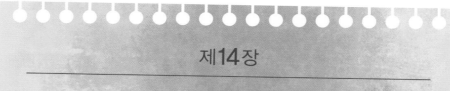

제14장
정신과 신체의 관계

　정신과 신체의 관계는 인류가 태초부터 고민해 온 질문이다. 하지만 그 관계가 변할 수 있다는 것을 개인적으로 처음 깨달은 것은, 수백, 아니 수천 건의 불치병에 걸린 아동들의 그림을 연구하면서였다. 나는 이 관계가 환자의 상태에 따라, 즉 죽음으로 가는 길에 있든지 아니면 회복으로 나아가는 과정에서 변할 수 있다는 것을 알 수 있었다. 내가 알기로, 중병에 걸린 아동들의 그림 속 이미지에 대한 관찰과 설명은 정신과 신체 사이의 변화하는 관계에 대한 첫 번째 표현이다.

　아동들의 그림 이야기 사이의 상호 관계에 대해 탐구하기 전에, 정신과 신체 관계에 대한 개인적인 생각을 말하고 싶다. 이것은 하느님의 세계라는 것이 나의 깊은 신념이며, 그 안에 있는 모든 것이 '태초에 깨진 빛의 그릇에서 나온 황금색 불꽃' 한 조각을 담고 있을 수 있다고 믿는다. 하시딕(Hassidic)의 이해에 따르면, 인간의 임무는 마지막 흙 속에서조차 황금색 불꽃을 찾아내는 것이다. 우리가 알고 있듯이, 초기 양초는 사람이 섭취할 수 없는 수지(獸脂)로 만들어졌지만, 심지가 타면서 불을 밝히는 물질로써 작용하여 빛으로 변할 수 있었다. 마찬가지로 정신과 신체의 관계를 생각해 보면, 몸이 회복 불가능한 병으로 고통받을 때, 정신적, 영적 측면이 성장하고 발전할 수 있다는 것을 알았다. 몸이 병에 걸릴수록 정신적, 영적 측면이 더 자유로워질 수 있다. 한편으로, 또한 우리는 정신이 건강한 몸에도, 병든 몸에도 영향을 미치는 것을 다시 발견했다. 병이 심각한 사람이라도 삶을 계속할 수 있고 그 삶에 새로운 의미를 찾을 수 있도록 심리적으로 영향을 줄 수 있다는 것을 알게 되었다.

　나는 정신과 신체를 이 세상에서 가장 오래되고 가장 잘 어울리는 짝으로 생각하며, 그들이 서로의 존재를 의식하지 않고도 손에 손을 잡고 함께 걷는 모습을 상상할 수 있었다. 우리는 이러한 상태를 조화라고 부른다. 이는 우리 몸이 건강한 상태에 있을 때 우리가 아픔이나 통증을 느끼지 않는 것과 비슷하다. 예를 들어, 작은 손가락이 베여 피가 날 때까지 말이다. 옥스퍼드 사전에서 인용하자면 '조화는 일치를 의미한다'. 이는 그리스어 하모니아(harmonia)에서 유래된 것으로, '창조 전에 이미 존재했던 몸과 영혼의 결합'이라는 의미를 찾을 수 있다. 이것은 17세기 독일 철학자며 융에게도 친숙했던 라이프니츠(Leibniz, 1646~1716)(La Monadologie, 1714 참조)의 생각하게 한다.

이 장에서는 다양한 병원에서 질병을 앓는 아동들의 그림을 통해 표현된 정신과 신체 간의 변화하는 관계를 보여 줄 것이다. 우리는 정신과 신체가 같은 방향으로 나아가는 것부터 시작할 것이다. 이는 오른쪽이든 왼쪽이든 상관없다. 이어서 신체가 주도하는 이미지가 나오며, 그 뒤에는 신체와 정신이 갈라지기 시작하는 이미지가 나타나 분리될 준비를 하고, 마지막으로는 정신과 신체의 분리가 동시적인 순간에 반영된 그림으로 마무리할 것이다.

정신과 신체는 같은 방향을 향한다

이 책의 시작 부분에서 간단히 소개했던 두 아동, 페터와 프리스카의 그림 두 개를 선택했다(그림 176, 34). 두 아동은 서로를 알지 못했으며, 둘 다 9세였고, 같은 질병(악성 종양)을 앓고 있었으며, 각각 다른 의사들에 의해 치료를 받았다. 그들은 같은 모티브를 선택했다. 성 니콜라스와 그의 어둠의 동료 슈무츨리다.

우리는 중부 유럽에서 아동들의 수호성인 성 니콜라스가 그의 이름을 딴 날인 12월 6일에 아동들을 찾아온다는 것을 알고 있다. 그는 착한 아동들에게는 과자와 선물을 주고, 나쁜 아동들에게는 매를 주며, 매우 나쁜 아동들은 자신의 자루에 담아 데려가기도 한다. 두 그림의 평가에 있어 중요한 점은 두 그림 모두 크리스마스 시즌이 아닐 때 그려졌다는 것이다. 프리스카의 그림은 1월 말에, 페터의 그림은 9월에 그려졌다. 이제 우리에게 친숙한 프리스카는 성 니콜라스를 그의 황금으로 된 권장(權杖)을 짚고 오른쪽으로 걸어가는 모습으로 그렸으며, 그 뒤를 따르는 슈무츨리와 한 작은 인물이 그려져 있다. 그림 속 모든 요소에는 환아의 병을 상징하는 빨강이 나타나 있으며, 심지어 텅 빈 집도 완성되지 않은 채로 그려졌다. 또한 인공적으로 보이는 다리도 신체적으로 주목할 만한 부분이다. 이 환아는 종양 수술이 성공적으로 끝난 후 잠시 다시 움직일 수 있었다.

그림 176 보조를 맞춰 걷고 있는 프리스카와 성 니콜라스. 프리스카.

심리적으로 보면 프리스카는 성인과 좋은 관계를 맺고 있으며, 우리는 아마도 그 성인을 그녀의 영적 안내자로 이해할 수 있다. 그녀의 말을 빌리자면 "저는 성 니콜라스가 두렵지 않아요."라고 얘기했다. 그녀는 심지어 귤을 꺼내기 위해 과일과 간식이 가득한 자루에 구멍을 뚫기도 한다. 그들은 아스클레피오스의 신성한 나무인 사이프러스 모양의 나무를 향해 보조를 맞춰 걸어간다.

페터는 성 니콜라스를 나무보다 더 크고 화려하게 그렸다. 원뿔형의 뾰족한 모자는 하늘에 닿을 정도로 높으며, 검은 십자가를 달고 있다. 그는 왼쪽으로 걷고 있고, 팔과 귀가 없는 그의 조수 슈무츨리가 뒤를 따른다. 슈무츨리는 곰 인형 같은 동물을 안고 있는데, 이것은 그의 신체적 측면을 나타내며 도움을 요청하고 있다. 환아는 "불순종한 자가 자루 안에 있어요."라고 말했다. 여기서 우리는 정신과 신체가 같은 그림 속에서 어떻게 표현되는지에 대한 시각적인 예를 볼 수 있다. 둘 다 '붙잡힌' 상태로, 그의 몸은 끊임없는 병에 의해, 그의 마음은 괴로운 죄책감에 빠져 있다. 프리스카와는 달리, 페터는 성인과 그의 조수와 좋은 관계가 아니다. 그들은 여기서 초기의 하느님과 악마의 이미지일까?

그림 34 성 니콜라스와 그의 조수 슈무츨리 그리고 도움을 요청하는 곰 인형. 페터.

이 사례 기록을 통해 우리는 이 그림이 환아의 악성 종양이 방사선 치료를 받은 지 두 달 후에 그려졌다는 것을 알 수 있다. 하지만 벌을 받거나 갇히거나 마법에 걸릴 것이라는 페터의 두려움은 그가 그린 거의 200개의 그림 시리즈 전체에 걸쳐 나타난다.

정신이 주도권을 넘겨받다

다음 그림(그림 77)에서는 우리는 주교의 지팡이를 든 성 니콜라스를 보고 있다. 이 지팡이는 보호자 목자의 지팡이며, 그림은 주로 빨강과 파랑으로 칠해졌다. 그의 머리는 그림의 왼쪽 상단 모서리, 즉 서쪽으로 향해 있어 해가 지는 방향을 향하고 있다. 그는 두려움에 떨며 배변을 하고 있는 동물의 주둥이를 잡아끌고 있다.

그림 77 성 니콜라스와 배변하는 동물. 페터.

우리가 성자를 중재하는 조력자며 영혼의 인도자로 이해한다면, 우리는 확실히 동물을 두려움에 떠는 본능적인 어린 환아의 신체적 측면의 표현으로 이해할 수 있다. 여기에서 보면 정신이 주도권을 잡고 신체가 마지못해 뒤를 따르고 있다.

비교를 위한 그림들:

그림 177 암퇘지는 도살당하기를 원하지 않아요. 페터의 말이 적힌 색종이 그림.

그림 178 포박된 제물용 황소. 이집트 제5왕조, 석회암 부조.

신체가 주도권을 넘겨받다

두 달 동안 지독한 병마와 싸운 후, 페터는 창과 소총을 든 용감한 작은 전사를 그렸다(그림 179). 이 무기들은 과거와 현재의 것들이다. 그의 새(그의 영혼의 새)는 그림 속 이야기에서 자주 그의 동반자로 등장하는데, 망설이는 듯 그를 따르고 있다. 전체 그림은 불타는 듯한 빨강으로 그려져 있으며, 이는 임상적으로 소모적인 병의 과정을 나타내는 징후로 보인다(8장 빨강 참조).

그림 179 용감한 작은 전사. 페터

정신과 신체가 극과 극으로 흩어지다

다음 두 그림에서는 정신과 신체가 어떻게 분리될 수 있는지 살펴보려 한다. 두 그림은 각각 페터와 프리스카의 작품이다. 우리는 1장에서 불과 싸우는 페터(그림 8)를 기억한다. 이 그림은 그가 병원에 입원하여 한 달간의 성공적인 방사선 치료를 받고 다시 걸을 수 있게 된 시기에 그려졌다. 병원에서 매우 협조적인 환자였던 그는 자신의 집, 즉 그의 몸을 위협하는 불을 모브색 물로 끄는 데 도움을 준다. 이 색은 종종 전이의 색으로 사용된다.

우리가 놀란 것은 페터가 오른쪽에 있는 네 명의 아동(남아 셋과 여아 하나)에 대해 "그들은 모두 집을 잃어서 울고 있어요."라고 말한 것이다. 그는 아동들 각각의 이름을 말했지만, 실제로 아는 아동들인지 확인할 수 없었다. 그들은 이 세상에 태어나지 못할 아동들일까?

신체에 대한 이야기를 충분히 언급했으니, 이제 정신에 대한 이야기로 넘어가 보겠다. 불타는 집을 몸의 상징으로 생각하고, 이미 병의 최종 결과를 알고 있는 것 같은 아동들을 생각해 보자. 왼쪽에 있는 평온한 새와 대조적이다. 그 새는 둥지에서 담배를 피우며 전혀 동요하지 않고, 거의 아동들의 두려움과 몸의 본능적인 지식에 정면으로 반박하는 것처럼 보인다. 새를 영혼의 상징으로 이해함으로써 (사례에서 알 수 있듯이) 새가 '옳았다'는 것을 알게 되어 기쁘다. 왜냐하면 그 소년은 치료 후에 또 다른 열한 달 동안 정상적인 생활을 할 수 있었기 때문이다.

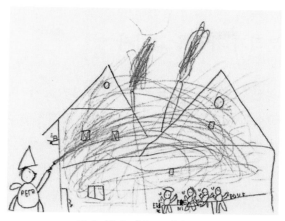

그림 8 불과 싸우는 페터. 페터.

성공적인 수술 후 약 한 달 뒤, 프리스카는 왼쪽에 무색 구름이 있는 진한 파랑 하늘 아래 나무 한 그루를 그렸다(그림 24). 울타리 안에는 연한 초록과 진한 초록의 잔디 위에 황금색 노란 몸통에 빨간 부리 그리고 작은 갈색 꼬리 깃털을 가진 병아리 3마리(대지 위의 새들)가 오른쪽을 향하고 있다. 놀랍게도 "먹이를 주지 마시오!"라는 경고 표지판이 보인다. 왜일까? 이 아동 안에서 어떤 것이 새로운 생명의 성장에 대해 "아니요!"라고 말하는 것일까? 대지에서 멀어지는 영혼에 대한 확실한 방향성일까? 여기서 정신과 신체는 분명히 극과 극으로 흩어지고 있다.

그림 24 먹이를 주지 마시오. 프리스카.

정신과 신체의 분리가 가져올 그림자

다음 세 장의 그림은 정신과 신체의 분리를 시각적으로 보여 준다. 첫 번째 그림(그림 124)은 꼬리핵 부위 수술 후 그려졌으며, 우리는 벽에 거의 붙어 서 있는 작은 소녀를 볼 수 있다. 소녀는 뾰족한 부분이 있는 머리띠를 하고 있으며, 이미 주둥이에 쥐를 물고 있는 거대한 고양이, 즉 그녀를 집어삼키는 병을 딴 곳으로 유인하려고 한다. 그림자 같은 새(아넬리의 영혼의 새)가 고양이 위를 왼쪽으로 날아간다. 우리는 여기서 신체와 영혼의 분리를 그림으로 나타낸 것을 볼 수 있을까? 사례 기록에 따르면 이 소녀는 그림을 그린 직후 혼수상태에 빠졌고 다시는 깨어나지 못했다(12장 난쟁이 참조).

그림 124 고양이와 쥐. 아넬리. 여아. 11세. 뇌의 악성 종양. NC.

다음 그림은 다시 페터의 그림이다(그림 180).

그림 180 낙하산과 새가 있는 탱크. 페터.

아무것도 없는 곳에 서서 포탄을 발사하는 탱크가 보인다. 운전자의 머리만 연필로 그려져 보인다. 왼쪽에는 하늘과 땅 사이에서 낙하산에 매달려 희미하게 윤곽이 드러난 사람의 형체가 보이고, 그의 몸은 텅 비어 있으며, 생명의 색채는 사라졌다. 오른쪽에는 거의 같은 높이에 연필로 그려진 새 한 마리가 역시 텅 빈 몸으로 탱크를 향해 날아가고 있다. 새 옆에 있는 포탄도 비어 있다. 총알이 아직 새를 죽이지 않는다는 것을 의미하는 것일까, 아니면 새의 영혼이 결국 파괴될 수 없음을 의미하는 것일까?

우리는 임상적으로 그리고 다른 그림 증거를 통해 병원에서 더 이상의 치료가 없었다면 그의 생명이 끝났을 수도 있다는 것을 알 수 있다(4장 페터의 병력 참조). 우리에게 이 그림은 정신과 신체의 분리를 시사한다.

그림 181 타잔과 원숭이. 아드리안.

여기에서 우리는 아드리안의 특별한 친구며 많은 아동의 영웅인 타잔을 볼 수 있다(그림 181). 이 그림은 소년이 골수이식을 위한 전신 방사선 치료 준비를 위해 무균실에 들어가기 전에 그려졌다. 타잔은 주먹을 불끈 쥐고 칼을 칼집에 안전하게 넣은 채 왼쪽을 향해 전투 자세를 취하고 있다. 취리히의 연구팀의 한 멤버는 표범 무늬가 환아의 아버지가 이식 수술을 위해 기꺼이 자신이 골수를 기증한 부위를 떠올리게 한다고 말했다.

아드리안의 가장 친한 친구이자 늘 함께하는 동반자인 원숭이는 이상하게도 위험할 때마다 나타나곤 했는데, 머리가 잘린 타잔의 어깨에서 솟아오르는 것처럼 보인다. 원숭이의 가장 가까운 팔은 구부러져 있고, 가슴 쪽으로 평화의 상징인 올리브 가지를 들고 있다. 이 원숭이는 천국으로 올라가는 중인가? 용감한 전사의 몸에서 거의 벗어나려 하고 있으며, 그는 아마도 마지막 싸움일지 모를 왼쪽을 향하고 있다. 두려워하는 모브-빨강으로 그려진 타잔은 병에 완전히 사로잡혀 고투하고 있고, 그를 보호하는 친구인 원숭이는 이를 더 잘 알고 있어서 그의 병든 몸을 떠나려고 한다. 여기에서 우리는 정신과 신체의 분리가 마치 아동의 신체의 변화가 일어나는 것처럼 예고되어 있다는 것을 이해할 수 있을까?

정신과 신체의 분리

다음 두 그림은 모두 스위스 농부의 아동들이 그린 것으로, 정신과 신체의 분리를 생생하게 반영한다. 여기서 우리는 현재 주제와 관련된 몇 가지 세부 사항만 설명하려 한다.

그림 125 종양이 있는 집을 떠나는 영혼의 새. 게오르그 O., 남아, 8세, 악성 뇌종양. NC.

첫 번째 그림에는 왼쪽을 향한 소달구지가 중앙에 있으며, 브레이크가 걸려 있다. 달구지 위에는 듬성듬성한 초록 풀다발 몇 개가 놓여 있다(그림 125). 신발과 검은 모자를 쓰고, 검은 옷을 입은 남자가 윤곽으로만 묘사되어 있으며, 매우 가는 고삐로 소를 잡고 있다. 문이 없는 텅 빈 헛간에의 지붕 아래에 3개의 빨간 창틀이 있다. 잘못된 위치에 있는 어떤 색처럼 의미심장하게, 우리는 이 빨강이 다른 신체적 징후와 결합할 때 종종 불타는 과정을 나타내는 중요한 색으로 기억한다. 희미한 새 1마리가 왼쪽으로 날아간다. 소달구지가 막힌 길에서 기다리는 동안, 영혼의 새가 종양으로 뒤덮인 집과 메마른 나무를 떠나고 있는 것일까? 소년은 얼마 지나지 않아 사망했다(12장 새 참조).

두 번째 그림에서 우리는 왼쪽으로 날아가는 작은 날개 달린 형체에 집중해 본다. 그리고 여기서 그 인물은 놀랍게도 환아가 이전에 그렸던 작은 사람의 특징을 지니고 있다. 새를 모티브로 한 섹션에서 우리는 죽어 가는 아동의 그림 속 날개 달린 형체(그림 22), 즉 아이돌론의 의미를 발견했다. 또한 우연히 친절하게도 그리스의 한 항아리에 그려진 '프로크리스의 죽음'(기원전 440년)을 묘사한 사진을 발견했었던 것을 기억한다. 설명에는 "그녀가 마지막 숨을 거둘 때, 그녀의 모습을 한 영혼의 새가 하늘로 날아오른다."라는 문구가 적혀 있다(그림 126 참조).

그림 22 이른 수확. 발터 H., 남아, 8세, 송과체부종양, NC.

그로부터 얼마 지나지 않아 나는 '아니'의 석관에서 시신 위에 영혼의 새가 있는 더 이른 시기의 작품을 발견했다(이집트, 기원전 1200년경, 19왕조). 죽은 자의 날개 달린 영혼인 '바'는 죽은 자의 시신을 떠나는 모습이 그려져 있다. 여기에서도 그의 얼굴은 아니의 모습을 닮게 그려져 있다(그림 127).

처음 두 그림은 정신과 신체가 분리되는 순간을 예고하고, 마지막 두 그림은 신체의 실제 죽음과 영혼의 새가 동시에 해방되는 순간을 보여 준다.

기원전 440년경의 그리스 화병, 기원전 1200년경의 이집트 석관, 서기 1949년 스위스 소년의 **자발적 그림**에 그려진 죽음에 대한 묘사 사이의 유사점은 수천 년 동안 서로 다른 문화권에서,

그리고 서로 독립적으로 이러한 상징의 영속성을 감동적으로 보여 준다. 이것은 우리가 인류에 속해 있다는 것, 그리고 우리가 속해 있고 우리를 살아 있게 붙잡아 주는 끊임없는 삶의 연속성에 대한 위안을 줄 수 있다.

제3부

확충과 반영

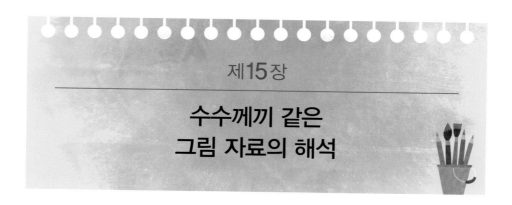

제15장

수수께끼 같은
그림 자료의 해석

이해하기 어려운 그림을 발견하면, 앞서 말했듯이 그림을 복사하고 이해의 중심이 되는 것들에 제목을 붙이는 것이 도움이 될 수 있다. 그런 다음 같은 시기에 그려진 다른 환자의 그림을 보면 놀라운 통찰력을 얻을 수 있다. 이를 설명하기 위해 페터의 그림 중 두 개를 선택했다.

그림 34 성 니콜라스와 그의 조수 슈무츨리 그리고 도움을 요청하는 곰 인형. 페터.

그림 34에서는 형형색색의 성 니콜라스는 왼쪽으로 걸어가고 있고, 그 뒤에는 귀와 팔이 없는 조수 슈무츨리가 따라간다. 슈무츨리의 자루 속에서는 테디 베어 같은 작은 인형이 도움을 요청하고 있다. 우리는 '무엇을 위한 도움일까?' 질문을 하게 된다.

다음 날 페터가 색종이로 표현한 그림은 우리에게 그 대답을 제공한다.

그림 177 암퇘지는 도살당하기를 원하지 않아요.

농부의 아들인 이 환아는 "암퇘지는 도살당하기를 원하지 않아요."라고 말했다. 이것은 우리에게 페터의 내면적인 감정에 대한 통찰을 주었다. 그는 어렴풋이나마 슈무즐리가 결국 자신을 '도살장'으로 데려갈 것이라고 예감하고 있었을까? 그것이 테디 베어의 도움을 요청한 이유였을까? 안타깝게도 그 예감은 현실이 되었다. 그의 용감한 저항과 병원의 적극적인 치료에도 불구하고 그는 결국 계속되는 병으로 인해 세상을 떠났다(5장 7. 숫자, 7장 사분면 참조).

그림 178 예술 작품과의 평행: **포박된 제물용 황소**. 이집트 제5왕조, 카이로 박물관.

우연의 일치가 주는 도움

우리 모두가 한 번쯤은 겪어 봤을 '우연'이라는 현상에 대해 좀 더 주의를 기울이는 것이 도움이 될 수 있다. 우리 모두가 경험했을 이 현상에 대해, 무엇이 우리에게 '우연히' 일어났는지, 그리고 그것이 어디서 왔는지를 물어볼 필요가 있다. 누군가에게 연락하고 싶었는데 그에게서 편지가 도착한다. 오랫동안 누군가에게 전화를 걸어야겠다고 생각을 하다가 마침내 전화를 걸려고 했을 때, 그때 전화벨이 울렸는데 바로 그 사람의 전화였다. 이러한 '우연'에 주의를 기울이고 '망각의 지하 감옥'으로 던져 버리지 않는 것이 중요하다. 우리는 그것들이 도움이 되고 의미가 있는지를 항상 물어봐야 한다. 우연은 가장 예상치 못하고, 불가능해 보이는 방향에서 올 수 있다. 다음 네 개의 그림에서 우리는 우연의 일치가 그림 속의 퍼즐을 해독하는 데 어떻게 도움이 되었는지에 대한 사례를 보여 준다.

그림 182 춤추는 공주. 프리스카.

그림 183 무용수. 오스카 슐레머.

나는 취리히에 있는 NC의 연구실에 앉아 프리스카의 그림 춤추는 공주(그림 182)를 작업하고 있었다. 그녀는 이 그림에 대해 "이것은 궁전 창밖을 내다보는 여왕과 같은 모습이에요."라고 말했다. 나는 그녀의 화려한 치마 양 끝에 파란 안테나가 달린 것이 무엇을 의미하는지 해석할 수 없었다. 그때 베버가 우리 연구실에 들어와 "이제 그만, 오늘은 할 만큼 했어요. 차라리 슐레머(Schlemmer) 전시회에 갑시다. 마침 전시회 마지막 날이거든요."라고 말했다. 그렇게 우리는 전시회에 갔다. 발레 장면의 연속에서, 그 예술가는 3차원 모델을 통해 지상에서 빛으로, 인간의 몸이 색과 빛의 움직임을 통해 어떻게 '비물질화' 될 수 있는지의 아이디어를 표현했다. 무지개색 의상을 입은 무용수를 보자마자 나는 바로 프리스카의 춤추는 공주와의 유사성에 크게 놀랐다.[1]

베버가 그 인물에 대한 간단한 스케치를 해 주었고, 우리는 프리스카의 그림을 이해하기 위한 첫걸음을 내디뎠다고 생각하며 식사를 하러 갔다.

다음 날 아침, 우리는 NC 도서관에서 이 스케치를 테이블 위에 두고 일하고 있었을 때, 야사르길 교수가 들어와 이 그림을 보자마자 이렇게 외쳤다. "이거 데르비시(Derwisch) 맞죠? 오, 주술사네요!"라고 말했다. 우리는 그에게 주술사와 그들의 춤의 의미에 대해 더 자세히 설명해 달라고 부탁했다.

주술사의 원래 기능은 의사며 치유자였다. 그는 중앙 아시아, 북동 아시아, 북미, 인도네시아 등 소위 원시 사회나 집단에서 특별한 종류의 의술가로 여겨졌으며 아직도 그렇게 여겨진다. 이러한 곳에서는 질병은 영혼이 몸에서 이탈한 것으로 간주된다.[2]

주술사는 환자의 도망친 영혼을 고통받는 그의 몸으로 다시 데려오려고 시도한다. 그는 정신과 신체의 재통합, 즉 치유를 이루려고 한다. 몸과 영혼의 분리가 너무 심해 몸이 죽어야 한다면 주술사는 영혼의 안내자가 된다.

프리스카의 춤추는 공주와 슐레머의 무용수들은 매우 유사해 보인다. 두 작품 모두 움직임과 색상을 통한 인간 몸의 비물질화를 반영하며, 그로 인해 고대의 변화의 상징을 전달하게 된다. 우리는 이제 프리스카의 그림을 더 잘 이해할 수 있게 되었다. 프리스카가 지독한 투병 중임에도 불구하고, 밝고 평온한 모습으로 이 세상을 떠날 수 있으리라는 희망을 갖게 되었다. 그리고 그녀는 그렇게 했다.

또 다른 예로, 우리는 페터의 구름새(그림 137)를 연구하던 시점이었다. 페터가 그림에 대해서 설명한 바로는 그림 속 소년은 친구인 원주민(오른쪽)이 탄약을 더 사러 '라텐'(상점)에 가고 있고, 작은 인물이 왼쪽으로 마차를 끌고 있다는 것이다. 왼쪽(어두운 미지의 영역)에서 파란 구름새가 날아와 그림 전체를 거의 덮어 버렸다. 이 구름 형상은 무엇을 의미할까(12장 새 참조).

이번에도 우리 동료 중 한 명인 컬버 바커 박사가 '우연히' 이 그림을 이해할 수 있는 열쇠를

---

1) Oscar Schlemmer(1888~1943)는 그로피우스(Gropius), 클레(Klee), 칸딘스키(Kandinsky) 및 파이닝거(Feininger)와 함께 바이마르의(Weimar)의 건축과 조각 아카데미 바우하우스 교사 중 한 명으로, 기념비적 예술과 장식 예술을 통합하는 것을 목표로 삼았다.

2) M. Eliade, Shamanism: 황홀령의 고풍스러운 기술. Routledge, London, 1962.

발견했다. 점심시간에 그는 우표를 사러 나갔다. 우체국 옆에는 미술품 가게가 있었고, 거기서 그는 예술 작품이 그려진 엽서 중에서 거대한 구름새가 그려진 세간티니의 그림 라 모테(그림 138)를 발견했다. 그는 그 엽서를 사서 병원으로 가져왔다.

두 그림을 나란히 놓고 보니, 화가의 구름새가 서쪽, 즉 해가 지는 방향인 왼쪽으로 향하고 있었고, 거의 캔버스 끝에 도달한 듯 보였다. 이는 그 화가의 삶의 끝을 의미하는 것일까? 그는 일주일 후 예기치 않게 사망했다.

그러나 페터의 파랑 구름새는 왼쪽에서 오른쪽으로, 태양이 떠오르는 쪽을 향해 날아간다(12장 새 참조). 그렇다면 그의 영혼의 새가 다시 살아나고 있다고 말할 수 있을까? 사례 기록을 통해 우리는 그가 매우 위독한 상태로 NC에 입원했으며, 항암화학요법과 예방적 방사선 치료에 잘 반응하여 완화되었고, 거의 정상적인 생활을 할 수 있는 시간을 가졌다는 것을 상기시킨다(4장 페터의 짧은 병력 참조).

다음 사례는 적절한 순간에 책을 선물한 것이 수수께끼 같은 인물의 의미를 풀어내는 데 어떻게 도움이 되었는지 보여 준다.

그림 22　이른 수확. 발터 H., 남아, 8세, 수모세포종, NC.

우리는 5장 '자발적 그림의 체계적 분석'에서 '주변 환경과 그림 비교하기' 단락을 통해 발터 H.의 그림을 알고 있으며, 14장 '정신과 신체의 관계'에서 더 깊이 있게 다루고 있다. 이 그림을 집중적으로 연구하는 동안, 종양으로 위협받는 집의 굴뚝 너머에 사람의 얼굴을 한 작은 새 같은 형상을 이해하기가 어려웠다. 바로 그때 나는 암스트롱(Armstrong)의 신간인 '영국 새의 민속학(Folklore of British Birds)[3]'을 선물 받았는데 이 책을 통해 내면과 외면이 완전히 일치한 드문 순간을 경험했다. 책을 펼쳤을 때 내가 처음 본 것은 기원전 440년경의 그리스 화병의 그림(그림 126)[4]이었다. 그 그림은 프로크리스의 죽음을 묘사하며, "그녀가 마지막 숨을 거둘 때 그녀를 닮은 영혼의 새가 공중으로 날아간다."라는 글이 적혀 있었다. 여기에서 나는 1949년 스위스의 한 병동에서 그려진 죽어 가는 아동의 이목구비에 이상하리만치 작은 날개를 가진 형상의 의미에 대한 해답을 찾았다. 그러므로 이것이 그의 아이돌론이며, 죽어 가는 아동의 이미지를 알 수 없는 평화의 땅인 왼쪽으로 옮기고 있었다. 그는 9개월 후 수술할 수 없는 종양으로 사망했다.

그림 126 프로크리스의 죽음. 그리스 화병 사진.

타우 문자가 있는 그림은 수수께끼 같은 모티브를 이해하는 데 도움이 되었으며, 이는 네 번째 '우연의 일치'의 사례다. 타우 문자에 대해서는 12장 '타우 문자'를 참조하길 바란다.

3) Folklore of British Birds, Armstrong, Collins(1958).
4) 런던의 대영박물관의 친절한 허가를 받음.

그림 57 타우 문자와 물고기 두 마리. 로베르토, 남아, 7세, 악성 뇌종양(소뇌 수모세포종), NC.

　의미 있는 '우연' 현상의 마지막 사례는 완전히 다른 상황에서 나온 것이다. 우리는 12장의 '새' 단락에서 백혈병에 걸린 소녀가 올빼미를 모티브로 선택했다는 사실을 알고 있으며, 그녀가 왜 생명을 위협하는 새를 그렸는지 이미 물어봤다. 우리는 신화와 민속에서 흥미로운 유사점을 발견했지만, 어쩐지 이 질문은 나를 떠나지 않았고, 어느 날 그것은 가시적인 현실이 되었다. 부엉이에 대한 생각에 잠긴 채 부엌에서 저녁을 준비하고 있었는데 남편 한스 바흐(Hans Bach)가 들어왔다. 나는 그에게 환자의 그림과 죽음의 여신 릴리스와의 연관성에 대해 이야기했다. 남편은 그 주제에 매우 흥미로워하며 식료품 저장실까지 나를 따라왔다. 마침내 나는 그에게 "이 모든 것이 당신과 무슨 관련이 있어요?"라고 물었다. 갑자기 그는 가만히 서서 "릴리스가 갓난아이를 훔치는 도둑으로 알려져 있어서, 내 할머니가 릴리스의 치명적인 힘을 막는 부적을 나의 요람 위에 올려놓았다는 말을 누군가에게 들은 기억이 나네요."라고 말했다. 이 부적은 오늘날까지도 널리 사용되고 있으며 밤의 수호자로 불린다.

　크리스타의 그림에 대해 다시 이야기하자면, KiSpi 혈액학 부서의 모두가 크리스타가 심각한 중병에 걸렸다는 것을 알고 있었다. 그녀의 가족은 부작용만 있을 뿐이라는 것을 알면서도 새로운 약을 시도해 보길 고집했다. 나는 조용히 생각했다. '당신들이 추가 치료 방법에 대해 논의하든 말든, 언

그림 98 벌레 먹은 나뭇가지 위의 올빼미. 크리스타, 여아.

젠가 그녀는 갑자기 묻지도 않고 떠날 것이다.' 그리고 실제로 그렇게 되었다. 우연히도, 다시 입원하기 전에 그녀는 몇 분 만에 침대에서 내출혈로 사망했다. 올빼미가 크리스타의 친구가 되어 지긋지긋한 병마로부터 그녀를 구해 준 것일까?

제16장

남겨진 생애에서 변화되는 동일한 모티브

이제 우리는 인생의 결정적인 단계에서 변화하는 것과 관련하여 **자발적 그림**의 몇 가지 주제를 살펴보려 한다. 이전과 마찬가지로 우리는 서로를 모르고 서로 다른 질병을 앓고, 다른 병원에서 치료를 받는 동갑인 두 소년의 그림을 선택했다. 마지막에 우리는 그들의 연작 그림과 다른 예술 작품과의 유사점, 즉 15세기의 일련의 태피스트리와 비교하여 유사하지만 중요한 모티브의 변화를 발견하게 된다.

페터와 눈사람

눈사람의 모티브는 페터의 많은 연작 그림에서 세 번이나 등장한다. 첫 번째 그림에는 2개의 눈사람이 있다(그림 184). 왼쪽의 눈사람은 보라 얼굴에 다리가 없고 수염이 있다. 왼손에는 지팡이를 들고 있고 모자에는 소년의 이니셜 P. M.이 적혀 있다. 오른쪽에 바짝 따라오는 듯한 눈사람은 다리 모양만 있다. 메고 있는 자루에는 큰 사과 2개와 작은 사과 1개, 총 3개의 사과가 있는데, 이는 두세 시간 동안 먹을 수 있는 충분한 양의 사과인 것일까? 우리는 8월의 눈사람에 의문을 가졌다. 환아의 체온은 정상이었다. 취리히 중앙기상연구소는 평균 기온이 15.6°C라고 보고했다. 그렇다면 이 그림은 눈사람이 태양 아래서 녹아내리는 것처럼 그의 삶이 먼 힘의 영향으로 녹아내리고 있다는 그의 경험을 표현한 것일까? 그러나 이 그림에서 오른쪽에 서 있는 두 번째 형상은 환아에게 아직 영양분이 남아 있기 때문에 치료가 효과가 있음을 나타낼 수도 있다. 아니면 얼음장 같은 겨울의 매서운 추위 끝에 생명을 불러일으키는 따스한 봄이 찾아온다는 인간의 오랜 경험을 반영한 것일 수도 있지 않을까?

이 그림은 페터가 악성뇌종양으로 지난 8월에 NC에 입원하고 나서 하루 만에 완성한 것이다. 그는 최근에 앓은 홍역으로 수술을 받을 수 없었고 대신 방사선 치료를 받았는데 놀라울 정도로 잘 견뎌 냈다. 그 후 약 11개월 동안 그는 잘 지냈다.

그림 184 두 개의 눈사람. 페터.

그러나 14개월 후, 페터는 다시 병원으로 돌아와야 했다. 소뇌에 탐색 수술과 감압술이 시행되었고, 악성 종양(수모세포종)의 다발성 전이라는 진단을 받았다. 수술 후 첫 번째 그림(그림 12)에서 우리는 그가 마음속으로 죽음을 맞이했었고, 그의 영적인 지도자의 뒤를 따르고 있었음을 알 수 있었다. 그의 병은 악화되었고, 우리는 페터의 그림 시리즈를 통해 그가 마녀의 부름에 '온 힘을 다해' 저항했음에도(그림 65) 결국 마술사의 마법에 걸려 마녀의 꼬임에 넘어갔다는 것을 알 수 있다. 페터는 숲으로 유인당해 아동들의 수호 성인인 성 니콜라스에게 왼쪽 방향으로 끌려가고 있는 것(그림 77)을 알 수 있었다.

수술 6주 후, 페터는 또 다른 눈사람을 그렸는데, 이번에는 금색과 주황으로 그렸다(그림 185). 그는 그림을 그리면서 "'그들'이 눈사람 손에 어망을 쥐어 주었지만, 눈사람은 겨울에 낚시를 할 수 없었어요."라고 말했다. 그림에서 페터가 언급한 '그들'은 누구일까? 그물은 이미 낚싯바늘에 걸려 있는 물고기를 잡기 위한 것이었다. 이것은 자신의 몸이 갈고리에 걸려 잡혔다는, 페터가 무의식적으로 느낀 것을 반영한 것일까? 심리적으로 이 그림은 우리에게 위대한 어부, 영혼을 낚는 어부인 그리스도를 떠올리게 한다.

그림 185 어망을 쥔 눈사람. 페터.

18일 후, 페터는 세 번째 마지막 눈사람을 그렸는데, 이번에는 몸 중앙(척추?)에 '불타는 빨간' 단추 2개가 그려져 있었다(그림 186). 눈사람의 테두리는 모브색으로 그려져 있는데 이는 페터가 치명적인 질병에 완전히 포위되었다는 것을 시사하는 것일까? 페터가 그림을 그리는 동안 병동의 아동들은 스위스 민요인 "한스, 너는 집에 있어야 해(Los Hans, du muesch daheime blibe)"를 부르며 페터의 말처럼 "눈사람의 코트에서 단추가 튀어나올 정도"로 크게 웃었다. 그림 오른쪽 하단에 빨간 자국이 보인다. 그러나 노래의 후렴구에서 그는 "잡아먹히다"라는 단어를 집어 들고 이를 그림의 오른쪽에 (현재와 가까운 미래를 의미하는 +/− 사분면에) 빨간색 대문자로 그 단어를 적었다. 아동은 15개월 전 병원에 입원했을 때 그렸던 눈사람처럼 자신이 잡아먹혀서 사라져야 한다는 것을 '알고' 있었다.

그림 186 잡아먹히다. 페터.

다시 한번, 나는 우리가 얼마나 많은 차원에서 동시에 살고 있는지, 그리고 아동의 현존재의 차원을 우리가 얼마큼이나 이해할 수 있는지 자문해 보았다. 우리 내면에 한 측면은 무언가를 '알 수' 있는 반면, 다른 한 측면은 거의 정반대로 완전히 다르게 반응한다. 하나의 그림 안에 페터는 죽음을 직시하고 있고, 다른 그림 안에서는 죽음을 비웃고 있다. 눈사람은 나중에 그를 '잡아먹을' 전이의 징후를 나타내고 있었고, 그는 이것을 민요 가사로 표현하고 있다. 그러나 동시에 그는 다른 아동들과 함께 웃고 농담을 한다. 그는 곧 죽음을 맞이할 운명임을 알고 있음에도 영웅처럼 웃는 것을 생각하면 마음이 아프다.

우리는 첫 번째 눈사람 그림을 기억한다. 거기서 두 번째 인물이 큰 사과 2개와 작은 사과 1개를 넣은 자루를 메고 있는 것을 떠올려 보자. 이것은 두 시간 반을 버틸 수 있는 식량을 의미하는 것일까? 8월, 즉 맞지 않는 계절에 그려진 첫 번째 눈사람을 녹인 강렬한 태양은 1월에 그를 '잡아먹었다'. 우리는 그의 사례 기록에서 1월 21일 사망했다는 사실을 알고 전율했다. 이는 2년 5개월이 지난 후며 예측이 맞았던 것이다.

눈사람 시리즈 그림을 이해하는 또 다른 방법은, 얼음의 계절인 겨울이 모든 생명체를 죽이고 (처음에는 이니셜 P.M이 새겨진 모자를 쓴 눈사람), 봄이 되면 새로운 생명으로 깨어난다는 것이다. 고대 인류의 경험, 자연의 역설이 모든 시대를 초월해서 인간의 영혼 깊은 곳에서 새로운 형태로 떠오르는 것일까? 오늘날까지 취리히 호수에서는 '겨울을 태우는' 전통이 이어지고 있다. 이곳에는 페터의 마음속에서 중요한 존재로 자리 잡은 성 니콜라스의 동상도 세워져 있다. 이 행사에서는 눈사람 모양의 인형이 거대한 장작더미 위에서 불태워진다. 아름다운 의상을 입은 소년과 소녀의 행렬이 마을을 행진하며 '겨울'이라고 쓰여진 기둥이 서 있는 장작더미에 모인다. 그런 다음 'Sechseläuten(젝세로이텐)'의 소리에 따라 불을 붙이고(그림 187과 188) 태워 버린다.

그림 187 겨울을 태우는 축제 장면.   그림 188 겨울 인형을 태우는 장면.

이 자연 숭배 기원을 조사하는 과정에서 나는 19세기에 길드들이 '겨울을 태우는 축제' 행사를 계승했고, 그들이 화려한 제복을 입고 장작더미 주위를 전속력으로 달린다고 들었다(그림 189). 나는 이 의식의 가장 초기 형태가 있었을 것이라고 확신했고, 그것의 더 깊은 뿌리라고 느낀 것에 대한 나의 지적 사냥을 시작했다. 놀라움이 가득했던 조사 후 마침내 취리히 중앙 도서관(위키아나 부서)에서 호수가 꽝꽝 얼어붙었던 1543년 3월 4일에 찍은 '겨울을 태우는 축제'의 모습을 담은 컬러 폴리오 F 21을 마침내 발견할 수 있었다(그림 190). 여기에서 우리는 한 무리의 젊은이들이 우측에서 횃불을 들고 나타나 성 니콜라스의 기둥을 지나 장작더미에 불을 붙여 겨울을 녹이기 위해 다가오는 모습을 볼 수 있다. 그러나 오른쪽 아래 사분면에는 가장 연약한 초록 음영에 잎이 무성하고 둥근 나무가 있는데, 그 나무의 가지들은 사랑에 빠진 여인이 포옹하는 몸짓 형태로 뻗어 있는 것처럼 보인다. 따라서 이 그림에서 겨울은 젊음이 불길에 의해 죽임을 당하지만, 또한 봄의 새 생명이 이미 꿈틀거리고 있다. 이 그림 위에 있는 텍스트는 성 니콜라스 기둥 근처에서 3월의 모닥불을 묘사하고 있다. "1543년 3월 4일… 당시 취리히 호수는 꽝꽝 얼어붙어 얼음이 너무 두꺼웠고, 융커 크리크(Junker Krieg)는 다른 시민들을 불러 모아 호수에서 3월의 모닥불을 피웠다. 모두가 이 광경을 위대한 기적과 경이로움으로 여겼다."

이상하게도 나는 이 석판화를 1981년 3월 4일에 발견했는데, 그날은 이 연작에 유난히 매료되었던 위대한 친구며 동료인 컬버 바커(1891년 3월 4일생)의 생일이기도 했다.

그림 189 길드들이 장작더미 주위를 달리는 장면.

그림 190 겨울을 태우는 축제. 석판화, 기원후 1543년.

또한 겨울에서 봄으로 넘어가는 자연의 섭리에 대한 인류의 오랜 경험이 1543년의 폴리오와 1960년에 죽어 가던 한 아동의 그림인 페터의 눈사람으로 표현되는 사실에 나는 깊은 감명을 받았다. 여기에서 우리가 페터가 그렸던 마지막 그림을 생각해 보면, 그의 영혼의 새의 날개 끝이 눈사람의 테두리와 같은 황금색으로 물들어 있었다(그림 150). 그의 영혼은 결국 집으로 돌아갈 수 있을까? 400년의 세월 동안 두 그림은 죽음을 반영하는 동시에 희망의 기운, 어쩌면 부활을 암시하는 것이라고 말할 수도 있을까?

백혈병 환아의 신체적·영적 변화를 표현하는 배

– 키펜호이어 박사 기고문

동일한 모티브에서 나타나는 변화들에 대한 우리의 두 번째 예는 키펜호이어 박사가 분석한 KiSpi의 백혈병 환아 그림에서 찾아볼 수 있다. 여기 세 점의 그림에서 배 모티브는 이 질병의 여러 단계와 함께 기복의 최고점과 최저점을 오가며 우리를 이끌고 있다. 우리는 그림에서 환아의 끊임없이 변화하는 내·외적인 상황이 표현되는 것을 엿볼 수 있다. 그럼 이제 배의 항로를 따라가 보자.

그림 191에서 아드리안은 크고 연한 노란 종이를 선택했고 10가지 색의 사인펜을 사용했다. 우리는 화지의 제한된 영역을 벗어나 확장된 두 개의 큰 범선을 세부적으로 볼 수 있다. 두 범선의 뱃머리는 서로 충돌하거나 끼어 있는 것처럼 얽혀 있다. 특히 그림의 왼쪽 상단(–/+ 사분면)에 검은 해골이 그려진 깃발이 있는데 아마도 해적선이라는 것을 나타내기 위한 특징일 것이다.

그림 191 해전(바다의 전투). 아드리안.

왼쪽 배의 돛은 바람에 강하게 부풀어 있는 것처럼 보이는데, 이와 대조적으로 오른쪽 배에는 연한 분홍 돛이 텐트처럼 늘어져 있다. 왼쪽에는 튼튼한 돛대가 있는 반면, 오른쪽 배에는 돛대가 없다.

양쪽 배의 갑판에서 격렬한 전투가 벌어지는데, 갈색 옷을 입은 해적 7명이 다양한 칼과 총으로 다른 선원 8명(파란 옷을 입은)을 공격하고 있는 것처럼 보인다. 해적선 돛대의 망대에 서 있던 한 남자가 상당히 먼 거리에서 적선을 향해 단검을 던진다. 또 다른 남자는 망대에 보호된 구석에서 같은 방향으로 총을 발사한다. 갑판 아래, 7개의 사각형 모양의 해치에는 7개의 포문이 보인다. 불과 연기가 피어오르는 것으로 보아 방금 2발이 발사된 것으로 보이며, 다른 해치에서는 불쏘시개가 있는 무기가 보이고, 이는 추가 발사를 위한 것으로 추정된다. 해적의 공격을 받은 파란 옷을 입은 선원들의 머리카락은 쭈뼛쭈뼛 서 있는 것처럼 보이고, 모자가 사방으로 날아다니는 것을 볼 수 있다. 그림의 제일 우측에 파란 옷을 입은 몸이 휘어진 선원 위에는 만화에 나오는 방식으로 커다란 물음표가 묘사되어 있다. 무엇을 궁금해했을까 하는 의문이 우리에게 남았다. 공격당한 선박의 해치 7개는 비었거나 닫혀 있는 것처럼 보인다. 그 아래에는 6개의 빨간 둥근 창문이 보인다. 파도는 마치 바위처럼 이상하게 단단하며 각이 져 있다. 오른쪽에 있는 배의 선체 대부분은 더 이상 물과 닿아 있지 않다.

사건(그리고 아드리안의 경험)의 중심에는 전투가 있다. 우리는 8세인 아드리안이 5주 전에 백혈병 재발을 겪었다는 외부의 물리적 현실을 통해 알고 있다. 재발 이후 그는 매우 효과적인 약물로 7회에 걸쳐 치료받았고, 그가 이 그림을 그린 날은 그중 마지막 약물을 투여받은 날이었다. 같은 날 아드리안은 뇌수막 백혈병의 위협을 예방하기 위해 척추관에 주사를 한 번 맞았다.

임상 관찰자의 시선으로 그림을 살펴보면, 그의 신체 소견과 의료진의 노력이 명확하게 반영되어 있다. 당시 아드리안에게는 정기적인 병원 외래 진료가 일상적인 경험이고, 의학적 시술은 그에게 인상적이지만 때로는 고통스러운 경험이었다. 아동에게 투지로 상징되는 중무장한 공격은 아마도 자신의 질병에 대한 그의 분노인 동시에 질병을 향한 우리와 함께하는 투쟁 속 그의 용감한 협력을 반영하는 것일지 모른다. 7명의 해적은 위아래에서 맹렬한 포화를 퍼부으며 이 해전에 뛰어들었고, 상대편 배의 선원들을 기습해 압도하였다.

사례 기록에 따르면, 그날 질병과의 싸움은 혈액과 골수 검사에서 완치 판정을 받는 쾌거를 거두었다. 지금까지의 전투는 성공적으로 승승장구하는 것처럼 보인다.

그러나 심층적으로 살펴보면 이 그림은 우리에게 더 많은 것을 말해 준다. 해적들의 우월함을 전적으로 병마와의 싸움에서 성공으로만 받아들이는 것은 일방적으로 지나치게 단순화된 접근일 수 있다. 그림은 이 점을 너무나도 분명히 보여 주고 있다. 파랑의 선원들 그리고 환아의 영적으로 생명력 있는 면(맑은 하늘의 파랑)은 모두 생사가 걸린 싸움에 연루되어 있다. 그들의 얼굴에서 순수한 두려움과 절망이 표현되어 있다. 그림의 오른쪽 끝에, 즉 중앙의 전투에서 약간 떨어져 있는 선원 위에 그려진 큰 물음표는 이 전투의 진행 상황에 대한 의구심 같은 것을 표현한 것일 수도 있다. 비록 선체에 있는 6개의 빨간 동그란 창문이 '회복된 적혈구'를 가리키고 있을지 몰라도, 공격당한 배의 늘어진, '창백한' 분홍 돛은 우리가 이 배의 앞으로의 '인생 항로'에 대해 어떠한 긍정적 추측도 할 수 없게 한다. 결국, 그 '공격적인' 치료가 다시 한번 아동을 도왔다는 것이 입증되었다. 하지만 공격받는 선원들이 그들을 방어하기 위해 어떤 무기를 사용할 수 있을까? 무기는 어디에 있는가? 우리는 어떤 것도 보지 못했다. 만약 우리가 관찰자로서 배의 선체 안으로 '몰래' 잠입하려 했다면, 그림을 그린 아동이 그렸던 것처럼, 불안함을 느끼게 된다. 왜냐하면 이 선체의 대부분은 더 이상 물과 접촉하지 않고 있기 때문이다. 뾰족한 파도는 아동의 의료 기록의 날카로운 질병 곡선에서도 볼 수 있듯이, 질병이 진행되는 동안의 급격한 상승을 연상시킨다(같은 장 아드리안의 의료 기록 차트 [도표 3] 참조).

그림 192 바이킹의 배. 아드리안. 1974년 5월 12일 어머니날 기념.

높은 파도를 헤치며 큰 배가 좌측에서 우측으로 출항한다(그림 192). 갑판에는 다양한 크기와 색상의 옷을 입고 다양한 무기를 가진 10명의 바이킹이 있다. 모두 무기를 들어 올렸다. 하지만 10명의 바이킹이 사용할 수 있는 방패는 9개뿐이다. 우리는 아드리안이 그림을 매우 정확하게 그렸다는 것을 알고 있다. 부풀어진 돛의 일부는 핏빛 빨간 줄무늬 6개로 덮여 있다. 6번째 줄무늬 옆쪽의 여백에는 줄무늬를 3개 정도 더 그릴 수 있는 공간이 있다. 돛대의 망대에는 망원경을 든 11번째 바이킹이 그려져 있다. 그는 망원경을 통해 그들이 이동하는 방향인 우측을 바라보고 있다. 그의 머리 위에 그려진 7개의 짧은 획은 (보통 재능 있는 아동들의 그림을 그리는 방식대로) 무언가 갑작스럽게 그의 주의를 끌었다는 것을 의미한다. 멀리 내다보는 이 남자의 존재는 내가 아드리안과 대화를 시작할 수 있는 반가운 기회를 제공했다. 몇 번이고 내가 그림의 모든 세부 사항을 주의 깊게 살펴보고 메모하는 것을 그가 중요하게 생각한다는 것에 놀랐다. 내가 무언가를 간과했다면 아동은 팔꿈치를 살짝 밀면서 나의 주의를 끌곤 했다. 나는 이 그림에 충분히 감탄한 후 조심스럽게 아동에게 "저 위에 있는 사람은 누구야?"라고 물었다. 아무런 대답이 없자 나는 그가 망원경으로 무엇을 보고 있는지 물었다. 그는 "다른 배요."라고 말했고, 몇 주 후, 돛대의 망대에 있는 그 남성에 대해 "이 사람은 바로 당신이에요."라고 답했다.

다시 한번 말하자면, 아드리안의 그림은 전설로 가득한 먼 시대 속 중세 바이킹, 즉 북유럽의 대담한 뱃사람들과 관련이 있다. 수잔 바흐의 조언에 따라 나는 이 그림에서 숫자의 중요성, 특히 아드리안의 그림 언어로 분명하게 나타나는 숫자가 전기적 자료와 관련 있는 사실에 주목했다. 6개의 핏빛 빨간 줄무늬가 6년의 건강한 생애를 나타낸다면, 다음 '백색(백혈병)' 시기가 생애에 얼마만큼 남아 있는지 추정할 수 있다. 만약 10명의 바이킹이 9개의 방패만 가지고 있는데 공격을 받는다면 10번째 바이킹은 어떻게 될까? 다시 말해, 같은 시간 단위로 보자면, 9년 동안 보호를 받은 후 10년째 되는 해 보호받지 못한다면 그때는 무슨 일이 일어날까? 이 질문에 대한 충격적인 대답은 질병의 경과와 그의 다음 그림을 통해 알 수 있다([도표 3] 아드리안의 의료 기록 차트 참조).

[도표 3] 아드리안의 의료 기록 차트

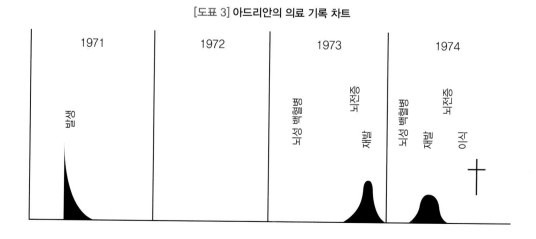

그러나 다른 차원에서 말하자면, 이 어린 화가는 돛대 꼭대기의 전망대에 있는 그림 속 남자에게 7개의 작은 획을 표시했는데, 그가 지평선의 새로운 것, 즉 매우 가치가 있는 무언가를 보고 있어서다. 그가 자신을 돌보는 의사와 이렇게 멀리 내다보고 예견하는 남자를 연관시켰다는 사실은 아마도 그가 우리와의 특별한 대화 중에 내적으로 이해받았다고 느꼈다는 표시일 것이다. 덕분에 나는 전문적인 혈액학적 치료 절차를 따르면서도 그림을 함께 살펴보는 과정을 동시에 계속 진행할 수 있는 용기를 얻었다.

아드리안은 계급을 고려해 농담으로 '보완관'이라고 불렀던 병동의 수간호사에게 이 그림(그림 193)을 선물했다. 그림 좌측 모서리에서 우리는 아동이 직접 해적이라고 부른 해적 12명이 다양한 무기를 들고 거친 몸짓을 하고 있다. 일부는 다리, 팔 또는 눈이 하나씩 없다. 특히 전경의 운동선수 같은 몸의 해적에게서는 단검, 휘어진 칼(해골 모양의 손잡이가 달린), 커다란 권총으로 무장한 모습이 눈에 띄는데, 그림 중앙의 총구는 우측에 있는 그림자를 조준하고 있다. 아동의 말에 따르면 그것은 해적선이다.

그림 193 해적과 그들의 배. 아드리안.

그림을 분석할 때 우리는 다시 아동의 총제적 자아, 즉 아동의 신체와 영혼의 실제를 무의식적으로 표현한 그림을 이해하기 위해 노력한다(Bach, 1974, 1975). 겉으로 볼 때 12명의 해적 중 '보완관'인 수간호사뿐만 아니라 우리와 아동이 함께 백혈병에 맞서 싸우는 장면을 관찰할 수 있다. 우리의 무기(우리의 치료?)가 인상적이다. 그러나 그림의 언어는 여기에서 병마에 대항하는 질서가 부족하다는 것을 전하고 있다. 자신의 배를 상대하고 있는 해적들은 무엇에 맞서 싸우고 있는 것일까! 이 그림을 보며 수잔 바흐는 백혈병 세포의 붕괴된 병리적 성장을 떠올렸다.

보안관의 권총 사격이 이 그림을 지배하고 있다. 바로 그날, 이미 아동에게 설명했던 중요하면서 결정적인 주사를 투여해야만 했다. 이 그림은 우리에게 이 '총격'이 그의 감정과 생각을 얼마나 지배했는지를 알려 주고 있다! 며칠 후 계획된 전신 방사선 치료로 인한 소진되는 영향을 아마도 이 '불에 타 버린' 배의 형체를 통해 예견할 수 있다.

이제 아동의 내적 경험을 반영한 이 그림을 다시 살펴보자. 매우 대조적인 두 세계가 마주하고 있다. 왼쪽에는 그가 일상에서 질병과 씨름하며 다채롭게 채워진 그의 삶과 용기뿐만 아니라 불안, 혼란과 모순도 담겨 있다. 반면, 오른쪽은 희미하고 고요하며 미동도 없는 그림자가 드리워진 배의 윤곽, 즉 죽음의 배처럼 보인다.

그림에서 알 수 있듯이, 아동은 아무리 최상의 처치를 한다고 해도 불타 버린 배를 더 이상 되살릴 수 없고, 오히려 완전히 다른 목적지로 향하려 노력하고 있다는 것을 '알고' 있는 것 같다. 사다리의 12개의 가로대(12명의 해적들을 위한 것일까?)는 그림 88에 나온 '죽음'의 갈비뼈와 소름 끼치도록 닮지 않았나? 여기에서 그들은 그림자 영역으로의 접근을 제공한다. 그리스 신화에서 저승신인 하데스(Hades)를 방문하는 것은 헤라클레스(Herakles)의 마지막이자 12번째 과제였으며, 놀랍게도 사람들을 태우고 아케론(Acheron) 강을 건너는 카론의 나룻배는 아드리안의 그림과 비슷하게 뱃머리에 눈이 있는 모습으로 그리스 화병에 그려져 있다. 두 영역을 구분하는 회색 문턱은 그림에서 아주 작게 그려져 있다. 하지만 싸움은 여전히 진행 중이다. 그러나 그림자의 영역은 그리 멀지 않은 곳에 있다. 약 2주 후, 아드리안은 부모님이 지켜보는 가운데 평화롭게 마음의 준비를 마친 채 세상을 떠났다.

독자가 쉽게 이해할 수 있도록 질병의 경과에 대해 간략하게 설명하고자 한다. 1965년 1월 4일에 태어난 아드리안은 세 형제 중 장남으로 6세 때 급성 림프모구 백혈병 진단을 받았다. 6주간의 초기 입원 치료 단계를 거친 후 외래 진료소(취리히 대학 아동 병원)에서 경과 관찰과 치료를 받았다. 1973년 3월, 수막침범이 발견되었고, 1973년 10월에는 골수 재발과 뇌전증 발작을 동반한 뇌 침윤이 있었다. 1974년 2월에는 수막침범 재발 그리고 1974년 3월에는 또 다른 골수 재발이 있었다. 이러한 재발과 합병증이 없는 기간 동안 아동은 만족스러운 상태를 유지하며 학교에 다닐 수 있었다. 추가 합병증이 발생한 후 아드리안은 무균실에서 치료받는 동안 고용량 항백혈병 약물을 투여받고 전신 방사선 치료를 받으며 준비 기간을 거쳐 1974년 6월 26일 골수 이식을 받았다. 그러나 1974년 7월 12일, 아동은 심각한 폐 감염으로 사망했다.

임상 자료 요약

아드리안은 우리에게 300여 개의 풍부한 **자발적 그림**을 남겼다. 따라서 여기에 소개된 세 개의 그림은 작지만 중요한 일부에 불과하다. 그는 그의 생의 마지막 몇 달 동안 세 차례에 걸쳐 배 모티브를 그렸다. 투병 과정에서 자신의 신체와 영혼이 변화하던 상태를 그때마다 담아 냈다.

이제 세 개의 그림을 비교해 보려 한다. 첫 번째 그림은 치열한 전투를 보여 준다. 동일한 크기의 배 두 척이 서로 마주 보고 있다. 이는 그 당시 질병이 진행되던 실제 경과와 일치하는 것처럼 보인다. 백혈병의 위협적인 공격은 화학적 방법으로 억제되고 있었다. 소년도 결연한 의지로 자신의 몫을 다하는 것처럼 보였다. 그러나 자세히 들여다보면 우리는 이곳에서 생명체(오른쪽 배의 선원들)가 압도되고 심지어 파괴되는 모습에 고통을 느낀다. 이는, 한편으로 소년이 몇 달을 더 생존할 수 있었지만 다른 한편으로는 파괴적인 공격으로 인식될 수 있는 약물 집중 치료에 대해 그가 치러야만 했던 대가가 아니었을까?

이 그림을 그리고 그는 얼마 지나지 않아 질병의 재발과 합병증이 생겼다. 아드리안은 그의 부모님과 우리에게 질병의 무거움에 대하여 놀라울 정도로 솔직하게 이야기했다. 그가 스스로 말했듯이 '자신의 길을 갈' 만큼 충분히 성숙해 보였다.

두 번째 그림에서는 새로운 합병증에도 불구하고 외적이고 현재 진행 중인 대립보다는 앞으로의 삶의 과정, 삶의 지평선 너머의 전망에 훨씬 더 초점을 맞추고 있다(돛대의 망대에 있는 남자). 이 그림은 또한 과거와 미래의 발전을 표현한 것처럼 보인다. 비록 그림 속 특정 세부 사항은 질병의 위협적인 향후 경과를 암시하지만, 사실 이 그림의 전반적인 특성은 대담하고, 앞으로 나아가고 있다.

세 번째 그림에서는 어느 지평선을 향해 가고 있는지 명확해진다. 의료적으로 무장한 투쟁이 더 이상 구원의 의미를 가지지 않는다. 이 그림에서 무기 사용은 반대편에 있는 무색 죽음의 침묵을 고려할 때 절망적이고 심지어 터무니없는 것으로 보인다. 해적들의 모습에서 과도하게까지 사용된 색채는 소년이 생의 마지막 몇 달까지 함께했던 삶의 기쁨을 반영하는 것으로 보이며, 죽기 직전에 다시 한번 눈에 띄었다. 이러한 인상은 아동이 부모에게 남긴 많은 발언에서도 확인할 수 있었다.

집이나 병원에서 이 소년과 가까웠던 모든 사람은 그의 그림뿐만 아니라 아동이 했던 말에 담긴 태도에 힘을 얻었다. 마지막까지 그는 우리에게 신에 대한 확신과 신뢰를 강력하게 보였고, 이는 다른 환아들과 함께하는 우리 일에 새로운 수용력과 의미를 부여했다. 아동의 마지막 여정에서 뿜어져 나온 생명력 넘치는 힘은 우리 모두의 삶에 지속적인 중대한 영향을 미쳤다.

페터가 그린 세 개의 그림에서는 우리는 눈사람의 모습을 한 모티브가 뇌종양이라는 심각한 병을 앓는 과정에서 어떻게 변화하는지 보았다. 아드리안의 배 연작에서는 또 다른 가혹한 질병인 림프모구 백혈병으로 인한 고통스러운 여정이 그림에 반영된 것을 볼 수 있었다.

여인과 유니콘

예술가들 역시 어떤 이유로든 모티브를 반복해서 사용한다는 것은 잘 알려진 사실이다. 동일한 모티브에서 나타나는 의미 있는 변화에 대한 세 번째 예시로, 나는 현재 파리의 클뤼니 박물관에 걸려 있는 6점의 태피스트리 작품 여인과 유니콘(15세기)을 선택하여 유사점을 찾아보려 한다. 태피스트리 시리즈의 순서와 해석에 대해서는 의견이 분분하다. 이 작품은 일반적으로 당시 유행하던 주제인 오감을 묘사한 것으로 여겨진다. 그렇다면 태피스트리는 왜 여섯 작품인 것일까?

에를란데 브란덴부르크(Erlande Brandenburg)[1]는 미각, 시각, 후각, 촉각, 청각, 'À Mon Seul Désir(내 마음의 소망)'라는 일반적으로 통용되는 순서를 바탕으로 철저하고 신중한 해석으로 접근한다. 만약 내가 이 6개의 태피스트리를 마치 NC나 KiSpi에 있는 아동들 중 한 명이 그린, 일정한 순서나 날짜도 없는 그림처럼 연구한다면, 나의 체계적인 작업 방식에 따라 접근하여 진행하면서, 그것이 우리를 어디로 이끄는지, 무엇을 찾거나 발견하는지 살펴볼 것이다. 그러면 한 인간의 깊은 이야기가 스스로 모습을 드러내고, 태피스트리의 순서는 나름의 의미 있는 질서를 찾게 될 것이다.

이 태피스트리는 1883년부터 파리의 클뤼니 박물관에 특별히 설계된 원형 방에 걸려 있다. 이 태피스트리는 15세기 말 브뤼셀(Brüssel)에서 양모로 짜여졌을 것으로 추정된다. 원래는 장 드 비스트(Jean de Viste)가 자신의 성 부살(Schloß de Boussal)에 장식하기 위해 의뢰한 것인데, 결혼 선물일 것이라는 추측이 있다. 또 다른 유니콘 태피스트리 연작은 뉴욕의 메트로폴리탄 박물관에 걸려 있다. 7개의 판으로 이루어진 이 태피스트리도 15세기경에 제작되었지만 클뤼

---

1) 여인과 유니콘(La Dame et la Licorne), Alain Erlande Brandenburg, Paris.

니 박물관의 연작과는 상당히 다르게 묘사되어 있다. 여기에는 '유니콘 사냥'이라는 제목을 붙일 수 있다.

유니콘의 모티브는 중국에서 시작되어 중동 그리고 유럽에 이르기까지 수천 년 동안 인간의 상상 속에 존재했다. 오늘날까지도 유니콘은 문장의 상징으로, 심지어 우표의 모티브로도 사용되고 있다. 유니콘의 매력은 무엇일까? 구약성서에 따르면 신은 유니콘의 민첩함과 길들여지지 않는 힘으로 인해 접근하거나 건드릴 수 없는 존재로 인간들은 이들을 부러워했다고 한다. 하지만 유니콘의 가장 큰 가치는 지상의 모든 존재를 축복하고 치유하는 마법의 힘과 뿔이 닿는 모든 물질이나 액체를 독으로부터 식별하거나 해독하는 능력으로 위험한 라이벌을 제거하는 것이 일상이던 시절에 귀중한 선물이었다. 이 귀중한 뿔을 소유하려는 욕망이 분명히 유니콘을 사냥하고 죽인 이유였을 것이다.

전설에 따르면 유니콘은 기독교가 시작된 이래로 그리스도의 어머니인 성모 마리아와 관련된 아름다운 처녀만이 길들일 수 있다고 한다. 이 모든 것을 아우르는 신비 속에서 유니콘은 그리스도와 그의 아버지인 하느님 아버지의 상징으로 동시에 이해되었다. 단테의 『신곡(Göttliche Komödie)[2]』의 찬송가 33장 1절 'Jungfrau und Mutter, Tochter deines Sohnes(오 성모여, 당신의 아들의 딸이시여)'를 인용한다.

이제 이 태피스트리를 마치 **자발적 그림**들인 것처럼 살펴보고, 그 뒤에 숨겨진 이야기와 의미를 살펴보며, 유니콘과 여인, 사자라는 세 가지의 '주인공'에 집중해 보려 한다.

만약 우리가 오감이라는 주제를 내려놓는다면, 먼저 이 세 '주인공'의 변화하는 위치, 자세, 표정에 이끌려 서로 연관 지을 수 있다.

먼저 태피스트리의 아름다움이 나에게 건넨 깊은 인상, 즉 진한 파랑의 바닥과 생명으로 가득 찬 놀라운 빨간 배경에 대해 언급하고 싶다. 식물, 동물, 다양한 꽃, 나무와 새 중 일부는 친숙하고 다른 일부는 이국적이다(유감스럽게도 이 색들을 정확하게 재현할 수는 없다). 날짜가 표시되지 않은 환아의 그림 시리즈에서와 마찬가지로, 나는 이제 모든 그림을 탁자에 놓거나 벽에 걸어 두고, 그 그림들의 어느 부분이 먼저 내 시선을 끄는지 기다린다. 우선적으로 내 시선을 끈 것은 6장의 태피스트리에서 나이와 표정이 모두 다른 여인의 얼굴이었다(10장 다량의 연작 그림에서 필요한 그림을 선별하는 방법 참조).

나는 가장 슬프고 나이 들어 보이는 여인의 얼굴을 가진 '거울'(시각)을 가장 마지막 순서에 놓

---

2) Stefan George의 번역(Engl, by Chaucer, Everyman. The Divine Comedy, p. 429, 1967).

고, 그다음 가장 젊고 행복한 얼굴을 한 그림, 즉 '새에게 먹이 주기'(미각)를 찾아서 가장 처음 순서에 배치한다. 이제 그림 순서에서 첫 번째와 마지막 자리가 정해졌고, 나머지 네 개의 그림이 들어갈 자리가 남았다. 그녀의 시선이 왼쪽으로 향하는 '뿔 만지기'(촉각)에서 그녀의 시선이 오른쪽으로 향하는 'À Mon Seul Désir(내 마음의 소망)' 사이에는 분명 눈에 띄는 변화가 있을 것이다. 나는 무엇이 이러한 변화를 가져왔을까, 공주에게 무슨 일이 생긴 것일까, 스스로에게 의문을 던진다. 이렇게 하면 'À Mon Seul Désir(내 마음의 소망)'가 중심이 되고, 더 진지해 보이는 '뿔 만지기'(촉각)는 가장 마지막 자리 앞으로 이동한다. '오르간 연주하기'(청각)는 잠정적으로 두 번째로, '화관 엮기'(후각)는 세 번째가 된다. 따라서 다음과 같은 순서로 태피스트리의 예비 순서를 정했다. Ⅰ. 여인은 새에게 먹이를 준다. Ⅱ. 그녀는 오르간을 연주한다. Ⅲ. 그녀는 화관을 엮는다. Ⅳ. À Mon Seul Désir. Ⅴ. 그녀는 뿔을 만진다. Ⅵ. 그녀는 유니콘에게 거울을 들고 있다.

이제 그림을 자세히 살펴보자.

그림 194 Ⅰ. 첫 번째 그림 미각에서 유니콘은 여인의 은빛 달이 그려진 파랑의 깃발을 들고 있는 문장의 동물일 뿐인데, 가장 왼쪽에 앉아 여인을 바라보는 사자도 마찬가지다. 우리는 잠정적으로 이 그림을 여인과 유니콘의 이야기가 전개되는 순서 중 시작점으로 간주하려 한다.

그림 194 미각.

그림 195 II. 두 번째 그림에서 여인은 이동이 가능한 오르간을 연주하고 있다. 유니콘은 꼿꼿하게 앉아서 음악이 들리는 곳으로 고개를 향하고 입은 살짝 벌리고 있다. 유니콘의 깃발이 바람에 펄럭인다. 유니콘은 무슨 일이 일어나고 있는지 모르는 듯 어리둥절한 표정이다. 사자는 침착하게 앉아서 음악을 듣고 있다. 유니콘과 사자는 여인의 양쪽에서 전통적인 위치를 지키고 있다.

그림 195 청각.

그림 196 III. 세 번째 그림에서 여인은 화관을 엮고 있는데, 누구를 위한 것일까? 유니콘은 뒷다리를 똑바로 세우고 앉아서, 마치 무슨 일이 일어나고 있는지에 점점 더 많은 관심을 갖는 것처럼 보인다. 두 동물 모두 다정하게 여인을 바라보고 있다. 여기에서는 사자의 깃발이 바람에 펄럭이고 있다. 유니콘의 위치와 표정의 변화는 우리가 잠정적으로 정한 II와 III의 순서를 확인시켜 주는 것 같다.

그림 196 후각.

특히 매혹적인 다음 그림 그림 197 IV.는 유일하게 'À Mon Seul Désir'라는 텍스트가 있는 그림이다. 여인은 천막 입구 앞에 서 있는데, 이번에는 목걸이를 착용하지 않았다. 여인은 깊이 생각에 잠긴 듯한 얼굴의 하녀가 내미는 보석함에서 보석을 꺼내는 것 같기도 하고, 보석을 벗어서 상자에 넣는 것 같기도 하다. 사자는 무슨 일이 일어나고 있는지 모르겠다는 표정을 하고 있고, 사자의 깃발이 아래쪽으로 펄럭이고 있다. 그는 자신의 동료인 유니콘과 아름다운 공주에 대한 걱정으로 가득한, 가장 본능적으로 의식하는 생명체처럼 보인다. 사자는 앞으로 닥칠 재앙을 예견하고 있는 것일까? 유니콘은 이제 완전히 경계하고 있다.

그림 197 À Mon Seul Désir(내 마음의 소망).

여섯 개의 그림 중 가장 많은 논의가 있었던 이 그림은 무엇을 의미할까? 에를란데 브란덴부르크는 이 그림을 지상의 모든 세속적인 것을 포기하는 것, 즉 '모든 열망을 포기하는 것'으로 이해했다.

드물게 아동들이 **자발적** 그림에 단어를 쓰는 경우, 우리는 아동이 처한 전반적인 상황으로부터 그 단어가 가진 특별한 의미와 강조점을 찾는다. 마찬가지로 이 태피스트리 연작에서 이 그림은 'À Mon Seul Désir(내 마음의 소망)'라는 텍스트가 있는 유일한 그림이다. 이 여인은 특별한 의미가 있는 날을 위해 자신을 준비하고 있는 것일까? 신부가 결혼식 전에 캐노피 아래에서 모든 장신구를 벗는 유대인의 전통에서 그 답을 찾을 수 있을 것 같다. 여기에서도 여인은 열린 천막 앞에 서 있는데, 그녀는 신랑에게 선물이 되는 보석으로서 밖으로 나온 것일까?

그림 198 V. 다섯 번째 그림에서 여인은 굉장히 곧게 뻗은 진한 초록의 벨벳 드레스를 입고 있다. 한 손에는 깃대를 들고, 다른 한 손으로는 유니콘의 뿔을 가볍게 잡고 있다. 두 동물 모두 깃발은 없지만, 은빛 달이 달린 방패가 있다. 유니콘은 기대에 찬 눈빛으로 여인을 바라보고 있다. 그런데 그녀는 왜 그렇게 슬퍼 보이는 것일까?

그림 198 촉각.

그림 199 VI. 보통 시각이라는 제목으로 불리는 이 그림은 태피스트리 시리즈의 첫 번째 작품으로 간주되는데, 여기에서는 우리의 마지막 순서에 오는 그림이다. 여인은 유니콘을 향해 거울을 들고 그의 모습을 보여 주고 있다. 오직 뿔의 일부분만 보인다. 유니콘은 그녀의 무릎에

앞발을 올려놓고 기대에 가득 찬 표정으로 사랑스럽게 여인을 바라보고 있다. 이 그림에서 눈에 띄는 또 다른 디테일은, 여인의 변화된 얼굴이다. 시리즈 속 다른 모든 그림과 달리 나이 들고 불행한 여성의 얼굴을 하고 있다.

다른 네 개의 그림 속 환히 빛나던 소녀의 얼굴과 얼마나 다른가! 그 사이 무슨 일이 일어난 것일까? 우리는 이 그림이 마지막 그림이라고 추측할 수 있을까?

어쩌면 그녀는 유니콘의 뿔을 만지고 나서야, 자신을 점점 더 매료시켰던 유니콘이 사실 자신을 위한 것이 아니라, 마법의 뿔이 지닌 독특한 치유력 때문에 사냥당하고 있다는 것을 깨달았을지도 모른다. 그녀는 단지 유니콘을 숲 밖으로 유인해 사람들이 그것을 잡고 죽이기 위해 이용된 것뿐이었을까? 그녀는 단순히 유니콘을 비극적인 운명으로 이끄는 도구로만 사용된 것일까?

그림 199 시각.

양털로 짠 그림을 하나하나 체계적으로 살펴보면서 나는 점차 여러 층의 전설들이 하나의 전체로 서로 얽혀져 짜여 있는 것을 깨달았고, 유니콘과 여인 그리고 사자의 이야기가 왜 그림으로 그려지지 않고 다양한 색깔의 양털로 엮어졌는지를 갑자기 이해할 수 있었다.

우리는 이 태피스트리가 마법의 힘을 지닌 유니콘의 뿔이 아름다운 처녀에 의해서만 길들일 수 있고, 유니콘 사냥의 전설을 묘사하고 있다는 것을 알고 있다. 하지만 기독교에서 유니콘은 배신으로 목숨을 잃은 그리스도를 상징하기도 한다. 내가 막연하게 짐작만 하다가 이제야 알게 된 것은, 이 짜여진 이미지에 담긴 인간의 운명에 대한 것이다. 미끼로 사용된 어린 소녀가 사냥당한 생명체와 사랑에 빠졌고, 그녀는 자신이 그를 죽음으로 이끌었다는 사실을 모른다는 이야기였다.

공주의 용감한 키스가 추악하고 마법에 걸린 동물을 풀어 주고 왕자를 구해 내, 두 사람이 결혼하여 함께 인생을 살아간다는 동화 속 이야기와 얼마나 다른가?

이 짜여진 그림에 대한 완전한 분석을 위해 더 포괄적인 설명이 필요한데, 예를 들어 공주의 옷 색깔의 변화, 하녀와 배경 속 작은 동물의 의미를 더 자세히 살펴보는 것이 여기에 포함될 수 있다. 또한 처녀-유니콘, 성모 마리아-그리스도-젊은 하녀의 모습 사이의 관계에 대한 상징성에 대해서도 더 깊이 생각해 볼 수도 있을 것이다.

클뤼니 박물관의 여인과 유니콘 그리고 뉴욕 메트로폴리탄 박물관의 유니콘 사냥(그림 200)을 비교하는 것 또한 우리에게 귀중한 통찰력을 제공할 것이다. 한 가지 예를 들어 본다면, 다섯 번째 태피스트리(뉴욕 메트로폴리탄 박물관 소장)에는 세속적인 면모를 보여 주는 처녀가 보인다. 유니콘을 배신하고 교활한 표정으로 그녀의 연인인 사냥꾼에게 손짓하는 매혹적인 '처녀'는 뿔피리를 불어 다른 사냥꾼들에게 이제 유니콘을 잡을 수 있음을 알리고 있다.

더욱이 뉴욕 메트로폴리탄 박물관의 시리즈에는 7개의 그림으로 구성되어 있다는 점이 인상적이었다. 마지막 그림에는 나무에 묶인 채 감금된 유니콘이 기적적으로 다시 살아나는 모습을 보여 준다(그림 201). 12개의 나무 기둥이 있는 울타리는 세상에 복음을 전하는 그리스도와 12 사도가 함께한 최후의 만찬을 떠올리게 한다.

그림 200 유니콘 사냥.

그림 201 열두 개의 나무 기둥에 갇힌 유니콘.

세 가지 그림 시리즈에서 나타나는 동일한 모티브의 운명적인 변화

세 가지 시리즈 그림(페터, 아드리안, 태피스트리) 모두 한 사람이 처한 삶의 상황을 제각기 반영하고 있다. 페터는 8월의 모브색 윤곽의 눈사람이 먼 곳으로부터의 힘의 영향을 받아 녹아내리는 장면부터 시작하여, 호수가 꽁꽁 얼어붙은 한겨울에 낚시를 떠난 황금 눈사람을 지나, 이환아가 가차없이 진행되는 질병에 용감하게 굴복하고 '잡아먹히다'라는 말에 웃을 수 있었던 그의 마지막 눈사람까지 그렸다. 페터와 아드리안의 그림 이야기를 통해 그들이 생명을 위협받는 상황에서도 용감히 투쟁하고 깊이 있는 통찰력을 지녔다는 것을 우리는 발견할 수 있었다.

아드리안 역시 그의 총체적인 상태가 반영된 배 그림에서 그가 죽음에 이르는 여정의 마지막을 놀라울 정도로 정확하게 예측하며 필사적으로 영웅적인 전투를 치르는 모습을 보여 주었다.

여인과 유니콘의 이야기에서는 치명적인 종말에 대한 인식이 점점 확장되는 모습, 특히 여인의 표정과 자세의 변화에 인상적으로 반영되어 있다. 우리는 이렇게 연대가 밝혀지지 않은 태피스트리를 일관성 있는 하나의 전체로 구성해 보았고, 얽히고설킨 전설의 층 아래에서 심오한 인간적인 이야기를 풀어낼 수 있게 되었다(22장 예후 참조).

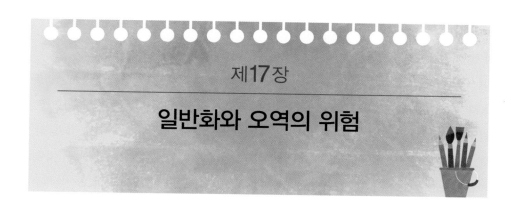

제17장
일반화와 오역의 위험

자발적 그림 '읽기'에 대한 체계적 접근법에 익숙해진 우리는 이를 '번역'하고 '해석'하는 작업으로 넘어가려 한다.

자세한 설명에 앞서 우리는 일반화하려는 욕구에 대해 주의를 기울이고자 한다. 우리는 모두가 다채롭고 끊임없이 변화하는 세상에 살고 있다. 이런 다양성 속에서도 보편적이고 신뢰할 만한 것을 찾고자 하는 욕망은 지극히 자연스럽고 이해하기 쉽다. 융이 새롭게 고안한 태고의 원형적인 상징[부르크하르트(Burkhardt)의 '원형']은 우리에게 안도감을 준다. 이는 장소, 시간, 인종에 관계없이 모든 인류의 가장 깊은 층에 공통된 특징이 있다는 깨달음을 제시한다. 이러한 인식은 국가 간의 이해를 촉진하며, 궁극적으로 세계 평화를 향한 희망의 빛을 안겨 줄 수 있다.

하지만 괴테의 파우스트를 떠올리게 하는 확신을 갖고 싶은 욕망에는 위험이 따른다. 우리가 흔들림 없이 준수할 수 있는 지침이 있다면 좋겠지만, 우리가 말하는 어떤 것도 절대적으로 타당하지 않다는 것을 깨달아야 한다. 수천 년 동안 절대 가치의 전형으로 존재한 신에 대한 개념도 점점 더 넓은 범위로 확장되어 의문이 제기되고 있다. 그 대신 점성술, 사이비 종교, 마약, 넘치는 지식 그리고 무엇보다도 오용으로 인해 잠재적으로 재앙을 일으킬 수 있는 원자력으로 인한 지구의 생존 위협에도 불구하고 발전하는 현대 기술에서 우리의 안전과 내적인 위안을 찾으려고 한다.

따라서 우리는 이 연구물의 경험적 관찰을 최종적이고 보편적으로 유효하다고 간주하지 않기를 권고한다. 이는 색채, 위치, 방향 또는 모티브를 분석할 때도 동일하게 적용된다. 융은 소위 사실이라고 불리는 것을 다룰 때 매우 신중하고 현명하게 접근했고, 항상 그 반대편, 즉 보완적인 요소를 고려하는 방법을 연구했다. 나 역시 보완적인 측면도 고려하라고 말하고 싶다. 이와 관련하여 그의 이야기 중 하나가 떠오른다. '초인종이 울려서 문을 열었을 때 신이 앞에 서 있다면 빨리 들여보내되, 서둘러 뒷문으로 가서 악마가 서 있지 않은지 확인하라.'

우리는 항상 자신의 판단이 틀렸거나 적어도 편향적일 수 있다는 것을 인정할 준비가 되어 있어야 하며, 그림을 분석할 때 같은 그림의 다른 요소와 관련해서, 더 나아가 동일한 환자의 연작 그림 또는 다른 환자의 그림에서 유사한 요소와 비교해서 우리의 초기 추론을 항상 검토해야 한다. 또한 이 책에서 설명한 바와 같이 정신적−영적인 측면에서 인류학, 신화, 예술품 등의 확충을 살펴보는 것도 도움이 될 수 있다.

그러나 이러한 주의 사항을 염두에 두더라도 특정 색채의 신체적 의미, 위치의 중요한 변화, 모티브의 숨겨진 의미 등을 발견하는 것은 큰 기쁨이다. 더불어 이러한 의미가 다른 유형의 질병에도 적용될 수 있다는 깨달음도 놓치지 않길 바란다. 수년간의 **자발적 그림** 연구 경험을 토대로 새로운 자료를 검토할 때 이전에 한 관찰을 통해 얻은 통찰이 갑자기 떠오를 수 있다는 점을 강조하고자 한다.

그림을 분석하는 과정은 임상적으로 진단을 내릴 때와 유사하며, 가능한 많은 징후를 고려하는 것이 중요한데, 이는 계속 강조할 만큼 중요하다. 앞서 언급했듯이 최소한 3개 이상의 확인 가능한 징후가 필요하다.

안타깝게도 **자발적 그림**과 그 해석을 오용하는 사례가 점점 더 늘어나고 있다. 임상 현장의 일부 동료들은 환자의 그림과 그 내용에 대한 자신의 주관적인 이해를 환자가 표현한 것으로 잘못 받아들이는 경우도 있다. 그들은 그림에 그들 자신의 연상을 투영하고, 이것이 환자의 진술로 오인하는 경향이 있다. 그렇게 함으로써, 그들은 그림에 담긴 무의식의 소중한 메시지의 의미를 놓치게 되는 것이다.

이러한 자료를 분석할 땐 매우 신중해야 하며, 모든 것을 이해하고 있다는 유혹을 피해야 한다. 이런 경우 꿈의 이해에 대한 융의 발언이 떠오른다. '오, 이것은 매우 명료하고 단순하구나'라고 생각할 때마다, 그는 꿈이 꿈꾸는 사람에게 전달하려는 바를 이해하기 위해 자신의 생각을 미루고 그 뒤에 자신의 생각으로 다시 돌아와야 한다고 한다. 이러한 '함정'을 인식하지 못하면 자신의 주관적인 해석이 마치 '모든 것인 것'처럼 아동이나 그들의 부모에게 전달하는 위험도 있다.

여기에 내가 개인적으로 겪은 두 가지 사례를 소개하려 한다. 첫 번째는 일부 그림을 잘못 해석하여 되돌릴 수 없는 수술로 이어질 뻔한 것이고, 두 번째는 그림과 그 사본을 '해석'할 수 없어 거의 폐기할 뻔한 경우다.

　　몇 년 전 나는 런던 왕립 동종요법 학회(Royal Homeopathic Society)의 초청을 받아 '전인격의 표현으로서의 **자발적 그림**'을 주제로, 특히 신체적 측면에 초점을 맞추어 전문가들로 이루어진 청중들에게 강연을 할 기회가 있었다. 내가 선택한 그림 중 하나는 5장 '대상을 덧칠했거나 그림을 버린 경우'와 13장 '신체적 측면을 고려하는 방법'에서 보았던 우리에게 익숙한 발 없는 고양이 그림이었다.

그림 40 **발 없는 고양이**. C, 여성, 28세, 조현병, 히스테리 또는 불안 신경증, 런던 세인트 버나드 병원.

　　이 그림은 빔프로젝터로 스크린에 투영되고 원본은 벽에 걸렸다. 나는 환자들의 연령, 성별, 색맹 여부만 언급하고 청중에게 그들이 보는 것에 대해 의견을 말하도록 했다. 거의 예외 없이 그들은 "명백한 조현병의 전형인 사례네요!"라고 외쳤다. 그 이유를 묻자 "고양이의 몸통 중앙을 가로질러 몸통을 나누는 구분선이 보이지 않나요?"라고 대답했다. 그래서 나는 그들에게 원본을 보라고 제안했고, 한두 명의 참석자만이 "몸의 절반을 덧칠했을 수도 있겠네요."라고 말했다. 왜 이 환자는 이 그림에 덧칠을 해야 했을까? 콧수염을 기른 늙은 부유한 노인처럼 보이는 고양이의 얼굴은 무엇을 의미하는 것일까?

　　만약에 이 해석이 진단적으로 활용되어 환자가 '조현병'으로 판단되었다면, 현재의 과학 수준에 따르는 일반적인 치료법으로 돌이킬 수 없는 전두엽 백질 절단 수술로 이어져서 예측할 수 없는 결과를 초래했을 것이다. 13장의 '신체적 측면을 고려하는 방법' 단락에서 설명했듯이 고양이 몸의 신체적인 측면과 얼굴의 심리적인 측면을 인식하여, 수술 없이도 성공적인 심리치료가 가능했다. 나 역시 이 그림을 통해 정신과 신체, 즉 전인격의 표현으로서의 **자발적 그림**에 대해 새롭고 깊이 있는 이해가 가능했다(8장 검정, 5장 8. 대상이 채워졌는지의 여부 참조).

　　내가 제시하고 싶은 두 번째 사례는 극단적인 것으로, '번역'이 되지 않아 그림을 버릴 뻔했던 경우다.

그림 202 성 니콜라스, 슈무츨리 그리고
도와 달라고 외치는 곰 인형(원본). 페터.

그림 203 성 니콜라스, 슈무츨리 그리고
도와 달라고 외치는 곰 인형(먹지에 그린 사본). 페터.

어느 날 페터는 그림을 그리고 싶다며 먹지를 달라고 요청했다. 왜 먹지를 원하는지 이해하지 못했지만 베버는 그에게 먹지를 한 장 가져다주었다. 그 결과, 우리는 아동들의 수호성인인 성 니콜라스의 색채로 가득한 그림뿐만 아니라 그 그림의 먹지 사본, 즉 성인과 그의 그림자도 갖게 되었다. 누군가는 단순히 이 색채가 있는 그림의 사본이 환아의 재치 있는 발상에 지나지 않는다고 생각할 수도 있다. 그러나 시간이 흐른 뒤 그림을 체계적으로 연구한 후에야 놀랍게도 이 그림에 담긴 중요한 의미와 선입견이 얼마나 쉽게 오해를 불러일으킬 수 있는지를 깨닫게 되었다.

이제 색채가 있는 그림과 먹지 사본의 차이점을 살펴보자. 페터는 원본(그림 202)에서 그가 사용할 수 있는 모든 색을 사용하여 "순종하지 않은 자는 자루 안에 있다." "모든 좋은 것은 다 떨어지고 있다."라고 말했다. 먹지 사본(그림 203)을 보면, 자루 안에 들어 있는 사람의 형상을 표시한 진한 초록과 문자 H를 제외하고 모든 색은 사라져 있다. 색이 칠해져 있던 '모든 좋은 것들'은 이제 모두 회색으로 변했고, 소년은 11세에 사망했다. 그는 초록으로 이상한 표시를 자루 안쪽에 4개, 바깥쪽에 6개 추가했는데, 합산해 보면 현재 그의 나이를 가리키는 10이 나온다. 그리고 마지막으로 사람의 형상 위에 H라는 글자는 초록이다. 무슨 뜻일까? 이 수수께끼에 대한 답은 그가 5일 전에 그린 그림에서 찾을 수 있다. 성 니콜라스와 그의 조수 슈무츨리 그리고 도움을 요청하는 곰 인형에는 곰 인형 하나를 자루에 넣고 그 위에 '도와주세요'라는 글자가 적혀 있었다(그림 34). 소년의 그림 속 사람의 형상이 지금 도움을 요청하고 있는 것일까(14장 정신과 신체의 관계, 15장 수수께끼 같은 그림 자료의 해석 참조)?

그림 34 성 니콜라스와 그의 조수 슈무츨리 그리고 도움을 요청하는 곰 인형. 페터.

만약 우리가 이 두 그림을 나란히 놓는다면, 여기에 보이는 차이점을 어떻게 '해석'할 수 있을까? 이 소년의 삶에서 왜 약간의 초록만 남겨 두고 다른 색이 사라졌을까? 불확실한 미래에 대한 그의 용감한 저항은 1년 후 그가 그린 눈사람 그림에 썼던 것처럼 회복될 수 없는 질병에 의해 '잡아먹히게' 되는 것일까(그림 186)? 혹은 그는 자신의 '보호자'인 성인의 힘에 맞서 도움을 요청하고 있는 것일까?

이런 관점에서 보면 성 니콜라스의 사본은 단순한 그림 202의 '사본'으로만 여겨지는 것이 아니라, 내가 처음에 생각했던 것과는 다르게 무의미하다고 여겨 치워 버릴 수 있는 그림이 아니다. 이 그림은 단순히 그려진 것이 아니라 가슴을 뭉클하게 만드는 예측이 담겨 있는 수많은 그림 중에 하나일 수 있다.

이 그림에서 성 니콜라스가 더 이상 아동들의 수호성인이 아니라 생명을 위협하는 강력한 그림자 같은 존재였음을 이해했다면 우리는 무엇을 할 수 있었을까?

우리는 이 아동이 무조건적으로 믿었던 선한 사람이 악한 사람으로 변해, 즉 친구가 적이 되어 버린 고통을 겪었을지도 모른다는 것을 깨달았을 것이다.

자루 안의 사람의 형상은 도움을 청했지만 아무도 듣지 않았고, 그의 외침은 헛되었다. 그는 아무도 발견하지도 이해하지도 못한 작은 죄의 죄책감에 시달렸을 것이다. 형벌로서의 질병을 불러일으켰을지도 모른다. 페터 자신이 말했듯이, "순종하지 않은 자는 자루 안에 있다."

만약 나 혹은 다른 누군가가 이 그림을 제때 이해할 수 있었더라면, 그들은 우리에게 무엇을 가르쳐 줄 수 있었을까? 'H'를 '도움'의 단서로 삼아 페터와 함께 도움을 요청하고 자루에 무력하게 담겨 끌려가는 곰 인형에게 무엇이 문제였는지를 알아낼 수 있었을 것이다. 우리가 환자의 두려움과 불길한 예감을 공감할 수 있었다면 적어도 그가 그렇게 외롭고 쓸쓸하게 버림받지 않았을지도 모른다.

비록 우리는 더 이상 페터를 도울 수 없지만, 비슷한 절망의 순간을 경험하는 다른 아동들을 위해 그들의 그림에서 무엇을 이해할 수 있을까? 우리는 아동들에게 가까이 다가가 몸짓으로, 사랑하는 장난감을 쓰다듬어 주거나, 혹은 곰 인형의 이야기를 들으며 아동들의 어깨에 손을 올려 보는 것으로, 이제는 아동들의 도움 요청이 헛되지 않도록 할 것이다. 어쩌면 우리는 선과 악, 신과 악마에 대한 이야기를 아동들이 이해할 수 있는 방식으로 바꾸어 준다면 도울 수 있을지도 모른다(23장 관계의 역할을 하는 타원 참조).

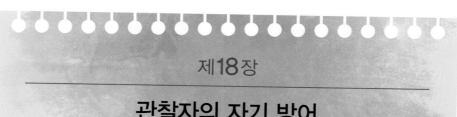

제18장
관찰자의 자기 방어

지금까지 우리는 주로 환자와 그들의 그림에 집중해 왔다. 하지만 환자의 이러한 자발적 표현이 전문조력자인 우리(즉, 의사, 예술 치료사, 상담사, 간호사 그리고 환아의 부모 또는 돕고자 하는 누구나)에게 어떤 영향을 미칠 수 있는지 인식하는 것 또한 매우 중요하다. 여태껏 아동 또는 환자의 입장에서 보려고 애를 썼는데, 이제 우리를 포함한 환자 주변의 사람들에 주의를 기울일 필요성을 크게 느낀다. 환자의 그림에서 본 것, 알아차린 것의 중압감을 감당하기 위한 우리의 역량과 에너지를 살펴야 한다.

이를 위해서는, 중병을 앓고 있는 환아의 그림을 연구하는 우리 역할의 어려움을 잘 인식할 필요가 있다. 아동과 함께 공감하되 이들의 특별한 상황에 동일시되지 않는 법을 배우는 것이 중요하다. 우리는 먼저 우리의 '민감한' 부분을 알아차리고, 이 부분을 주의 깊게 받아들일 필요가 있다. 그럼으로써 우리가 아동들과 함께 그림을 볼 때 조금 더 자유로울 수 있을 것이다.

신체적, 정신적 고통을 겪는 아동을 최대한 잘 돕기 위해서, 가능하다면 환아를 만나기 전에 그림을 먼저 보고, 그림에서 관찰한 것을 우리의 전문 지식과 통찰력으로 연결해 보는 것이 좋다. 의학적으로 더 이상 다른 치료 방법이 없더라도, 우리는 현재 이 순간 환아의 힘든 삶에서 신뢰할 수 있는 존재로서 환아의 고독과 버림받은 느낌을 경감시켜 줄 수 있다. 이를 위해 반드시 기억해야 할 것은 우리 개인의 내면이 어떤 것에 감동하고 영향을 받는지 살펴보고 깨닫는 것이다.

그림 204 미결 상태. 미키, 남아, 9세, 백혈병, Kispi.

예시로 나는 백혈병을 앓는 9세 소년 미키(Micki)의 그림을 선택했고 우리는 이 그림 제목을 미결 상태라고 불렀다(그림 204). 소년은 그림 뒷면에 이탈리아어로 이렇게 적었다. "이것은 성이다. 무장한 기사가 성에서 나와 지하 감옥으로 내려가고 있다. 그리고 전투함이 있다." (글씨가 오른쪽으로 갈수록 눈에 띄게 아래쪽으로 기울어져 있다.) 이 소년은 병의 심각한 재발(한 달 정도 지속되었다)로 소아 재활병원에 입원했다. 이 그림은 퇴원 이틀 전에 그렸는데, 그 후 두 달 뒤 병이 두 번째로 재발했다. 1971년 6월 아동이 사망하기 전까지 다섯 차례나 병이 재발했지만, 항암화학요법, 방사선 치료, 수혈 등의 도움으로 병이 차도를 보였던 짧은 기간들 동안에는 고향으로 돌아가 학교생활도 할 수 있었다.

이 그림을 설명하고 분석하는 과정에서, 우리는 스스로의 약한 부분과 관련 있는 그림의 세부적인 것들에 집중할 것이다. 그리고 관찰자로서 견디기 어려울 수 있는 상황에 대비해 준비하도록 할 것이다. 이 색연필로 그린 그림에는 불에 타지는 않았지만 텅 비어 있는 성의 정면을 선명하게 보여 주며 약하지만 일부러 그려진 선들을 보여 준다. 텅 빈 창문(특히 탑의 창문들)을 통해 비치는 하얀 빛이 감도는 연한 갈색은 백혈병 세포를 연상시킨다. 소년의 '백색' 질병이라는 신체적인 요인 외에 또 무엇이 이 성을 텅 비게 만들었을까? 이 질문에 답하기 위해 우리는 성 오른쪽에 위치한 열린 빈 창을 가리키는 화살표 옆 'REGGIA(왕궁, 모두 대문자)'라는 글자가 지닌 심리적 측면의 중요성을 주목해야 한다.

그의 여왕 레지나(Regina), 즉 이 어린 영혼에게 모든 여성적인 가치를 상징하는 그의 아니마는 성을 떠났을까? 어두운 갈색의 글씨는 어쩌면 여왕이 더 이상 성에 남아 있지는 않지만 이 땅 어딘가에 살아 있다는 것을 뜻하는지도 모른다. 이것은 긍정적인 징후일 수 있다.

성은 물로 둘러싸여 있지만, 도개교(들어 올릴 수 있는 다리)를 통해 들어갈 수 있다. 이 도개교는 길고 좁은 밝은 초록 땅에 내려져 있는데, 이 땅에는 검정에 가까운 어두운 갈색의 길이 났고 왼쪽에는 황량한 나무가 있다. 이 그림은 2월에 그려졌고, 잎사귀 없는 나무는 계절을 반영한다. 이것은 아동이 현재 상황을 자신의 현실로 의식하고 있음을 암시한다.

우리는 특별히 바위보다 큰 3개의 파란 돛을 단 배가 지나가고 있는 오른쪽 상단 구석의 어두운 언덕들을 주목하게 된다. 그 위로 살짝 파란 하늘이 비친다.

미키의 그림 설명을 다시 살펴보면, 우리는 전투함이 눈에 띄게 오른쪽 위(+/+)에 위치하는 것에 주목하게 된다. 제1사분면은 매우 자주 '지금 여기' 상황을 반영한다. 도움의 손길이 눈앞에 보이는 것일까? 만약 그렇다면, 그 도움이 제때 도착하게 될까(7장 사분면 참조)?

이제 탑 오른쪽의 사람을 보자. 감옥 아래 건물을 향해 얇게 그려진 줄에 매여 교수대에 매달린 것처럼 보인다. 갑옷으로 무장한 기사는 영웅적인 전투를 위한 준비를 한 채 성을 나서고 있는 것일까, 아니면 치명적인 병에 시달리며 지하 감옥으로 내려가고 있는 포로일까?

우리는 도개교가 연한 초록 땅에 연결되는 것에서 희망을 볼 수 있다. 내려진 다리를 통해, 보이지 않는 적에 대항해 그를 도와서 싸울 지원군(임상적으로 말하자면, 치료)들이 곧바로 성 안으로 갈 수 있고, 어쩌면 매달려 있는 그의 고통스러운 상황을 끝낼 수 있을지도 모른다.

하지만 이 그림이 관찰자인 우리에게 어떤 영향을 주는가? 이 그림을 어떻게 이용해서, 우리의 환자를 더 잘 지원할 수 있을까? 먼저, 그림을 통해 우리 안에서 건드려질 수 있는 스스로의 연약한 부분을 알아차리도록 시도할 수 있다. 우리는 빈집에 들어서서 사랑하는 사람이 한때 살았던 흔적만 남아 있는 것(화살표가 이름 위에 있는 특별한 창문을 가리킨 것을 기억해 보자)을 보는 것이 어떤 것인지 이미 경험해 봤을 것이다. 스스로의 마음에 있는 이러한 감정을 통해, 황폐한 성이 이 소년에게 무엇을 의미하는지 헤아려 볼 수 있다.

아마 우리 중 많은 이가 내면의 공허함을 겪어 봤을 것이다. 마치 외관만 남아 있는 텅 빈 집에 있는 것 같은 느낌 말이다. 심지어 알아차리지도 못한 채 이러한 감정을 가지고 살면서 질병, 일, 모든 종류의 중독, 알코올, 헤로인으로 도피하려고 애쓰고 있는지도 모른다. 밤낮으로 라디오와 텔레비전을 끼고 살고 늘 앉아 있는 식 등이다. 내적 굶주림과 공허함이 신체적인 면으로 나타날 때 얼마나 자주 비만으로 이어지는가? 특별한 상황에서는 이러한 굶주림이 자연분만의 어려움으로 제왕절개 수술로 이어지기도 하는데, 산모가 아홉 달 동안의 충족감을 경험한 후, 자기도 모르게 아동을 자궁에서 내보내기를 원하지 않게 되는 것이다.

다시 그림으로 돌아가 이번에는 성을 둘러싼 주변을 보자. 성은 바다로 완전히 에워싸여 있다. 우리는 비슷한 상황을 경험한 적이 있는가? 냉혹하게 반복되는 파도가 덮쳐 온 적이 있는가? 목숨을 위협하는 눈보라나 모래폭풍에 갇혀 급박하게 구조의 손길을 바란 적이 있는가?

　환아들의 그림을 보다 보면, 때때로 바다에 홀로 떠다니며 잃었던 방향을 다시 찾기 위해 도움을 구하는 것 같은 애타는 심정이 될 때가 있다. 개인적으로는, 그림으로 인해 헤집어진 두려운 마음과 나의 상처를 해결하기 전에는 (그림을 다루거나 아니거나 상관없이) 절망에 빠진 환자를 만나지 않는다. 이럴 때는 동료를 찾아가 그와 함께 머리카락이 곤두서게 되는 이 무시무시한 그림을 보며, 그 안의 무언의 메시지를 같이 찾아보는 것이 매우 좋다. 이렇게 함으로써, 중증 환아를 돕기 전에 그림을 더 잘 이해할 수 있을 뿐 아니라 나아가 그림을 잘 감당해 낼 수 있다.

　때때로 그림은 성과 안전한 땅의 연결을 위해 도개교가 내려진 것처럼 연결을 제공한다. 모든 것을 포기한 채 다리를 불태우기 전과 같은 절박한 상황에서도 도움의 신호나 탈출의 실마리를 찾아볼 가치가 있다. 소년의 그림에 있는 전투함을 그의 싸움을 돕는 지원군(병원과 의사들)에 대한 희망이라고 본다면 다리는 아마 그들을 위해 내려지는 것일 텐데, 이번에 그 다리가 내려져 있었다(이 소년에 대한 자세한 이야기는 21장 '치유된 환아들'에서 볼 수 있다).

　마지막으로, 그림 안에서 가장 시선을 잡아끄는 부분인 교수대에 매달려 있는 기사가 우리에게 무엇을 의미하는지를 고려할 필요가 있다. 다른 이들을 구출하기 위해 지하감옥으로 내려가고 있는 것인가 아니면 그 스스로가 갇히게 되는 것인가? 앞으로 어떤 일이 발생할지 모르는 채 기다리면서 매달려 있는 것이 어떤 것인지 우리는 아마 잘 알고 있을 것이다. 각각의 구체적인 상황은 우리 모두에게 개인적으로 다를지 모른다. 하지만 자기 환자를 도우려 애쓰는 의사가, 할 수 있는 모든 의학적인 수단을 다 써 버린, 결정적인 유예의 순간에 처한 경우라면 어떠할까? 이러한 속수무책의 무력감을 견디기 위해 그는 스스로 영웅이 되어야 할 것이다.

　우리가 환자의 입장이 되어 볼 수 있다면, 우리는 그를 더 잘 도울 수 있을 것이다. 융은 언젠가 로렌스 반 데르 포스트(Laurens van der Post)에게, "환자의 역경에 영향을 받는 의사만이 그 환자를 도울 수 있다."고 말했다. 그리스의 치유의 신 아스클레피오스를 인용하면, "상처받은 의사만이 치료할 수 있다".[1]

　환자를 돕기 위한 고군분투의 끝에서, 박해와 같은 외부의 힘에 의해서 또는 자기 안의 어느 상황에서든 우리 내부의 반대세력 사이에 갇히게 되는 상황에 이르게 된다. 다음과 같은 융의 질문은 도움이 될 수 있다. '이것이 나에게 무엇을 말하고 있는가, 그리고 나는 여기서 무엇을

---

1) 컬버 바커의 『Healing in Depth(깊은 치유)』, "로렌스 반 데어 포스트(Laurens van der Post), 호더(Hodder) 그리고 스토튼(Stoughto)의 서문", 1972.

배울 수 있는가?' 어쩌면 유대인 강제수용소의 수용자들이 경험했던 것처럼, 신을 잃게 되거나, 신을 만나게 될 것이다.

　우리와 같은 평범한 사람들도, '내가 어느 부분에서 스스로 갇혀 있고, 무엇이 나를 갇혀 있게 하는가'라는 질문에 대한 답을 생각해 볼 필요가 있다. 그 답이 꼭 삶과 죽음 사이, '천국'과 '지옥' 사이의 경계일 필요는 없다. 개인 내 · 외부에서 어떤 결정이나 중요한 정보를 앞두고 기다리고 있을 때에도 갇혀 있는 느낌을 받을 수 있다. 모든 전문 조력자가 환자와 같은 상황을 경험할 필요는 없고, 사실 그럴 수도 없다. 그렇지만 그림을 통해 자기 이야기를 하는 환자와 어떻게든지 함께하고 공감할 만한 비슷한 경험은 반드시 필요하다.

　이제까지 이 그림이 개개인에게 미칠 수 있는 영향력을 자세하게 집중적으로 살펴보았다. 이를 통해 우리 스스로의 한계를 인정하는 것, 즉 우리 모두는 인간이고 관찰자는 자기 환자를 살피는 것처럼 스스로도 살펴야 할 필요가 있다는 것이 충분히 전달되기를 바란다. 컬버 바커가 지적한 것처럼, 치료자는 스스로의 연약한 점을 잘 알고 있어야 한다.[2] 어떤 식이든 환자와 동일시되지 않고, 의료적으로 외부인으로 머물되 마음을 다해 환자와 함께 공감하기 위해서 말이다. 이런 식으로 우리는 환자를 더 안전한 지대와 연결해 주는 다리가 될 수 있다. 우리 스스로의 지식의 깊이에서 해답을 찾을 수는 없을 때라도, 환자가 느끼는 두려움과 모르는 존재로부터 위협당하는 느낌을 충실하게 나눌 수 있다. 그러면 그 아동은 더 이상 혼자가 아닐 것이다.

---

2) 컬버 바커의 『Healing in Depth(깊은 치유)』, "분석가의 건강", p. 152.

제19장

자발적 그림: 의사, 봉사자, 환자와 가족의 다리 역할

이번 장에서는 다시 환아와의 임상 작업으로 돌아가 보자. 환아들과 치료적으로 일하는 우리 중 많은 이에게, 아동들의 직접적인 질문에 대답하지 않은 경험이 있을 것이다. 몇 년 전, 한 아동이 두 뺨을 눈물로 적시며 나에게 왔던 것을 기억한다. 내가 무슨 일인지, 왜 우는지 물어보자 소년은 대답했다. "아무것도 아니에요." 나중에 덫에 걸린 동물 그림을 같이 보면서 "곰 인형에게 무슨 일이 일어난 걸까?" 하고 물어보니, 소년은 자기 안의 고통과 불행을 모두 이야기해 주었다. 그때를 계기로, 아동의 그림이 아동과 치료하는 의사와 조력자 사이의 다리가 될 수 있다는 것을 더욱 깊이 깨닫게 되었다.

다소 내성적인 아동이었던 마리나는 6세 10개월의 나이로 입원했을 때, 도통 말도 하지 않고 무얼 먹으려 하지도 않았다. 아동의 그림에는 기울어진 빨간 집이 있었는데, 지붕은 갈색이고 창문이나 문이 없었다. 마리나는 땅도 하늘도 해도 그리지 않았다. 아동은 이렇게 설명했다. "여기는 소가 지내는 외양간이에요. 소들이 배가 고파서 음매 울고 있어요. 소 주인은 숲으로 가 버렸는데 소들을 잊어버렸어요. 아무도 안 와요." 이 아동은 그야말로 버림받았다고 느끼고 있었던 것이다. 우리는 개입이 '반드시' 필요하다고 결정하였고 소아청소년정신과 외래병동의 헤르츠 박사가 아동을 맡게 되었다. 박사는 이 아동과 좋은 관계를 맺었고, 두 번의 상담 이후 벌써 아동은 신체적, 심리적으로 눈에 띄게 호전되었다.

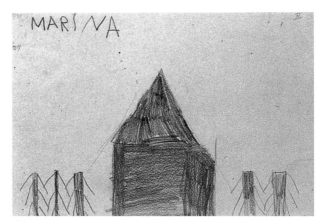

그림 205 **아무도 안 와요**. 마리나. 여아. 6세. 급성 림프모구 백혈병. KiSpi.

그러나 2개월 뒤 마리나는 폐렴에 걸렸다. 아동의 마지막 그림(그림 30 마뇨겔리)은 이즈음 그려졌다. 이 그림에 대한 설명과 분석은 12장 '새', 13장 '신체적 측면을 고려하는 방법'에서 이미 다루어 알고 있다. 우리는 아동이 7세가 된 지 일주일 후 영원한 안식을 얻은 것을 기억한다.

아동이 그림을 통해 자기 이야기를 나눌 수 있도록 의사가 도울 수 있어서 다행이었다. 그토록 무서운 병으로 아프던 아동이, 잊히지도, 홀로 남겨지지도 않은 채 평화롭게 잠들 수 있었다는 것은 헤르츠 박사에게 위로를 준다.

이 그림에서 우리는 소녀의 부모가 자녀의 심각한 질병을 받아들이는 것뿐만 아니라 스스로의 태도를 변화시키는 데에도 도움이 되었는지 알 수 있다.

중증 환아를 둔 많은 부모는 아동의 병과 죽음에 대한 언급을 피하는 것이 아동에게 줄 수 있는 최선의 사랑인 것처럼 믿는다. 하지만 아동들은 종종 주위 모든 사람이 알게 되기 전에 스스로의 병과 그 결과에 대해 이미 알고 있기도 하다.

우리는 이러한 상황에서 부모들이 두 가지의 매우 다른 반응을 보인다는 것을 발견했다. 한 가지는 '아동이 죽어야만 한다면, 오래 고통받게 하고 싶지 않다'는 태도고, 다른 한 가지는 '최근에 해외에서 신약이 나왔다고 읽었는데, 그걸 한번 꼭 써 봤으면 좋겠다'라는 것이다.

이 그림은 크리스타가 그린 마지막 그림이다(그림 88). 크리스타는 많은 종류의 꽃들을 그려왔는데, 마지막에 왜 양귀비꽃을 선택했는지 궁금해진다. 원래 양귀비꽃은 꽃봉오리가 올라와 아주 짧은 시간 동안에만 꽃을 피운다. 그림에는 꽃이 딱 한 송이 있는데, 꽃대가 중간까지만 그려져 꽃이 공기 중에 떠 있는 것처럼 보인다. 꽃이 마실 물도 없고, 양분을 빨아들일 흙도 없다. 자연에서 자라는 꽃과 비교할 때 눈에 띄는 큰 차이는, 꽃의 머리가 아래로 축 늘어져 있고, 꽃잎들은 오그라들어서 거의 떨어지기 직전처럼 보이는 것이다. 이것이 크리스타가 느꼈던 감정일까? 꽃의 색깔은 병약하고 창백한 빨강이다. 꽃대에 은색 잔털은 없고, 대신에 검은 선 하나가 위쪽을 향해 번지고 있다. 신체 상태와 관련해서 해석하자면, 이 검은 선은 암세포의 전이를 떠오르게 한다. 병마와 절박하게 싸우는 아동들의 그림에서 자주 관찰되는 부분이다(8장 색의 사용에 관하여 참조). 혈액학자에게는 이 부분이 골수에 침투된 암세포와, 어둡게 칠해진 꽃의 중심부는 척추의 단면으로 보인다. 심리학자는 쉽게 나비 모양을 알아볼 것이고, 마음에 대한 상징으로 떠올리게 될 것이다(그리스어로 마음은 나비다). 이 부분이 검정으로 칠해진 점이 특별한 의미를 가질 수 있다.

그림 86　중심부가 검은 양귀비꽃. 크리스타, 여아, 17세 6개월 . 급성 림프모구 백혈병. KiSpi.

우리는 이 소녀가 자신의 삶이 일찍 끝날 것이라는 것을 알고 있었는지 우리 스스로에게 자문하지 않을 수 없다. 이 그림을 그리기 7개월 전인 11월에 소녀가 그린 가을 색채의 부엉이 그림(그림 98)을 분석하면서, 때이른 가을이라는 제목이 떠올랐던 것을 기억한다.

크리스타의 부모는 의사가 아동에게 병을 절대로 언급하지 않겠다고 약속하도록 요구했다. 하지만 소녀가 그린 24개의 그림에서, 아동이 스스로의 병을 알고 있었다는 것이 점점 더 확실해 보였다.

소녀가 양귀비꽃 그림을 그렸을 때에 이르러 의료진은 마침내 이 그림을 통해 환아의 부모가 딸이 이미 스스로의 병과 가까이 다가온 죽음을 알고 있다는 것을 받아들일 수 있고, 상담사에게 병에 대한 비밀 유지를 철회해 달라고 했다. 그런 다음 상담사는 크리스타가 자기가 아는 것을 말하지 못한 채 외로움과 고립에서 벗어날 수 있도록 같이 병에 대해 이야기를 나눌 수 있었다. 마침내 그림을 마주한 부모는 결국 이 모든 상황을 인정하게 되었다.

크리스타에게 그녀의 상태와 병명에 대해 솔직하게 터놓고 이야기하자 이미 그녀는 벌써 오래전 연구소 수습 보조 학생일 때 했던 피검사에서 자신의 병을 알게 되었다는 게 드러났다. 지금 제일 바라는 것이 무엇인지 묻자, 가족 모두와 다 같이 여행을 가고 싶다고 대답했다. 이 소원이 이루어져서 소녀는 행복해했고 다시 노래도 부르게 되었다.

사례 기록에 적힌 바로, 소녀는 가을의 시작(추분)을 사흘 앞두고 내출혈 증상으로 집에서 갑자기 죽음을 맞이했다. 소녀의 아버지가 의료진을 찾아와 신약(생명을 연장시킬 작은 희망과 함께 매우 심각한 부작용의 위험이 있는)을 시도해 보자고 논의하려 했던 바로 그날이었다. 우리는 부엉이 그림의 평범하지 않던 색을 떠올리게 된다. 또한 마지막 그림으로 선택된 양귀비꽃을 기억한다. 피처럼 빨갛고 금세 시들고 마는 꽃, 그 씨앗은 평화로운 망각을 선사해 주는 아편의 재료가 되는 꽃 말이다.

이번 장의 마지막 그림으로 다시 한번, 의사가 아동의 **자발적 그림**을 통해 환자의 가족을 도와 아동의 상황을 긍정적으로 받아들이고 이후 그의 죽음에도 잘 적응할 수 있게 한 사례를 보려 한다. 아드리안의 주치의는 자신의 경험에서 내가 가족의 애프터 케어라고 부르는 것을 개발했다. 더 자세한 사항은, 16장 '남겨진 생애에서 변화되는 동일한 모티브' 장에서 키펜호이어 박사가 쓴 기고문을 참고할 수 있다.

이 그림은 이제까지 꽤 자주 언급된 아드리안이 그렸다. 이 환아는 자신이 난치병에 걸렸다는 것을 알면서도 강한 용기와 삶에 대한 의지를 가지고 있었다. 소년은 깊은 종교적 신념에서 큰 힘을 얻었다. 죽기 5개월 전, 소년은 엄마

그림 150 아드리안의 마지막 그림. 아드리안.

에게 말했다. "나 때문에 엄마 머리 아픈 것 나에게 줘요. 나는 너무 아파. 아프지 않은 곳으로 갈 때 엄마 두통을 내가 가지고 갈게요."

'건강한 초록' 종이에 연필로 그려진 소년의 마지막 그림에는, 무균실 막으로 둘러싸인 소년의 침대가 있다. 구름 모양 안에 작은 사람이 팔을 바깥으로 뻗으며 '나았다'고 외치고, 보호하는 것 같은 굽어진 손이 소년과 4개의 주사기로 보이는 것들(키펜호이어 박사의 관찰에 의하면) 사이에 있다. 의료기구 카트와 기도하는 어머니는 옆으로 비켜 한 편에 위치한다. 그림 위쪽에는 후광이 비치는 신을 그렸고, 신의 왼쪽에는 하현달이, 주위에는 별들이 있다. 그림 아래쪽에는 아빠, 엄마, 두 형제의 이름을 적었다. 신으로부터 7개의 광선이 방사형으로 퍼져 나오는데, 무균실 쪽에는 미치지 못한다.

소년은 그림을 그린 후 7일 뒤에 하늘나라로 떠났다.

아동은 무균실에 들어올 때 부모님에게 "하느님이 앞으로 나에게 올 모든 것을 다 이겨 낼 수 있는 힘을 줬어."라고 말했는데, 이처럼 아동이 담담하게 받아들인 마음을 그림으로 표현한 것 같다.

이 소년의 불굴의 용기는 병동 전체와 담당 주치의인 키펜호이어 박사에게 전해졌다. 키펜호이어 박사는 소년의 용기에서 깊은 영감과 지지를 얻은 후에 아동과 그 가족을 위로하고 지원할 수 있었다. 이후 다른 환아와 그 가족들을 돕는 것으로 이어졌다.

소년이 죽은 지 몇 주 후, 그의 부모는 주치의와 함께 이 그림을 봤다. 아동의 엄마는 눈물을 흘리며 말했다. "우리가 아이에게 준 것보다 훨씬 더 많이 아이에게 받았어요." 아동의 부모는 평소에 병이나 죽음에 대해 말하는 것을 피하지 않아 왔고, 병이 좀 호전되는 때에는 아동을 다른 두 형제들과 똑같이 대하려고 노력했다. 그럼에도 불구하고 아픈 아동은 가족 내에서 늘 특별한 대우를 받게 되곤 했다.

아동이 죽은 뒤, 부모는 슬픔 속에서 죽음을 받아들인 것을 넘어, 아동을 우상화하기에 이르렀다. 아동의 그림을 어떤 신성한 것처럼 다루는 지경이 되었다. 아동의 두 어린 동생들은 불안해졌다. 막내는 밤에 배변 실수를 하기 시작했고 특히 키펜호이어 박사가 가정 방문을 올 때마다 이불에 오줌을 쌌다. 둘째는 죽은 형의 이름을 절대로 입에 올리지 않았다. 이번에도 문제를 해결하기 위해 그림의 도움을 받았다. 정신과와 혈액내과 전문의는 아드리안의 동생들이 그린 그림을 통해 이 가족이 정상적인 일상을 회복할 수 있게 도와주었다(16장 남겨진 생애에서 변화되는 동일한 모티브 참조).

앞서 보았던 세 아동의 그림 사례를 통해, 환아의 그림이 어떻게 의사와 환아 간의 긴밀한 접촉과 연결되는 상황을 깊이 이해할 수 있는지 보여 주고자 했다. 우리의 마지막 그림은, 죽음을 눈앞에 둔 아동이 자기 주치의의 배려 깊은 태도를 얼마나 깊이 느꼈는지를 보여 준다.[1]

이 환아는 급성 폐렴으로 소아 병원에 입원해서 이 그림을 그렸다. 때는 11월이었고, 끝이 보이지 않았던 병의 마지막 단계였다(그림 206).

그림 206 새집. 에두아르. 남아. 10세. 낭포성 섬유증. KiSpi.

청록 바탕의 그림 중앙 부분에 기둥 위에 놓인 새집이 있다. 새집은 밝은 갈색인데, 벌레 모양의 희한한 검은 칠이 있다. 새집의 오른쪽에는 아스클레피오스의 신성한 나무인 포플러 나무 같은 나무가 있는데, 꼭대기는 청록이고 아래쪽은 진한 갈색이다. 하늘에 그려진 3개의 별과 하현달은 따뜻한 금색으로 칠해져 있다. 바탕의 진한 파랑은 마지막에 칠한 것으로 보인다. 오른쪽에는 주황 부리를 한 갈색빛의 검은 새가 있고, 역시 주황 부리를 한 훨씬 작은 플라밍고가 이를 뒤따른다. 삼각형의 새집에는 굵게 테두리 선이 쳐 있어서 보호로 둘러싸인 듯 보이기도 하지만, KiSpi의 슈멜링 교수의 견해에 따르면 이는 단단히 닫힌 것으로, 신체적 증상으로 해석할 때 낭포성 섬유증 환자들이 겪는 호흡 곤란을 반영한 것일 수도 있다. 작은 새는 날아가는 도중 갑자기 마주친, 모이로 가득 찬 먹이장에 내려 앉았다. 우리는 누가 이 모이를 주었는지 궁금해진다.

바로 이 부분이 아동이 깊이 느꼈던 의사의 특별한 역할과 기능을 명백히 알게 된 순간이었다. 나중에 이 환자의 주치의였던 슈멜링 교수에게 이야기를 들을 수 있었다. 소년의 마지막이 다가오고 있다는 것을 알았을 즈음이었다고 한다. 아들의 상황을 받아들이지 못하던 에드워드

---

1) 저자의 논문 「누가 의료진을 생각해 주는가」(Hexagon, 1985, vol. 13,4)에서 더 넓은 근거와 상세한 예시로 이 주제를 다룬다.

의 아빠는 아들이 크리스마스를 집에서 보내기를 너무나도 간절하게 바랐다. 그때 교수는 부모를 동반해서 아동과 대화했고, 언제든지 병원으로 돌아와 30분이든, 몇 시간이든, 원한다면 며칠이라도 머물러도 된다고 말했다고 한다. 병실과 그 안에 있는 모든 것들이 그대로 아동을 기다리고 있을 거라고 말이다.

사례 기록에는 적혀 있지 않았던 당시 담당 주치의의 이 대화는, 소년의 그림에서 작은 새가 앉아 있던 비바람을 막아 주는 모이통과 접시를 이해하게 된 '결정적인 증거'가 되었다. 병원에서 자기 옆에 서 있는 의사가 자기를 얼마나 따뜻하게 보살피고 있는지, 그를 얼마큼 믿을 수 있는지, 소년은 알고 있었다.

아동은 크리스마스를 지내러 집으로 갔다. 하지만 예상치 못한 급성 기관지 폐렴으로 다시 입원했고, 한 달 후 생을 다했다.

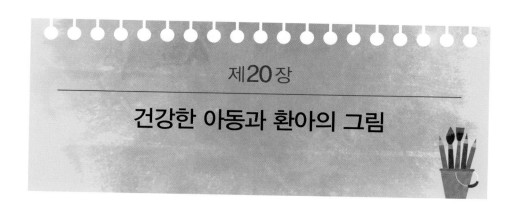

제20장
건강한 아동과 환아의 그림

이제 우리는 그림을 체계적으로 읽고 분석하는 방법에 대해 배운 것을 두 쌍의 그림에 적용해 보려 한다. 각 쌍은 건강한 아동의 그림과 환아의 그림으로 구성되어 있다. 처음 한 쌍은 한 번도 만난 적이 없고 독일어를 쓰는 스위스 지역 출신으로, 이 중 환아는 NC에서 치료를 받았다. 두 번째 쌍은 이탈리어를 쓰는 스위스 지역 출신으로 이 중 환아는 KiSpi에서 치료를 받았다. 두 환아는 서로 다른 질병을 앓고 있었다. 네 명의 아동 모두 비슷한 나이였다.

S. Z.와 페터

처음 한 쌍의 그림은 딱따구리를 모티브로 했다는 공통점 때문에 선택되었다. 우리는 그림을 가능한 편견 없이 공정하게 보고 두 그림 중 어느 것이 환아의 그림이고 어느 것이 건강한 아동의 그림인지 알아내고자 한다. 우리는 이미 한 아동은 건강하고 다른 아동은 아픈 것을 알고 있기 때문에 더 주의를 기울일 것이다.

우리는 이 그림에 대해 다음과 같은 체계적인 질문을 던진다. 그림이 우리에게 보여 주는 것은 무엇이며, 어떤 것이 빠져 있는가? 사분면은 어떻게 그리고 무엇으로 채워졌는가? 위치, 방향, 색채, 반복되는 숫자 값의 의미는 무엇인가? 마지막으로 다른 모티브의 의미는 무엇인가? 이제 우리는 서로 다른 의견을 비교하면서 모순되거나 확인되는 지점을 살펴본 다음, 그림을 그린 아동의 건강 상태에 대한 예비 판단을 내리게 된다.

그림 207 숲의 가장자리에서. S. Z. 남아. 9세.

그림 207은 화지 전체가 가득 채워 그려졌다. 네 개의 사분면 구역을 시계 방향으로 따라가면 오른쪽 위(+/+) 사분면에는 언덕 위에 별채가 있는 잘 정리된 농장이 있고, 그 뒤로는 전나무 숲과 농장으로 이어지는 길이 뚜렷하게 보인다. 더 아래로 내려가면 농부가 경작지에서 말과 수레로 일하고 있다. 오른쪽 아래 사분면(+/−)에는 소 두 마리가 있는 외양간, 수련과 개구리가 가득한 연못이 보인다. 어린 소년이 색색의 화려한 옷보다 웃자란 무거운 갈퀴를 들고 있다. 무심하게 왼쪽으로 달려가는 여우를 쫓아냈을 수도 있다. 여우는 아마 사냥을 하러 숲속으로 갔을 것이다. 키 큰 전나무가 그림 왼쪽(−/−)을 대부분 차지하고 있다. 부엉이(어둠 속에서도 볼 수 있는 새)가 그 위에 날개를 펼친 채 앉아 있다. 각 나무마다 고유한 새가 있다. 그림 전경에 새순이 난 가장 작은 나무에는 둥지 안의 어린 새가 부모가 주는 먹이를 받아먹고 있다. 수직 중앙선 근처의 가장 큰 나무인 낙엽송에는 양쪽에 9개의 가지가 있다(소년의 나이).

딱따구리 한 마리가 그 위를 타고 올라가는데, 먹이를 찾을 수 있을까? 중앙 수평선 근처에는 황새 한 마리가 오른쪽에서 나무가 있는 안쪽으로 날아들어 온다. 이 그림에는 총 28개의 주요 대상이 포함되어 있다. 모두 사실적인 색상으로 완성도 있게 그려져 있다. 소년은 모브색과 하늘색을 제외한 모든 색을 사용했다. 심지어 다양한 갈색을 혼합하여 새로운 색을 표현하기도 했다. 모든 모티브는 자연환경과 어우러지는 적절한 위치에 있어서 그것이 무엇을 나타내는지 명확하게 알아볼 수 있다. 하지만 그림에 무엇인가 빠져 있지는 않을까 생각해 보면, 여성 인물이 없다는 점이 눈에 띈다. 암소들은 외양간에서 젖을 제공하고, 황새는 태어날 아기를 데려오는 것을 상징하는 이미지들은 이 소년이 아직 어머니의 보호와 돌봄 속, 세상에 대한 이해가 순수하고 이상적인 세계에 살고는 있는 것을 말하는 것일까?

그러나 성장하는 소년의 상황에 걸맞게 그림에는 남성적이고 활동적인 요소들이 두드러진다. 그림에서 농부는 가득 찬 자루를 실은 수레를 끌고 있고, 소년은 단단한 막대를 들고 있다. 동물 세계에서는 밝은 적갈색 털과 쭉 뻗은 꼬리를 가진 여우가 목표를 향해 숲으로 나아가고 있다. 농부의 자녀인 소년의 삶에서 사냥하는 동물이나 강한 힘은 자연스러운 일이다. 마치 딱따구리가 나무 위에 있는 것처럼 말이다.

그림에서 위쪽이 살짝 구부러진 두 그루의 키가 큰 나무가 지나치게 가지치기가 된 듯한 작은 나무들이 궁금하다. 그림에 생략된 하늘의 색, 구름 그리고 태양으로 보아 소년은 하늘과 별의 존재를 당연히 여기는 '지금, 여기'의 환경에 살고 있기 때문이라고 잠정적인 결론을 내릴 수 있는 것일까? 아니면 그의 인생은 해가 뜨기 직전의 시기인 것일까?

그림 208 **위협하는 태양과 딱따구리**. 페터, 남아, 9세 5개월, 악성 소뇌종양, NC.

다른 소년의 그림을 살펴보면 화지의 빈 공간이 눈에 띈다(그림 208). 19개의 주요 대상들은 멀리 떨어져 있고, 대부분 윤곽선만 미세하게 그려져 있으며 안쪽은 비어 있고, 바닥이 없다. 이 그림은 대상의 개수가 적음에도 불구하고 이해하기가 어렵다. 다시 말하지만, 우리는 정확한 설명과 분석을 위한 도구로 사분면을 사용한다. 이는 모티브의 의미를 더 잘 이해하는 데 도움이 된다.

인간의 자연 친화적인 위대한 시간 측정기며 이정표인 태양은 서쪽의 왼쪽 위(−/+)에 위치하며 11개의 광선이 있다. 소년은 이제 겨우 9세인데, 광선은 왜 11개일까? 모브색인 태양 얼굴은 건강한 아동들의 그림에서 거의 찾아볼 수 없는 색이기에 궁금증을 자아낸다. 오른쪽 위(+/+), 종종 '지금, 여기'인 현재를 나타내는 위치에는 빨간 윤곽선으로 그려진 말을 탄 기수가 보이는데, 팔과 고삐가 없다. 그는 왼쪽을 향해 있다. 연한 초록으로 칠해진 수평선 근처에는 텅 빈 갈색 여물통이 보인다. 재갈을 문 채 그림 밖을 똑바로 응시하고 있는 것처럼 보이는 말은 이 그림에서 신체적으로나 심리적으로 우리에게 무엇을 말해 줄 수 있을까? 오른쪽 아래(+/−)에는 희미하게 그려진 성장이 더딘 소나무 4그루의 윤곽이 보인다. 해가 비치고 있는데 나무들은 왜 희미한 것일까? 우리는 일부 원시 민족의 개념과 아동들의 언급에서 확인된 바로, 3개 이상은 '많음'을 의미하는 것으로 관찰된다. 따라서 4그루의 나무는 '숲'으로 '번역'될 수 있다. 키가 가장 큰 나무 밑에서 왼쪽으로 좁다란 연두색 잔디가 시작되고, 그 위로 작은 부활절 토끼가 달려가고 있다. 토끼 역시 윤곽선으로만 그려져 있다. 토끼가 등에 짊어진 알록달록한 달걀이 든 바구니에서 모브색 달걀이 떨어지고 있다. 이 그림은 9월에 그려졌는데, 우리는 이 어린 화가가 왜 부활절 토끼를 떠올렸는지 궁금해졌다. 잔디는 왼쪽 아래(−/−)로 이어진다. 잔디 위에는 줄기와 잎이 동일한 연한 초록으로 칠해진 나무가 서 있다. 이 나무에는 소년의 정확한 나이인 9.5쌍의 빨간 체리가 달려 있다. 나무 뿌리 근처에는 모브색 테두리로 된 둥지에 화려한 색상의 부활절 달걀이 들어있다. 딱따구리 한 마리가 나무줄기에 선명하게 그려진 모브색 반점을 쪼고 있다. 나무에 무슨 문제가 있는 것일까? 왼쪽 아래 모서리에서 몸통에 태양 빛 노란 흔적을 지닌 검은 윤곽의 뚜렷한 형상이 나타난다. 그는 발톱 같은 손을 뻗은 채 부활절 달걀 둥지가 있는 나무를 향해 성큼 걸어간다.

그림의 중앙에는 말의 머리를 한 것 같은 덩치가 크고 이상하게 생긴 동물이 T자 모양의 재갈을 한 채 존재를 드러내고 있는데, 빨간 윤곽선에 텅 빈 몸통과 불에 타는 듯한 빨간 눈, 유독 짧은 뒷다리와 쭉 뻗은 꼬리를 가지고 있다. 이 동물은 숲에서 튀어나와 황량한 왼쪽으로, 과일나무를 향해 질주하는 것 같다. 방향과 관련하여 말을 탄 기수와 달걀을 짊어진 부활절 토끼는 왼쪽을 향하고 있음을 알 수 있다. 검은 형상은 미지의 어두운 영역에서 나타나 오른쪽을 향해 가고 있고, 딱따구리도 같은 방향을 바라보고 있다. 그러는 동안 태양(−/+ 사분면)이 그림에서 대각선을 비추며 왼쪽으로 기울어진 힘의 균형을 이루고 있다.

우리는 이렇게 사분면과 우세한 방향의 징후를 본질적으로 분석했는데, 이 그림이 무엇을 말하고자 하는지는 아직 수수께끼로 남아 있다. 아마도 색채와 그 의미, 다양한 대상의 반복, 현실과의 밀접성 등이 우리가 앞으로 더 나아가는 데 도움이 될 것이다.

페터는 우리가 제공한 색연필 중 몇 개만 사용했다는 것을 여기에서 보여 주고 있다. '종양−

빨강'과 연한 초록이 우세하다. 체리의 빨강, 부활절 달걀과 햇살의 밝은색을 제외하고는 현실과 동떨어진 색이 사용되었다. 주황과 진한 초록은 부활절 달걀에서 각각 한 번씩만 사용되었는데, 부활절 달걀에 우연히도 가장 많은 색상이 사용되었고, 이는 어쩌면 향후 진행될 수 있는 의미를 내포하고 있는 것은 아닐까?

우리는 희미하기는 하나 '건강한' 갈색을 그림의 네 곳에서 발견할 수 있었다. '나무숲'의 기둥, 그림에서 높은 곳에 덩그러니 떠 있는 나무의 윤곽선, 텅 빈 여물통과 앞다리 혹은 뒷다리가 없는 부활절 토끼다. 불행하게도 갈색으로 칠해진 대상 모두는 부정적인 측면을 동시에 가지고 있어서 건강의 징후는 낮아진다.

연한 초록은 여섯 번 나타난다. 그림 하단의 좁은 잔디는 신체적으로 그리고 삶에 대한 어린 화가의 내적 태도 모두 약해져 있음을 나타내는 것일 수 있다. 예를 들어, 텅 빈 여물통만 있고 말이 잔디에 닿을 수 없는 오른쪽 위 사분면의 윤곽 틀은, 기본적인 영양분인 물과 풀에 접근하거나 쉽게 구할 수도 없다는 의미로 이해될 수 있을까? 벚나무의 칠해지지 않은 잎과 잘못된 위치에 서 있는 나무 기둥의 윤곽에서 동일한 연한 초록이 다시 사용된 것을 볼 수 있다. 앞서 언급했듯이, 이러한 초록은 임상 치료를 통해 삶을 되찾은 환자의 그림에서 발견되는 데, 생이 끝나는 환자의 그림에서도 보여진다. 어린 페터는 중병을 앓고 나서 다시 살아나고 있는 것일까, 아니면 삶과 이별하는 것일까? 불에 타는 듯한 혹은 '종양-빨강'은 7번 나타난다. 다른 증상에 보여진 그림 징후와 관련해 이 특정 색상은 신체가 위급하거나 쇠약해지는 과정이 반영된 것임을 종종 목격할 수 있었다. 오른쪽 위 모서리(+/+)에 보이는 기수와 말이 신체 상태를 나타낸 것이라면, 환자는 심각한 질병을 앓고 있다고 할 수 있을까? 그렇다면 동일한 빨강으로 윤곽이 그려진 정중앙의 식별하기 어려운 동물을 위급한 상태라고 이해할 수 있을까? 만약 빨강의 체리가 올바르게 사용된 것이라면, 동일한 색으로 그려진 줄기는 분명 잘못된 것이다. 대부분의 체리는 중력의 법칙을 거스르고 있다. 이는 세포의 성장이 방해받고 있음을 반영하는 것일까?

천체의 색인 노랑은 태양과 태양 광선뿐만 아니라 움켜쥔 손을 뻗고 있는 검은 인물에게서도 나타난다. 이 두 대상 간의 연관성을 찾을 수 있을까?

모브색은 뇌전증이나 암세포 전이처럼 신체적으로 저항할 수 없이 장악되거나 통제된 상태를 반영하는 색으로, 심리적으로는 지지되고 보호받는 상태부터 짓눌리고 구속된 듯한 느낌까지 상징한다. 모브색은 중앙에 있는 동물의 밝은 색조, 꼬리와 목 부위에 맨 마구(馬具), 목줄에 그어진 선의 어두운 색조, 나무줄기의 반점, 달걀의 테두리, 부활절 토끼가 짚어진 바구니에서 떨어지는 달걀의 색, 마지막으로 태양의 얼굴에서 9번 나타난다. 그림 중앙의 동물이 착용한 목줄에 있는 9개의 가로선을 통과하는 하나의 세로선은 진한 모브색인데, 그 숫자를 환자의 나이로 간주해 본다면 그의 생명이 위험하지는 않은지 자문해 봐야 하지 않을까? 나무에 있는 9.5개의 체리가 '병든' 줄기에 무질서하게 매달려 있는 것에 두려운 마음에 더해진다. 반면, 토끼가 모브색 달걀을 잃어버리는 것은 좋은 징조일 수 있다. 우리가 이 나무를 페터의 생명나무로 이해한다면, 딱따구리(나무에 침입한 유충을 감지하는 능력을 가짐)가 '치료'하고 있는 나무 기둥의 모브색 반점은 눈에 보이지 않게 위협적으로 진행되고 있는 질병이 소년의 '나무줄기'에서 치료되고 있는 암시가 아닐까 하는 의문이 생긴다.

　마지막으로 검정을 살펴보자. 아동은 연필 밑그림 없이 바로 색을 사용한 것으로 보인다. 딱따구리는 어두운 인물과 마찬가지로 연필을 매우 두껍게 칠해 거의 검정처럼 보인다. 두 대상 모두 '어둠의 영역'과 연관이 있는 걸까? 하나는 나무에서 투쟁하고 있고, 다른 하나는 그 자체가 어둠의 영역에서 온 전령인 것일까?

　이제 그림을 전체적으로 관찰해 보면, 신체적으로 어떠한 것이 표현된 것일까?

1) 거의 모든 대상은 다른 소년의 그림에서처럼 윤곽만 그려져 있고 채워져 있지 않다(그림 207).

2) 잘못된 장소에서 자주 나타나는 '불타는' 빨강이 우세한 것으로 보아, 소년이 급성 진행성 질병을 앓고 있다고 결론 내릴 수 있다.

3) 딱따구리 모티브는 지금까지 보이지 않던 과정을 가리키고 있다.

4) 나무'줄기'에 명확하게 표시된 모브색 반점은 소년의 척추에 국소인 질병 부위를 나타내는 것으로 보인다.

5) 강한 부리와 긴 혀를 가진 '숲의 외과의사' 딱따구리가 모브색 반점에 매우 가깝게 있어, 질병이 이미 치료되고 있다는 결론을 내리고 싶다.

　이제 모티브가 심리적인 측면에서 어떠한 의미를 가지고 있는지를 살펴보자. 이를 위해서는 이 어린 소년의 입장이 되어 그림이 어떻게 표현되었는지 시도해 보아야 한다.

1) 스위스에서는 9월이 사냥 시즌인데, 왜 가을에 부활절 토끼를 그린 것일까? 나는 그 당시 토끼가 집단치료의 주제가 아니라는 것을 확인했다. 그렇다면 혹시 아주 오래전부터 죽음

과 부활을 상징하는 이 동물이 소년의 마음 깊은 곳에서부터 마치 불길한 예감처럼 떠오른 것일까?

2) 부활절 달걀에 대한 세 가지 위협은 무엇을 의미하는 것일까?

   a) 부활절 토끼는 바구니에서 달걀 하나를 잃어버린다.

   b) 둥지는 모브색 윤곽으로 그려져 있다.

   c) 검은 인물이 손을 뻗은 채로 달걀 가까이 다가가고 있다. 달걀은 부화할 수 있을까?

3) 이 불길한 인물은 누구일까? 이는 '어두운' 사분면의 제일 왼쪽 모서리에서 나타났으며, 장차 펼쳐질 생애의 상징인 달걀을 위협하고 있다. 그는 죽음 그 자체일까?

4) 치료사가 동물의 형상으로 묘사되었다고 말할 수 있는 딱따구리는 그 인물에 비해 훨씬 작다. 어둠의 세력이 치유력보다 강한 것일까? 게다가 부활절 토끼는 둥지에서 그 '어둠'보다 훨씬 더 멀리 떨어져 있는데, 이 점을 고려하면 전투의 결과는 가슴 아프지만 너무나 분명해 보인다.

5) 소년의 현재 내면 상황에 대해 더 정확한 정보를 줄 수 있는 '지금 여기'의 1사분면(+/+)에 있는 인물의 형상을 살펴보자. 팔도 없고 말의 고삐도 없이 말을 탄 기수가 되어서 중앙에 있는 위협적인 동물에 대처할 수 없는 기분이 어떨지 공감할 수 있을까? 나무 뒤에 있는 발톱으로 무장한 검은 인물이 어떤 느낌일까? 토끼와 위험에 처한 달걀을 도울 수는 없을까? 고통받고 위협받는 이들을 도울 수 없는 사실을 이해해야만 하는 소년의 마음과 기사도에 대한 그의 꿈은 그를 얼마나 힘들게 할까? 그래서 말이 이렇게 슬프고 무력해 보이는 것일까?

6) 마지막으로 모브색 얼굴을 한 태양을 본다. 숫자를 질서의 원칙이 표현된 것으로 이해한다면, 소년은 이제 겨우 9.5세인데 왜 태양광선은 11개일까? 태양이 11시간 단위로 그를 파괴할 것이라고 마음속 깊이 느끼고 있는 걸까, 아니면 그에게 11번째 시간이 되는 것일까? 우리는 여전히 이 그림이 주는 진술을 예언적으로 받아들이기 망설여진다.

7) 그림을 마치 처음 보는 것처럼 다시 본다면, 특별히 눈에 띄는 것은 무엇일까? 가장 자주 사용되었던 '불타는' 빨강은 대부분 잘못된 위치에 그려져 있다. 이 어린 화가에게는 무슨 의미일까, 위험한 것일까, 생명에 대한 위협일까? 생명을 가져다주는 태양을 위협적이고 파괴적인 것으로 인식하는 9세 소년에게 도대체 무슨 일이 있었던 것일까? 이 질문의 답을 찾게 된다면, 그의 마음속에 있는 '불타는' 질문에 더 가까이 다가갈 수 있을까?

이러한 그림을 '번역하는 사람'은 결국 이 어린 소년이 우리가 짐작하는 것보다 더 많은 무언가를 '알고 있는'지 스스로에게 물어보는 수밖에 없다. 관찰한 내용을 분석표에 체계적으로 입력해 보면([도표 4] 참조), 이러한 그림은 단순히 아픈 아동이 아니라 중증 환아가 그린 것임이 분명해진다.

페터에 대해 아직 아무것도 모르고 집중적으로 그의 그림을 연구하기 시작했을 때, 그의 외적인 현실이 어떤 모습일지 궁금했다. 수년간의 연구를 마친 후에도 여전히 나는 이러한 자료를 사례 기록을 먼저 보지 않고 '읽고' '번역'하는 것을 유지하고 있는데, 이는 과학적 객관성을 위한 것이고, 또 나 자신을 위해서도 스스로 발견하는 것을 선호하기 때문이다. 하지만 여기에서는 우리가 관찰한 내용과 결론을 기존의 사실과 비교하고자 한다(4장 페터의 병력 참조). 우리는 페터가 9세 5개월의 나이에 NC의 환자였다는 것을 기억한다. 그는 악성 소뇌종양, 즉 다발성 수모세포종을 제거하는 수술 후 소뇌 부위에 심층 방사선 치료를 받은 지 2주 만에 이 그림을 그렸다. 그러나 불과 한 달 후 나무 기둥의 모브색 반점에 해당하는 부위에 예방적으로 척수를 조사해야만 했다.

종종 특이한 대상과 형태로 그의 전반적인 상황을 표현한 이 그림에 대해 궁금증이 생겼지만 우리는 페터 본인의 의견을 직접 듣기 어려운 위치에 있었고, 다행스럽게도 베버가 메모를 해 둔 덕분에 확인할 수 있었다. 예를 들어, 페터는 "이거는 기수랑 그의 말이에요." "여기는 여물통이에요." "이거는 부활절 토끼예요." "저기에는 딱따구리와 알이 있는 둥지가 있어요."라고 말했다. 페터는 처음에 중앙에 있는 동물을 말이라고 불렀고, 그다음에는 돼지라고 했다. 우리는 환아의 말이 스스로 생각하는 것보다 얼마나 정확한지 잘 알고 있기 때문에, 이러한 동물의 종류가 변하는 것을 변화의 신호로 볼 수 있었다. 기수의 용감한 동반자인 말은 다른 아동들의 그림에서 종종 도살당하는 동물, 즉 희생 동물로 나타나는 것처럼, 그의 연작 그림에서 돼지로 변한 것이다.

페터의 설명이 없었다면(약 5주 후에 그는 비슷한 동물을 그리며 "저건 식인종이에요."라고 자연스럽게 말했다) 그림 속 특이한 변화를 내 기억 속에만 간직했을 뿐, 이러한 결론에 도달하지 못했을 것이다.

왼쪽 아래(−/−)에 대담하게 그려진 검은 인물에 대해 그는 "그가 달걀을 훔치러 와요."라고 말하며 "태양도 내려와서 몇 개 훔쳐 갈 거예요."라고 덧붙였다. 검은 윤곽의 인물의 몸통에 있는 태양 빛 노란 얼룩에 대한 놀라운 설명이지 않았을까? 지상에서 알과 생명을 훔치는 도둑이 결국 어린 인간을 천상의 별세계로 인도하게 되는 것일까? 9세 소년이 자신의 생명 물질인 알이 하늘과 대지의 힘에 의해 위협받고 있다는 사실을 깊이 느끼고 있다는 것은 얼마나 말도 안 되는 일인가!

두 그림을 개별적으로 분석한 후, 그림들을 나란히 배치하니 딱따구리 외에도 여러 가지 비교할 수 있는 지점이 있음을 알게 되었다. S. Z.의 그림에서 농부는 씨앗이 가득한 자루를 실은 수레와 말을 가지고 시간을 지키며 매일 일하러 가고 있다. 다른 아동의 그림에서는 동일한 사분면에 있는 기수와 마차가 울타리 안에서 서로 아무 관련이 없고, 각각 다른 방향을 바라보고 있다. S. Z.의 그림에서는 각 동물이 무엇을 의미하는지를 명확히 알 수 있다. 페터의 그림에서는 그 당시에 페터 자신뿐만 아니라 우리도 중앙에 있는 동물을 식별할 수 없었다. 어린 농부의 화려한 옷은 S. Z.의 건강 상태를 반영하는 것 같지만, 페터의 무시무시한 빨강은 인간과 동물의 자연스러운 색상을 덮어 버렸다. 게다가 농장 뒤 숲에서 보이는 싱그러운 초록과 부활절 토끼 뒤의 거의 눈에 띄지 않게 연한 초록은 너무나 다르다.

또한 S. Z. 그림의 나무들은 연한 색상을 띠지만 나뭇가지와 줄기로 가득 채워져 있고, 물성과 구조 및 실체감이 느껴진다. 반면에 페터의 나무들은 윤곽만 그려져 있고 대부분 비현실적인 색상이다. S. Z.의 생명나무는 그림 중앙에 서 있으며, 양쪽으로 9개의 가지가 자연스럽게 뻗어 있다. 3사분면(−/−)에 있는 페터의 생명나무는 흐트러진 열매, 거의 보이지 않는 연한 초록 이파리, 어디에도 연결되거나 매달려 있지 않은 줄기로 그려졌다. 두 그림 모두 딱따구리가 중심이 되어 나무에 앉아 있지만, 페터의 딱따구리만 명확히 표시된 지점에서 딱딱 '두드리고' 있다. 둥지도 다른데, 한 둥지에서는 어린 새가 부모로부터 먹이를 받아먹고 있는 반면, 다른 둥지는 극도로 위협받고 있다.

이제 두 그림을 총체적 자아의 표현으로 이해해 볼 때 무엇을 반영하고 있는 것일까? '숲의 가장자리에서'라고 제목을 지은 S. Z.의 그림은 눈앞에 펼쳐진 풍경을 담고 있다. 그림 안의 모든 것은 조화를 이루고, 식물과 동물 그리고 인간이 우호적인 관계에 있다. 소와 수련은 쌍을 이루고, 좋은 날씨를 예언하는 개구리는 힘차게 도약하며 짝에게 다가간다. 딱따구리와 황새는 각자의 목표에 따라 이동하고, 위험하지 않은 대담한 여우도 이 공동체에서 당당하고 자연스럽게 자신의 자리를 차지하고 있다. 그림 전체는 소년이 자신의 주변 환경과 맺고 있는 조화로운 관계를 반영하고 있다. 전체적인 인상은, 세상이 얼마나 아름다운지 그리고 곧 봄이 온다는 것이다. 질병의 몇 가지 부정적인 징후가 있지만 전반적인 인상은 비교적 건강한 아동의 그림이라는 결론을 내릴 수 있다.

S. Z.의 그림은 자유화를 주제로 한 신문의 학생 경연 대회의 출품작이었고, 연구 목적으로

사용될 수 있게 동의를 얻었다.

이 장을 끝내고 난 후 나의 분석 결과를 확인하고 싶어 이 소년을 찾았고 G. 베버 교수가 인터뷰를 진행했다. 그는 3년 전에 그렸던 이 그림을 거의 잊고 있었다. 예의 바르고 친근한 인상의 소년은 이미 12세였지만 매우 애착을 가진 것으로 보이는 어머니와 함께 방문했다. 신체적으로 6세 이전에 편도선 수술을 받은 적이 있는데, 잘린 나뭇가지 5개와 살짝 구부러진 키가 큰 나무 2그루는 아마도 이러한 신체적인 경험과 관련이 있는 걸까? 9세 때는 홍역을 앓았다. 이는 숲의 의사인 딱따구리가 그의 생명나무 숲에서 발견된 이유가 아닐까?

깊은 상처를 지닌 페터는 같은 나이에 이미 위험과 불확실성으로 가득 찬 세상을 경험했다. 그는 의심할 여지 없이 보호받던 어린 시절의 안정감과 굳건한 신뢰를 잃어버렸다. 우리는 그의 그림을 '위협적인 태양과 딱따구리'라고 불렀다. 진단적으로 이해해 보면, 이 그림은 그의 질병의 위치와 유형, 예후적으로는 치명적인 결과를 보여 준다. 다양한 모티브는 환아의 외부 현실을 거의 반영하고 있지 않다. 오직 딱따구리만이 환아와 그가 '치료'하고 있는 질병 부위에 긍정적인 관계를 맺고 있는 반면, 태양과 도둑은 몰래 힘을 합쳐 그의 생명을 파괴하려 위협하고 있다.

심리적으로 보면 이러한 모티브는 마치 화면에 투사된 내면의 이미지와 같아서, 겉보기에는 일관성이 없어 보이기도 한다. 실제로 그에게 무슨 일이 일어나고 있는지에 대한 그의 '위급한' 질문이 깊이 있게 그리고 무의식적으로 표현된 것으로 이해할 수 있을까? 그렇다면 그림은 그 의미를 드러내고, 남은 생애 동안 그의 질병이 어떻게 진행될지 매우 놀라울 정도로 정확하게 '그가 이미 내적으로 알고 있다'는 것을 보여 준다. 우리는 11개의 태양광선을 기억한다. 그는 11세의 나이에 세상을 떠났다. 그의 병력에 대한 자세한 내용은 4장에서 확인할 수 있다.

쌍둥이 미키와 마누엘레

앞서 우리는 서로를 전혀 모르는 건강한 아동과 아픈 아동의 그림을 비교했다. 이미 언급했듯이 딱따구리라는 공통된 모티브가 있어 두 아동의 그림을 선택한 것이다. 두 번째 예시로는 서로를 알고 있을 뿐만 아니라 일란성 쌍둥이인 8.5세 남아 두 명의 그림을 보려 한다.

그림 209 체리 수확.
마누엘레, 남아, 8세 6개월.

그림 210 체리 수확.
미키, 남아, 8세 6개월, 급성 림프모구 백혈병, KiSpi.

　두 소년은 같은 주제를 선택했지만, 한 그림은 4월 11일 KiSpi에서, 다른 그림은 4월 30일에 수백 킬로미터 떨어진 가족이 사는 집에서, 즉 서로 다른 장소에서 그림을 그렸다. 지금까지 우리는 개별 그림을 어떻게 읽고 분석하는지 배웠으므로, 이번에는 체계적인 분석 방법 없이 두 그림을 나란히 놓고 비슷한 부분과 다른 부분을 직접 비교하는 방식으로 진행해 보겠다.

　두 소년 모두 약 10개의 색을 사용했고, 약 20여 개의 주요 사물을 그렸는데, 그림의 전체적인 인상은 완전히 다르다. 유일한 공통점은 체리가 있는 벚나무라는 모티브뿐이다(참고: 베버는 거의 동일한 수의 색상과 대상이 사용된 것은 그들이 일란성 쌍둥이라는 사실 때문일 수 있다는 의견을 냈지만, 이에 대해서는 추가 연구가 필요하다).

　스위스의 이 지역에서는 체리 수확이 6월에 이루어지기 때문에, 4월에 이 모티브를 선택한 것은 다소 놀라운 일이다. 우리는 주제를 선택할 때 쌍둥이 중 누가 더 영향을 미쳤는지 확인할 수 없었다. 마누엘레(Manuele)는 실제 현실과 계절에 맞는 주제를 사실적으로 발전시켰는데, 집 안 거실에서 수확되는 장면이다(그림 209). 밖이 너무 추웠던 것일까? 미키의 그림은 그와 반대로 야외에서 실제 수확하는 장면을 묘사한다(그림 210).

　두 그림 모두 넓은 면적이 텅 비어 있게 그려졌다. 마누엘레의 집 바닥은 밝은색 카펫이 깔려 있을 가능성은 있지만(아쉽게도 확인할 수 없었음), 미키의 집 바닥은 그림에서처럼 약간 착색되어 있다. 또한 체리 수확 기간에 눈이 내린다고 생각하지 않았다. 배경을 포함하여 바닥의 5분의 1이 텅 비어 있고 하양이다. 두 그림 모두 사람은 없다. 마누엘레의 방은 매우 깔끔하게 정돈되어 있고, 흔들 목마만이 유일하게 '살아' 있다.

　단어 사용을 살펴보면, 마누엘레는 연필로 자신의 이름과 성의 첫 이니셜을 그림에 서명하고, 장난감 장에 라벨을 붙이고, 시계 숫자판에 번호를 붙이고 날짜를 추가한다. 반면에 미키는 아무것도 쓰지 않았고 "저녁이에요. 사람들은 모두 저녁을 먹으러 집으로 갔어요."라고 말한다. 그림의 오른쪽 위(+/+)에는 사람들이 들어갔을 법한 집인 '지금, 여기'의 장소가 보인다.

그렇다면 체리는 어디에 있을까? 마누엘레는 다양한 형태의 체리를 그리는데, 테이블 위 접시에 담긴 체리의 일부는 줄기와 초록 잎이 있고, 나머지에는 보이지 않는다. 체리 잼과 체리 젤리가 병에 담겨 있다. 찬장에 있는 바구니 안에도 체리가 담겨 있다. 포근한 커튼이 달린 창문 밖으로 빨간 열매와 짙은 초록 이파리가 달린 벚나무가 보인다. 오른쪽 상단 모서리에 있는 이 벚나무는 초록의 봄나무 오른쪽에 있는데, 다시 '지금, 여기'의 사분면에 위치한다. 마누엘레의 그림에서 모든 색상은 신중하고 적절하게 사용되었다. 대상은 가득 차 있고, '제자리'에 있다. 가구가 잘 정돈되어 배치된 세련된 방이다. 아름다운 도자기 화병에는 꽃이 꽂혀 있다. 그럼에도 불구하고 방은 텅 비어 있는 듯 사람이 발을 들여놓은 흔적도 없어 보이고, 앉을 의자도 하나 없다.

모든 아동은 각자 그리고 싶은 것을 그릴 수 있지만, 그림 속에는 주변 환경에 대한 자신의 느낌도 전달되고, 또 다른 차원에서는 자신의 전반적인 상황 중 다른 무언가가 어떻게든 표현되기도 한다. 우리는 이제 무엇이 이상한지 자문해 본다. 왼쪽 아래 사분면에 있는 빨간 고삐가 달린 흔들 목마는 에너지가 넘쳐서 거의 넘어질 지경이다. 8세 소년의 그림에서 표현된 것이라고 보기에 이상한 점이 눈에 띈다. 빨간 고삐는 더 어렸을 적 그의 삶이 아직 따스하고 좋았던 때 그에게 버팀목이 되어 준 것일까? 그 당시에 흔들 목마는 가장 좋아했던 장난감이었는데, 이제는 그의 가장 친한 친구인 걸까? 마누엘레는 아름다운 환경에서 자란 건강한 소년이지만 아무도 그와 놀아 주지 않는 외톨이인 걸까? 사람들은 어디로 사라진 걸까? 이제 아동은 텅 빈 방처럼 쓸쓸한 것일까? 그렇다면 그림 전체가 쉽게 이해될 수 있다.

이제 미키의 그림을 살펴보면, 우리는 즉시 거의 예측할 수 없는 생명력에 놀라게 된다. 선명한 주황과 빨강으로 아름답게 칠해진 트랙터 앞의 수레는 여전히 연기를 뿜고 있다. 사람들은 방금 식사하러 빨간 집으로 들어간 것일까? 연한 갈색 선으로 그려진 거의 투명한 벽에는 우리가 두려워하는 모브색으로 칠해진 포도가 매달려 있다. 가지도 이파리도 없으며, 땅에 닿지도 않았다. 텅 비어 있는 커다란 바구니(풍성한 수확을 위한 것일까?)는 사다리와 같은 갈색이고, 길 위에 놓여 있다. 벚나무는 거의 그림 중앙에 위치해 있다. 이 나무를 생명나무로 이해할 수 있을까? 나무는 연한 갈색에 뿌리가 없고 이파리가 풍성하지 않다. 하지만 새의 둥지가 있다! 빨간 체리의 중앙은 하양이고, 나무의 오른쪽으로 떨어지는데 모브색으로 색상이 변하고 있다. 그리고 이곳과 어울리지 않는 청록의 새 한 마리가 체리를 향해 날아간다. 가장 왼쪽에 있는 나뭇가지에서 한 마리의 연약한 하얀 새가 가운데가 하얀 세포 모양인 열매를 먹으려 하고 있다. 백혈병에 걸린 아동인 것일까? (그리스어로 Leuko가 하양을 뜻한다는 것을 기억해 보자.) 하얀 영혼의 새는 치명적인 위험에 처한 걸까, 아니면 완벽한 흰색을 의미하는 것일까? 그리고 한쪽 끝 부분만 나무에 위태롭게 기대어 있는 사다리는, 그의 위태로운 삶을 반영하는 것일까? 사다리의 아래에서 7번째 가로대가 미끄러져 무너지려 하는데, 이는 질병의 시작을 반영하는 것일까? 7송이의 꽃이 담긴 쌍둥이 형제의 화병이 떠오른다. 사다리는 연한 갈색으로 희미하게 칠해진 10번째 가로대에서 끝이 난다. 이 모티브는 화지의 가장 오른쪽에 있는 10개의 가로대가 있는 검정 사다리에서 다시 이어진다. 이것은 그의 생명 사다리인 것일까? 가로대는 그에게 남아 있는 삶의 햇수인 것일까?

그의 현세에서의 존재는 10년째 되던 해, 6월경인 체리 수확기에 끝나는 걸까? 그가 주제를 선택한 아동인 걸까? 미키가 아픈 아동일까? 하얀 새, 빨간 체리의 중앙에 있는 하얀 세포 모양, 그림의 전경과 배경에 보이는 텅 빈 넓은 여백에 놀라면서, 우리는 미키가 아마도 단순히 아픈 아동이 아니라 백혈병을 앓고 있는 것일지도 모른다는 생각을 다시 해 본다. 벽에 있는 모브색 포도(전이)와 떨어지는 체리는 질병이 그를 죽음으로 이끄는 의미일까 봐 두려워진다.

어느 아동이 어떤 그림을 그렸는지 병원에 문의하고, 우리의 분석을 사례 기록과 비교하는 순간이 왔다. 우리가 신중히 추론한 것처럼 미키가 아픈 아동이었다. 그는 급성 림프모구 백혈병 진단을 받고 KiSpi에 입원했다. 몇 차례의 완화와 재발을 반복하며 치료를 받다가, 10년째 되던 해 6월, 다섯 번째 재발로 사망했다. 당시 마누엘레는 그림 분석에서 추측했던 대로 건강한 아동이었다. 우리는 그의 '외로움'이 표현된 그림을 기억한다. 쌍둥이 형제의 심각한 질병으로 그는 '친구'를 잃었을 뿐만 아니라, 미키에게 집중된 주변 사람들의 보살핌도 사라졌다. 이로 인해 그는 완전히 외톨이가 되었던 것은 아닐까? 그의 그림은 완전히 다른 종류지만, 도움 요청의 외침은 아니었을까?

"건강한 아동의 그림과 환아의 그림을 구별할 수 있나요?"라는 질문을 자주 받는다. 우리는 두 쌍의 그림(하나는 NC에서, 다른 하나는 KiSpi에서)을 분석하여 이 질문에 분명하게 "예"라고 긍정적으로 답할 수 있음을 보여 드리려고 노력했다.

[도표 4-A] 건강한 아동과 환아의 그림을 비교하는 짧은 분석표

A. 양적	S. Z.	Peter	차이 S. Z.(건강한)	차이 Peter(아픈)
1. 대상				
a) 수	28	19	9	–
b) 기입	28	2	26	–
c) 기입하지 않음	0	17	–	17
			35	17
2. 색상				
a) 숫자	13 + 1	8 + 1	5	–
b) 적절한 위치	28	4	24	–
c) 잘못된 위치	0	15	–	15
			29	15

[도표 4-B] 두 그림의 추가 비교

A. 질적	S. Z.			Peter		
1. 색상						
a) 선호	초록	+		빨강		–
				보라		–
b) 누락	보라	+		연한 갈색	+	
	연한 초록	+		진한 초록		–
				하늘색		–
2. 사분면과 모티브						
+ · +	숲과 산책로가 있는 농장	+		팔 없는 기수, 고삐 없는 말		–
	말과 마차가 있는 들판의 농부	+		닿지 않는 잔디		–
+ · −	외양간과 소	+		뿌리 없는 불구가 된 그늘진 나무들		–
	강한 막대기를 가진 농부 소년	+		달걀을 잃어버리는 부활절 토끼		–
	수련과 '행복한' 개구리가 있는 연못	+				
중심선과 중앙선 (수평의)	황새	+		위험한 동물(말이나 돼지?)		–

(수직의)	딱따구리와 생명나무	+	뿌리 없이 날아다니는 나무		−
	둥지에서 먹이를 먹는 아기 새	+			
	빛나는 모피의 여우	+			
− · −	뿌리 깊은 나무	+	나무의 병든 부분		−
	하나는 강력하게 지원	−	작업 중인 딱따구리	+	
			빨간 줄기를 가진 바람에 흔들리는 체리		−
			무방비 상태의 둥지		−
			달걀을 훔치는 도둑		−
− · +	구부러진 전나무	−	모브색 얼굴의 태양		−
	날개를 펼친 올빼미(어둠 속에서 보는 새)	+			
3. 주요 동기					
a) 환경 친화적?	현실적	+	대부분 비현실적인		−
b) 서로 관련이 있나요?	있음(좋음)	+	거의		−
4. 전체 그림의 균형	있음(좋음)	+	불균형		−
+ = 건강 − = 병		17	2		2	18

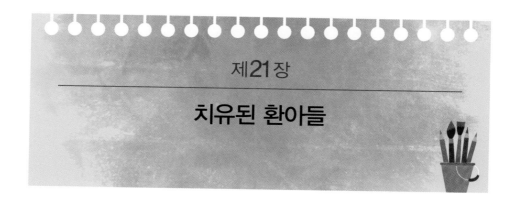

제21장

치유된 환아들

이제 우리는 중증 환아의 그림을 통해 발견의 여정에서 임상적인 부분을 용감하게 통과했으므로(한번은 발행인에게 이 책은 소량의 위스키 한 잔 없이는 읽기가 힘들 것이라 말했다), 치료를 받아 건강해진 아동들을 살펴보자. 이 연구에 사용된 자료의 특성상, 우리는 삶의 결정적인 단계에서 대부분 부정적인 측면이 담긴 예측 징후를 발견하였다. 하지만 건강을 되찾은 아동들의 그림에서도 예후적 '알아차림'의 의미를 발견한 것은 고무적인 일이다.

균형을 회복하기 위해, 우리는 이제 삶의 '어두운 측면'에서 벗어나 회복 중인 아동들의 그림 다섯 개(NC에서 세 개, KiSpi에서 두 개)로 전환하려 한다. NC에는 사고, 뇌전증 발작, 악성 종양 및 양성 종양 등의 다양한 이유로 환자들이 입원한다. 최상의 의료진과 임상적 조건에서 진단과 치료를 받게 된다면, 많은 환자는 완치 판정을 받고 퇴원할 수 있다. 그러나 KiSpi의 종양학과에서는 백혈병을 앓고 있는 아동만을 대상으로 연구를 진행하는데, 그들의 진단과 치료법이 비교적 최근에 개발되었기 때문에 우리가 선택할 수 있는 사례의 수가 훨씬 적다. 우리는 응급으로 NC에 입원한 한 아동의 세 개의 연작 그림으로 시작하겠다.

가파른 산비탈이 보인다(그림 211). 산등성이(−/+)에는 돌담이 있는데, 오른쪽의 일부분을 제외하고는 대부분 그늘로 가려져 있다. 그림 중앙에는 '이중 나무'가 있는데, 선으로 묘사된 언덕의 아랫부분이 윗부분보다 연한 색을 띠고 있다. 이 나무에는 소년의 나이인 약 13개의 가지가 있다. 오른쪽에는 경사면을 끌고 올라가는 듯한 교회가 있다. 그림 오른쪽의 나머지 부분은 텅 비어 있다. 하늘과 태양, 달 등 생명의 흔적은 전혀 보이지 않는다.

그림 211 가파른 경사면의 교회. 게오르그 B., 남아, 13세 6개월. 상시상 정맥동 혈전증. NC.

임상적으로 볼 때, 무질서한 지붕의 능선과 공허한 교회 지붕이 신체적 상태를 반영하는 것인지 궁금해졌다. 비어 있는 창문은 시각 장애를 시사하는 것일까? 임상적 관점에서 이러한 모든 징후는 흐려진 의식이나 졸음의 증가를 나타내는 것일 수 있다. 무너진 벽이 버틸 수 있어서, 다시금 생명나무로 이해되는 나무와 자아의 상징인 교회가 완전히 사라져 버리지 않도록 보호할 수 있을까? 이것을 예후적으로 바라볼 수 있을까? 이 소년은 병원에 입원한 지 14개월 후, 검진을 받는 동안 다음 두 개의 그림을 그렸다(그림 212, 213).

그림 212 문과 통로가 있는 성벽. 게오르그 B.

벽의 높이와 너비가 확장되었다. 벽의 오래된 부분과 새로운 부분 모두에서 새로운 생명의 징후를 볼 수 있다. 갈라진 틈에서 덤불이 돋아나고 꼭대기에는 작은 나무가 자라고 있다. 창문 3개가 추가되었고, 반대편을 볼 수 있는 문을 통과하는 길도 생겼다. 예후적으로 본다면 매우 고무적이다!

그림 213 굴뚝 위의 황새 가족. 게오르크 B.

황새 가족 모두 굴뚝 지붕에 둥지를 틀었다. '… 그리고 폐허에서 새로운 생명이 자란다'(쉴러, Schiller). 사례 기록에는 '완전히 치유됨'이라고 기록되었다(12장 새 참조).

임상적 세부 사항에 따르면, 환아는 열을 동반한 독감 유사 감염 직후 혼수상태와 시력 저하가 심해져 거의 의식을 잃은 상태로 응급실에 입원했고, 진단명은 '상시상 정맥동 혈전증'이었다. 집중적으로 항생제, 항간질제, 항응고제 치료를 받으면서 그의 상태는 점차 호전되었다. 10주 후, 그는 증상이나 주관적 불편감도 없는 상태였다. 그는 추가 항암화학요법 없이 퇴원했고, 어려움 없이 학교로 돌아갈 수 있었다. 재검사 결과는 매우 만족스러웠다.

우리는 NC에서의 치료 결과로 인해 놀라울 정도로 치유된, 앞선 소년과 비슷한 나이지만 전혀 다른 질병을 앓고 있는 또 다른 소년의 연작 그림을 보려 한다. 다음 그림은 환아의 회복력과 삶의 기쁨을 차례로 보여 준다.

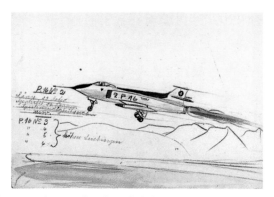

그림 214 고속으로 이륙하는 비행기. 베르너, 남아, 13세, 혈종, NC.

베르너는 이 그림을 수술 전에 그렸는데 제트기가 전속력으로 왼쪽 위 사분면을 향해 이륙하고, 연한 초록 지면 위로 산맥과 기술이 적힌 메모가 연필로 쓰어 있다(그림 214). 조종석 근처에는 원래는 없어야 할 '혈종—빨강' 영역이 있다. 융은 이미 몇 년 전에 트루디의 집 창문에서 혈종의 빨강을 발견했다(그림 37). 후속 수술에서 뇌의 외상 후 경막하 혈종(60g)이 성공적으로 제거되었다.

베르너는 다음 그림(그림 215)에 대해 "두 남자가 온 힘을 다해 말을 붙잡으려 하지만 땅이 미끄러워요."라고 말했다. 소년이 말을 붙잡으려고 애쓰는 것은 분명 그의 생명력을 시각적으로 표현한 것으로 이해되며, 제3자가 도움을 준다면 너무도 기쁠 것이다. 말뚝 오른쪽에는 사람의 다리 윤곽이 그려져 있다. 베버는 눈짓을 하며 "이 사람이 그를 수술로 살려 낸 신경외과 의사가 아닐까?"라고 말했다.

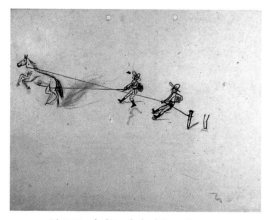

그림 215 달리는 말과 카우보이. 베르너.

1년 후 소년이 재검진을 받으러 왔을 때, 다시 비행기를 그리고 싶었으나 완성을 못했다. 내가 그에게 그가 그린 수술 전의 그림을 보여 주자(그림 58), 그는 "이건 완전히 다 틀렸네요!"라고 말했고, 빨간 부분을 지우려 했다. 그의 말이 옳았다! 혈종은 수술로 제거된 상태였던 것이다.

그는 비행기 대신에 잠자리 한 마리가 호수 위에 연꽃 혹은 수련(−/−)이 있는 왼쪽에서 오른쪽 방향으로 날아가는 모습을 그렸다. 베버는 여기에 대해 '젊은이의 낭만적인 꿈'이라고 말했다. 다시 살아났다고 말할 수 있는 걸까(그림 216)? 사례 기록에 따르면 베르너는 빠른 속도로 완벽하게 치유되었다고 한다.

잠자리 모티브에 대한 후속 연구를 통해 일본에는 망자(亡子)의 잠자리라고 불리는 특별한 '쇼료 톰보(Shoryo tombo)'가 있다는 것을 알게 되었다. 일본에서 잠자리는 서양의 나비와 마찬가지로 '영혼의 상징'이다. 쇼료 톰보는 매년 '오봉 축제(Bon Festival)'에 모이는 가족들에게 선조들의 존귀한 영혼을 전달하여 살아 있는 사람들에게 새로운 용기와 힘을 주는 역할을 한다.[1]

베르너의 첫 번째 그림에서는 생명을 위협하는 위급한 상황이 반영된 것을 알아차렸다. 그의 마지막 그림 속 잠자리는 생명으로 돌아가는 영혼의 상징으로 나타났다.

마지막으로 '부활'의 상징인 공작새를 모티브로 하여 회복 중인 아동들의 쾌유를 기원하며 이번 장을 마치려고 한다. 다음 그림(그림 62)은 응급 상황으로 NC에 입원한 11세 소녀가 그린 것이다.

그림 62 **나무 그늘로 덮인 집.** 케티, 11세, 가벼운 뇌진탕, NC.

---

1) 국제 학회를 위해 이 그림을 선택했을 때, 나는 특별하게도 암 연구 전문가인 일본인 교수와 그의 젊은 아내 옆자리에서 저녁 식사를 하고 있었다. 그는 내가 이 그림을 보여 주려 했던 세미나의 의장을 맡았었다. 내가 그들에게 쇼료 톰보의 그림을 본 적이 있는지 묻자, 그들은 "아니요, 그림으로 표현하기에는 너무 신성하기 때문에요."라고 대답했다. 놀랍게도 그들은 이 특별한 잠자리가 회복 중인 다른 환아의 그림에서 보았던 것처럼 파랗고 빨간 날개를 가지고 있다고 덧붙였다(책에 실리지 않은 그림).

우리는 이미 8장의 '검정'과 12장의 '새' 및 '태양', 13장의 '신체적 측면을 고려하는 방법'에서 케티의 그림을 알고 있다. 여기에서는 치유의 징후에 초점을 맞춘다.

그림에는 잘 관리된 아늑하고 입체적인 집이 보인다. 굴뚝에는 연기가 나지 않고, 지붕과 오른쪽에 있는 나무의 수관에 그늘져 있지만, 섬세하게 그려진 세부 사항들과 앞마당으로 이어지는 길은 사람이 살고 있음을 암시한다. 우편함과 선명한 태양광선이 표현된 태양은 존재감을 드러낸다. 비록 소녀의 그림에는 모든 색상이 사용되지 않았지만, 동쪽에는 연필로 그린 태양이 있다. 이것을 중요하고 긍정적인 예후의 징후로 해석할 수 있을까? 일시적인 무력감과 무의식 상태를 반영하는 것은 아닐까?

다음 그림에서 소녀는 자연스러우면서도 자랑스러운 자세로 꼬리를 활짝 펼친 화려한 색상의 공작새를 그린다(그림 141). 주황으로 칠해진 발 중 하나는 앞으로 내딛고, 다른 하나는 화지 가장자리에 닿아 있는 것처럼 보인다. 화려한 머리 장식깃은 파랑 7개, 연필로 그린 3개, 머리 뒤쪽의 진한 파랑 1개로, 총합이 소녀의 나이 11세를 나타낸다. 이 장식깃 줄기들은 두피에 닿아 있지 않고, 매우 가늘게 그려진 진한 빨간 선(기술적으로 재현할 수 없음)은 거의 눈의 흰자위까지 이어진다. 추락 시 충격의 흔적인가?

그림 141 화려한 공작새가 다시 살아나다. 케티.

사고 또는 낙상 후에 그려진 아동들의 그림을 분석해 온 수많은 경험을 통해, 특히 주황과 공작새 머리의 미세한 빨간 선, 3개의 무색 머리 장식깃에서 소녀가 사고 후 회복 중이며, 아마도 머리로 넘어져 시력이 약간 손상되었다고 추론할 수 있다.

두 개의 그림을 그린 순서대로 나란히 놓으면 공작새가 그늘이 드리워진 집에서 나와 생명나무와 함께 이제 막 대낮으로 다시 걸어 나오는 것처럼 보인다. 공작새는 마치 떠오르는 태양의 모티브를 '태양륜(太陽輪)'으로 반영한 듯하며, 부채꼴 모양의 '눈'은 별이 빛나는 밤하늘의 이미지와 닮았다. 고대부터 공작새는 태양과 빛의 탄생을 상징하는 동물로 인식되어 왔다.[2]

초기 기독교의 예술에서 공작새는 불멸의 상징으로 등장하는데, 이 어린 소녀에게 얼마나 큰 약속이겠는가! 무엇보다도 처음에는 연필로만 그렸던 케티가 이제는 모든 색을 사용했고, 특히 공작새가 연한 주황 선으로 음영을 넣은 '생명의 공간'에 들어왔다는 점이 희망적 예후를 보인다.

사례 기록에 따르면, 케티는 돌바닥에 머리를 부딪혀 응급 상황으로 입원했다. 일시적 의식 불명, 오른손과 안구의 협응 운동이 되지 않았다. 진단은 가벼운 뇌진탕이었다. 그녀는 이틀 후 주관적인 외상 후 증상(두통)을 호소하며 2~3주간 침상 안정을 취한 후 집으로 퇴원했다. 케티가 완전히 회복되었다는 소식을 전할 수 있어서 기쁘다.

이제 KiSpi의 백혈병 병동으로 돌아가, 거의 같은 시기에 치료를 받은 비슷한 또래의 두 아동이 그린 연작 그림을 설명하려 한다. 우르스에 대한 임상적 세부 사항은 3장 '히치히 교수의 기고문'에서 확인할 수 있다.

1장 '물의 다양한 의미'에서 이미 자세히 분석했던 이 그림(그림 6)에서 우르스는 커다란 빨간 꽃에 빨간 물을 뿌려(몇 번의 수혈 후) 그의 소뇌활수에 새 생명을 불어넣고 있다.

그림 6 **꽃에 빨간 물 뿌리기**. 우르스, 남아, 7세 6개월, 골수성 백혈병, KiSpi.

---

2)『독일어 미신 사전(Handwörterbuch des deutschen Aberglaubens) 6』, 156870, Pfau와 C.G. Jung, Vision Seminars, 강의 1930년 10월 30일-11월 5일, 봄, 취리히.

두 번째 그림(그림 7)은 작은 남자가 수도꼭지로 조절되는 펌프에서 연기가 나는 굴뚝이 있는 온실까지 빨간 액체(혈구)가 가득한 양동이를 옮길 수 있을 정도로 충분히 회복되었다는 것을 보여 준다.

그림 7 작은 남자가 빨간 물을 집으로 나른다. 우르스.

그림 217 화분. 우르스.

KiSpi에서의 임상 치료(주사, 수액, 경구 약물 및 방사선 치료)는 매우 성공적이어서, 8년 후 재검진을 받기 위해 히치히 교수를 찾아왔을 때, 그는 가족 사업장에서 견습을 시작했다. 그는 그림 한 개를 가져와서 보여 주었는데(그림 217), 흑백으로 음영 처리된 화분에 이파리가 8개가 있고 상단에 새싹이 돋아난 식물이었다. 8번째 이파리 근처의 지지대가 잘려 있는데, 아마도 입원 당시 그의 상태가 거의 '생명이 위태로운' 심각한 상태였음을 반영하는 것 같다. 우르스는 심각한 질병에도 불구하고 병원에서 받은 치료 덕분에 자신감 있고 유능한 청년으로 성장했다(1장 물의 다양한 의미 참조).

이제 백혈병을 앓고 있는 아동의 두 번째 연작 그림으로 넘어가 보자.

투병 초기에 생명이 위태로운 상태를 반영하는 배 그림부터, 회복의 길에 들어서고 외부의 3차원 세계에 다시 참여할 수 있게 된 모습을 보여 주는 모형 배 사진까지, 마르셀의 수많은 그림 중에서 그가 가장 좋아했던 주제 세 가지를 선정해 소개하려 한다.

첫 번째 그림은 상단이 거의 떨어져 나간 형태의 같은 색의 돛대가 달린 모브색 배가 그려져 있다. 우리는 특히 이 색을 볼 때 불안함을 가지고 바라보아야 한다는 것을 배웠다(8장 모브 참조). 잔잔하고 깊은 파란 바다 표면에서 거대한 파도가 숨이 멎을 정도로 배를 위험한 높이로 들어 올린다. 그의 생명은 칼날 위에 놓인 것일까? 바람은 오른쪽에서 왼쪽으로 부는 것 같다. 반면에 돛은 '건강한' 갈색을 띠고 있고, 황금색 노란 태양은 연한 색조로 그려졌고 혼란스러울 정도로 많은 광선이 묘사되었지만, 동쪽에 위치해 있다.

그림 218 깊고 푸른 파도 위의 모브색 배. 마르셀. 남아. 6세. 급성 림프모구 백혈병. KiSpi.

두 번째 그림(그림 156)의 배는 모브색 바탕 (바다일까?) 위에 연한 갈색 선으로 그려졌다. 바람은 서쪽에서 동쪽으로 불고, 태양은 이제 더 선명한 금색으로 칠해졌고, 혼란스러운 광선 없이 서쪽으로 더 치우쳐 있다. 가장 눈길을 끄는 것은 검은 돛대 2개와, 각각 상단에 검은 가로대가 있는 것이다. 이는 골수이식 전에 총 1,000뢴트겐(R) 단위의 전신 방사선 노출 후 신체적으로 '소진'된 상태를 나타내는 것일까? 아니면 심리적-영적으로 가장 어두운 측면이지만 신의 소유권 표식으로서 타우 문자가 반영된 것일까? 나에게 타우 모티브(12장 타우 문자 참조)는 암울하지만 긍정적 결과의 가능성을 포함하고 있다. '내가 너희를 지나가되 너희를 멸하지 아니하리라'라는 유월절 이야기처럼 말이다. 환자의 생명을 살리기 위한 마지막 희망으로 골수 이식을 찬성하느냐 반대하느냐 하는 여전히 과감한 결정을 내려야 하는 상황에서 이 그림은 나에게 개인적으로 "그래 한번 해 보자."라고 말할 수 있는 용기를 준다.

그림 156 검은 타우 문자가 있는 돛대가 있는 갈색 배. 마르셀.

다음 그림(그림 108)에서 우리는 골수이식이 분명히 성공적이었음을 안심하며 볼 수 있다. 갈색 배는 이제 주 돛대에 피처럼 빨간 돛이 달리고 희미한 선들이 있는 황금색 배로 변모했다. 배는 4개의 등근 창(완전함의 수)과 포세이돈의 삼지창을 연상시키는 닻을 가지고 있다. 소년이 '왼쪽에는 고래, 오른쪽에는 상어가 있다'라고 설명한 것은 우리에게 돌고래처럼 보였다. 배에는 3개의 주요 돛이 있고 바람은 사분면의 긍정적 측면인 동쪽에서 불어온다. 건강한 자연 갈색으로 칠해진 주요 돛대가 2개 있고, 진한 모브색 돛이 달린 작은 돛대가 고래 위에 서 있다. 2개의 주 돛대에는 가로대까지 이어지는 사다리가 있고, 오른쪽 기둥에는 사람이 감시하는 초소가 있다. 감시하는 곳의 사람은 어디에 있는가? 이것은 갑판 주위의 보호 난간과 연결된다. 환아의 마음 깊은 곳에서 보호받고 있다는 느낌이 신성한 타우 문자의 대들보에서 인간의 영역인 의사와 간호사가 할 수 있는 병원 치료로 옮겨 갔을 가능성이 있는 걸까? 그림 하단에는 고요한 깊은 파란 바다가 있고, 그 위로는 더 밝은 파란 수평선이 있다. 더 강한 색의 황금색 태양은 8개의 광선을 가지고 있고, 수평선 아래에 6개(질병이 닥쳤을 때 그의 나이)와 그 위에 2개(그가 그림을 그렸을 때의 나이까지 합산됨)가 있다. 비가 내렸지만(아이의 설명) 지금은 왼쪽에 작은 무지개가 떴고, 이것은 신과 인간 사이의 또 다른 평화의 표시(12장 무지개 참조)이기에 매우 고무적인 예후가 예감된다.

그림 108 타우 문자 돛대가 있는 황금색 배와 무지개. 마르셀.

나를 놀라게 한 것은 우리 시대의 중증 환아의 그림들에서 히브리와 그리스 신화 모티브들이 자발적으로 등장했다는 것이다. 아마도 신의 그림자 측면을 반영하는 검은 타우 문자는 도움과 보호의 기능을 인간, 즉 돛대 위의 수호자에게 전달한다. 그리고 하늘에 흩날리는 빗방울 사이로 여러 가지 빛깔의 무지개가 나타난다. 그것이 아무리 작을지라도 인간을 죄 가운데서 멸하지 않겠다는 신의 언약의 가시적 표현이다.

거대한 파도(그림 218) 그림으로 시작하는 배 연작 그림들을 살펴보면 포세이돈과 연관된 삼지창, 고래, 돌고래가 등장하는 마지막 그림(그림 108)과의 연관성을 볼 수 있다. 바다의 통치자인 포세이돈은 한편으로는 선원들의 파괴자였고, 다른 한편으로는 위험해 처해 큰 도움이 필요한 그들의 구세주였다. 두 그림에는 포세이돈의 파괴적 속성과 구원적 속성이 모두 포함되어 있다. 그림을 포괄적으로 분석하려면 다른 그림 요소들도 함께 고려해야 한다. 그중에는 아직 내가 '번역'하지 못한 요소들도 포함되어 있다. 독일어 텍스트로 옮기면서 비로소 복원된 생명의 배를 강렬하게 상징하는 빨강을 알아차릴 수 있었다. 원형적 상징의 매력에 사로잡혀 눈에 확 띄는 그 색을 보지 못했던 것이다.

마지막 사진은 병원 치료가 당시 아동이 회복하는 데 도움이 되었다는 증거다. 3세 때 병에 걸린 마르셀은 이제 19세다. 이후로 골수이식과 약물 치료의 부작용이 나타나고 있다. 그의 첫 번째 배 그림의 타우 문자가 검정이었다는 사실을 잊어서는 안 된다. 이제 입체 모형 선박 사진(그림 219)을 살펴보자. 실제 선박 모형은 내가 환자 그림에 대한 분석을 마르셀의 병력과 비교하기 위해 런던에서 도착했을 때 KiSpi에서 히치히 교수 상담실에 보내졌다. 정말 우연의 일치다! 퇴원 후 마르셀과 그의 아버지는 이 배를 함께 제작하여 히치히 교수에게 감사의 표시로 보

그림 219 모형 선박. 마르셀.

냈다.

　이와 같은 그림은 말기 환아, 특히 불치병에 걸린 아동들을 자주 다루어야 하는 우리 모두의 마음에 용기와 희망을 생생하게 유지하도록 도움을 준다. 긴장과 부담을 견뎌야 하는 것은 의사, 간호사 그리고 아동들을 돌보는 사람들뿐만 아니라 우리처럼 **자발적 그림** 연구에 헌신하는 모든 사람이다. 이러한 그림 자료가 우리에게 불치병을 앓고 있는 아동의 전반적인 상황을 이해할 수 있는 통찰력을 제공하여, 그들을 더 잘 지원하고 짧은 인생을 평화롭게 마치도록 도울 수 있다. 또한 우리는 소용돌이 안에서 다시 자기 삶으로 돌아가는 길을 찾으려 노력하는 치유 중인 환아를 도울 수 있다.

제22장
병원 안팎에서 일어나는 예후와 내면의 알아차림

　이 책을 통한 발견의 여정에서 우리는 약 200장의 그림을 함께 연구하고 분석했다. 우리는 내용의 중요성 외에도 인간의 유기적·신체적 측면과 정신적·심리적 측면을 모두 포괄하는 질서 원리를 발견했다. 여기에서 나오는 '내면의 알아차림'이 내가 말하는 예후를 형성할 가능성이 매우 높다.

　우리는 이미 대부분의 그림을 다른 관점에서 '읽고' '번역'했다. 우리가 보았듯이, 이 그림들은 다양하고 풍부하며 한 사람의 다양한 성격적 특성을 잘 보여 주고 있다. 여기서 우리는 예후와 내면의 알아차림 측면에 초점을 맞추고자 한다. 우리 중 많은 사람이 경고하는 꿈에 대해 들어 봤거나 그 꿈을 따랐다면 비참한 상황을 막을 수 있었을지도 모른다(13장 신체적 측면을 고려하는 방법에 '실현된 꿈' 참조). 이러한 꿈과 그림이 인간의 깊은 내면에서 비롯된다는 것을 이해하면, 이를 통해 드러나는 예후들에 직면했을 때 감당하기 어려운 내면의 감정을 견디는 데 도움이 될 수 있다.

　나는 사용 가능한 그림 중에서 해석하기 쉽고 대상 수가 적은 20개의 그림을 선택했다. 이 그림들은 몇 시간에서 몇 년까지의 생명 기간을 예측하는 내용을 담고 있다. 11개의 그림에서는 햇빛, 사다리, 꽃과 같이 세어 볼 수 있는 요소들이 예측 요인으로 포함되어 있다. 나머지 9개의 그림에서는 선택된 모티브와 그림이 그려진 시점부터 중요한 사건이 발생하기까지의 시간을 통해 예후 요소를 파악할 수 있다.

　대상을 세는 것이 모티브를 인식하는 것보다 간단하기 때문에 먼저 숫자의 의미를 파악한 후, 모티브에 집중할 것이다. 만약 한 그림 안에 두 요소가 포함되어 있다면, 이 두 가지 의미를 모두 살펴볼 예정이다. 이 과정은 죽어 가는 아동들의 그림에서 시작해 치유되는 환자들의 그림으로 이어지고, 이후에는 더 넓은 세계로 나아가 비슷한 그림들을 찾아볼 것이다.

이 책의 독자들과 학생들에게 사례들을 통해 '내면의 알아차림'과 예후의 실제를 스스로 보는 것에 도움이 되기를 진심으로 바란다.

그림 91 3개의 연기. 리차드.

우리는 이미 8장 '단색'과 13장 '신체적 측면을 고려하는 방법'에서 리차드의 그림을 두 번이나 살펴본 적이 있다. 탈선한 기관차 위의 3개의 연기 구름은 그의 병이 시작된 시기와 동생이 태어난 시기가 일치함을 기억해야 한다. 선로를 이탈한 기관차는 모두 빨강으로 표현되어 있는데, 이는 그의 현재 상태를 상징한다. 이 그림은 그가 사망하기 직전에 그렸으며, 철도 침목 8개를 통해 그의 일생과 연결하고 전체적인 인생을 시각적으로 표현한 것으로 해석된다. 그는 8세 나이에 세상을 떠났다.

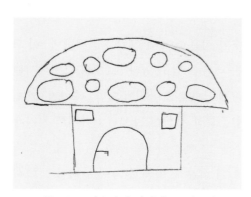

그림 16 프리스카의 버섯집. 프리스카.

프리스카의 마지막 그림은 연필로 그린 버섯 모양의 집으로, 지붕에는 반점 형태로 그려진 10개의 원이 있다. 이 원들은 그녀의 수명이 10년일 수 있음을 암시한다. 그림 속에서 매락을 따라 이어지는 '내면의 알아차림'은 심각한 병을 잃는 동안 그녀를 심리적, 정신적으로 인도해 주었다. 이 '내면의 알아차림'은 그녀의 짧은 생의 여정이 불가피하게 끝나는 순간까지 지속되었다. 프리스카는 10세가 되기 6주 전에 세상을 떠났다.

우리는 이미 5장에서 '그림에 반복적으로 나타나는 숫자'의 중요성과 19장의 '의사, 봉사자, 환자와 가족의 다리 역할'을 하는 **자발적 그림**의 역할을 강조하기 위해 이 그림을 선택해서 살펴보았다.

여기서 우리는 다시 예후에 집중한다. 숫자 7은 꽃, 새, 손가락의 수(한 손에 3개, 다른 손에는 4개)에서 반복된다. 어린 소녀는 "모든 새가 하늘로 날아가지만, 가장 작은 새가 가장 먼저 도착해요."라고 말했다. 이 소녀는 가족 중 막내며, 7세였다. 그녀는 중증 상태로 병원에 입원했었고, 그림을 그린 지 7일 만에 평화롭게 세상을 떠났다.

그림 30 마뇨겔리. 마리나.

우리는 이미 11장에서 '원본과 환자가 따라 그린 사본의 차이점'과 12장의 '사다리'를 주제로 다음 그림을 살펴보았다.

여기서 우리는 마인라데의 그림을 예후 측면에서 분석한다(그림 95). 원본인 린트 초콜릿 포장지에는 나무까지 이어지는 사다리의 가로대가 12개인 반면, 그녀의 그림에는 8개만 그려져 있다. 나머지 4개는 어디로 갔을까? 앞으로 어떤 일이 벌어질까? 이 가로대들이 완전히 사라진 것일까? 아니면 살구나무 안으로 숨겨진 것일까? 마인라데는 수녀인데, 그녀는 그리스도와 결혼하여 천국에 들어가는 것을 갈망하고 있는 걸까?

그림 95 린트 초콜릿 포장지. 마인라데.

마인라데의 그림을 살펴보면서 이 세상에서의 생을 마무리하는 데 필요한 시간이 얼마나 될지 궁금했다. 의료 기록에 따르면, 그녀는 그림을 그린 후 4개월 만에 사망했다. 이는 1년의 3분의 1(4개월)에 해당하는 예측이었다.

이 그림은 이미 5장의 '다양한 대상에서 반복되는 숫자'와 7장의 '사분면'과 12장의 '태양' 그리고 13장에서 '신체적 측면을 고려하는 방법'을 통해 살펴본 바 있다.

이제 예후 측면에서 살펴보면, 숫자 3이 다섯 번 반복되는 현상에 대한 해석을 찾아볼 수 있다.

예후로 볼 때, 이 그림은 환아의 남은 생명 시간을 나타낸다. 사례 기록을 보면, 그림 완성 후 3개월 만에 이 어린 소녀는 사망했는데, 이는 예측된 3개월과 정확히 일치한다.

그림 28 춤추는 어릿광대. 리스베스.

이 소녀는 다양한 자수용 골판지 틀 중에서 생일 케이크 모양을 선택했다. 그녀는 2개의 촛불에 황금색 노란 양모를 사용했는데, 이는 그녀의 인생에서 가장 황금 같은 시기를 상징한다. 빨간 촛불은 그녀가 앓았던 백혈병의 3년을 나타낸다. 촛불을 그녀의 나이로 해석할 때, 중앙에 위치한 6번째 촛불은 검은 양모로 강조되어 있고 황금색 불꽃을 지니고 있어, 그녀의 6번째 해에 어떤 일이 있었는지 궁금증을 자아낸다. 그녀는 6세가 되기 직전에 세상을 떠났다. 자수 작업의 정확한 날짜는 알 수 없지만, 이 자수 그림은 소녀가 갑자기 사망했다는 소식과 함께 그녀의 의사에게 전달되었다.

그림 31 생일 케이크. 손야, 여아, 5세, 백혈병, KiSpi.

다음은 임종을 앞둔 사람들이 그린 7개의 그림에서 예후 현상과 관련된 모티브와 예후에 집중할 예정이다. 이 그림들 중 일부에서는 삶의 시간을 나타내는 숫자도 발견할 수 있다.

우리는 이미 이 그림을 5장의 '이니셜'과 8장의 '색', 12장의 '집과 나무' 그리고 13장의 '신체적 측면을 고려하는 방법'에서 살펴본 바 있다.

어린 소녀는 혈종 수술 전 이 그림을 그렸고, 창문을 갈색과 빨강으로 칠했다. 그녀는 6일 만에 아무런 증상 없이 건강하게 퇴원했다. 그러나 6개월 후, 그녀는 심각한 증세로 재입원했고, 두 번째 수술에서 상의세포종이라는 악성 종양을 제거했다. 우리는 종양이 이미 6개월 전에 그녀가 그린 집의 돌출된 빨간 지붕(그녀의 신체를 상징하는)에 반영되어 있었다는 사실에 충격을 받았다. 또한 생명나무의 면류관이 갉아먹힌 모습과 10번째 가지를 갉아먹으려는 설치류를 보며 예후에 대해 크게 걱정했다. 이 설치류는 그녀의 끊임없는 심각한 병을 상징하는 것이었을까? 그녀는 10세가 되는 해에 새로운 종양의 재발로 사망했다. 이는 그림에서 약 9개월 동안의 생을 예측한 것처럼 보인다.

그림 37 집과 나무. 트루디.

여기에서 우리는 F. T.의 그림을 다시 살펴본다. 이 그림에서 나뭇가지에 매달린 문어는 진단받기 15개월 전에 아직 발견되지 않은 복부 암종과 같은 소모성 질환의 위치와 특성을 상징적으로 나타내고 있다(13장 질병의 유형에 따라 반영되는 다양한 그림 상징 [도표 2] 참조).

그림 169 문어 나무. F. T.

우리는 다음 그림을 5장의 '주변 환경과 그림 비교하기' '다양한 대상에서 반복되는 숫자'와 12장의 '태양'에 관련해 자세히 살펴보았다.

여기서 우리는 예후를 찾고 있다. 이 그림이 5월에 완성되었으며, 투명한 바구니에서 가장자리로 굴러떨어지는 사과들이 소녀의 생명이 일찍 끝날 수 있음을 암시한다. 또한 햇빛, 바구니에 담긴 사과, 풀밭 등에서 숫자 8이 반복적으로 나타나는 점도 주목할 부분이다. 그녀가 5월 26일에 이 그림을 그렸고, 그해 12월 17일에 세상을 떠난 것은 약 7개월 반의 기간을 비유적으로 예측한 것이다.

그림 17 5월의 사과 수확. 리스베스.

리스베스와 같은 나이의 소년은 추수 시기보다 훨씬 이른 4월에 떨어지는 열매를 그렸다. 그는 악성 뇌종양인 송과종을 앓고 있었고, 리스베스는 백혈병으로 KiSpi에서 치료를 받고 있었다. 이 두 아동은 서로 만난 적이 없다. 우리는 그가 왜 4월에 이른 수확 그림을 그렸는지 궁금해하며, 그의 삶이 너무 일찍 끝나지 않을까 걱정하였다.

그림 22 이른 수확. 발터 H.

결론을 내리기 전에, 우리는 그림 속에서 과학적으로 필요한 3~4개의 비유적 징후를 찾기 위해 다시 그림을 검토해 보았다. 12장의 '새'에 따르면, 수도꼭지에서 떨어지는 물은 생명의 물이 새어 나가는 것을 상징할 수 있다. 또한 그의 영혼을 상징하는 새가 무서운 종양처럼 보이는 빨간 창문이 있는 텅 빈 집을 벗어나 서쪽으로 날아가고 있고, 소년이 '비둘기장'이라고 부르는 지붕 위의 악성 종양 형태의 구조물은 그의 삶이 조기에 끝날 것이라는 징후를 보여 주며, 실제로도 그렇게 되었다.

이 맥락에서, 우리는 특히 두 가지 예후에 주목한다. 바닥에 이미 7개의 사과가 놓여 있는 것은 그가 병에 걸렸을 때의 나이가 7세였음을 상징한다. 또한 공중에 떠 있는 5개의 사과는 그의 치명적인 병이 진단되기 5개월 전을 비유적으로 예측한 것이다.

6세의 건강한 독일 소년 울리히가 '도로 안전'을 주제로 한 대회를 위해 이 그림을 그렸다(그림 220). 그림을 완성한 후 선생님께 가져가려던 순간, 책상에 놓인 그림이 우연히 찢어져서 울리히는 눈물을 흘렸다. 친절한 선생님은 그를 위로하며 그림 뒷면을 테이프로 붙여 주었다. 다음 날, 울리히는 자신이 그린 그림으로 1등 상을 받았지만, 학교 친구를 향해 돌아보다가 자전거에서 튕겨 나가 과속차량과 충돌했다. 자동차 운전자는 소년이 그린 그림대로 인근 전화 부스에서 경찰서(666)와 적십자(420)에 전화를 걸었다. 울리히는 병원으로 이송되던 중 사망했다. 이 모든 일은 끔찍한 사고가 일어나기 하루 전에 그려진 그림과 맞물려 있었다.

그림 220 전화 부스와 부서진 자전거.
울리히(Ulrich), 남아, 6세, 건강한 아동(독일).

그림 221 교차로 사진.

다음 그림(그림 222)은 아동이 사망한 날 그려졌다. 건강한 6세 소녀인 이레네는 그전까지 날개 달린 생물을 그려 본 적이 없었지만, 그날은 5명의 날개 달린 인물을 그렸다. 한 사람(아동일지도 모름)이 누워 있는 것처럼 보이는 들것 옆에 두 명의 인물이 무릎을 꿇고 손을 내밀고 있다. 이들은 천사일까? 오른쪽에는 (선으로만 간결하게 표현된 – 옮긴이) 공허하게 떨어져 있는 인물이 있다. 이레네가 그림을 완성한 지 불과 몇 시간 후, 교차로에서 갑자기 급정거한 아버지 트랙터에서 떨어져 무거운 차량에 치였다. 이는 참으로 끔찍한 예측이었다![1]

---

1) 이 그림을 보내 준 베른(Berne)의 쉘베르거(Schallberger) 목사에게 감사의 말씀을 전한다. 그는 그림 속 측면의 곡선이 치명적인 교차로를 나타낸다고 해석했지만, 베버는 이를 '올라가는 커튼'으로 해석했다.

그림 222 이레네와 천사들. 이레네(Irene), 여아, 6세, 건강한 아동(스위스).

아드리안의 마지막 그림(그림 227)은 이미 여러 번 소개되었다. 이 그림은 색이 부족하다는 점에서 8장 '색'과 골수이식 결정에 대한 예측적 측면에서는 16장 '남겨진 생애에서 변화되는 동일한 모티브' 그리고 19장의 '의사, 봉사자, 환자와 가족의 다리 역할'에서도 언급되었다. 여기서는 그림이 내포하고 있는 '내면의 알아차림'과 예후에 초점을 맞추고자 한다.

우리는 그림의 중앙이 특별한 의미를 지닐 수 있음을 배웠다. 이 그림에서는 7개의 광선이 거의 중앙을 가득 메우며, 마치 하느님이 내려오는 듯하지만, 격리된 커튼에는 완전히 닿지 않는다. 아드리안은 이후 7일 만에 급성 감염으로 사망했다. 이는 정확한 예측이었다! 아드리안의 마지막 말인 "나는 항상 천사가 되고 싶었고, 하느님과 함께 있고 싶었어요."로 이 이야기를 맺는다.

그림 227 아드리안의 마지막 그림.

아드리안(그림 227), 이레네(그림 222) 그리고 마인라데의 그림(그림 95)을 통해 우리는 두 아동과 한 성인 여성의 내면 세계를 들여다볼 수 있으며, 심각한 질병이나 치명적인 사고가 반드시 인생 여정의 끝을 의미하지 않는다는 사실을 깨닫게 되었다.

이 연구 자료에서는 대부분 위협적인 질병이나 위급한 상황에서 부정적인 예후들을 발견하지만, 21장 '치유된 환아들'에서는 희망적인 예후들을 확인할 수 있었다. 예를 들어, 중병에서 회복 중이던 게오르그 B.는 자신의 집 옥상에 황새 가족이 있는 그림(그림 213)을 그렸고, 우르스의 생명은 빨간 물(수혈)로 구원받고 있으며, 그는 그 물로 자신의 커다란 빨간 꽃, 즉 생명 나무에 물을 주고 있다(그림 6). 마르셀은 힘겹게 항해하는 배 위에 무지개가 그려진 돛대(그림 108)와 백설공주와 일곱 난쟁이가 생명을 주는 적혈구를 표현한 그림(그림 63)을 그렸다. 베아트와 브레니의 그림에서도 비슷한 예후를 볼 수 있었으며, 이 모든 내용은 12장 '난쟁이'에서 다루어졌다.

이 그림은 그림에서 중앙이 중요하다는 점을 다룬 다른 장에서도 본 적 있다(7장 사분면 참조). 광선이 없는 떠오르거나 지는 태양은 두 파란 언덕 사이, 즉 시신경 교차 부위에서 발견된 종양을 상징한다. 이 그림이 드러내는 더욱 놀라운 사실은, 이 종류의 종양이 4곳에서 발생할 수 있다는 것이다(그림 71 참조). 게다가 환자의 그림 속 빨간 노란 태양의 위치와 색상이 실제 종양과 정확히 일치한다. 이 그림은 진단이 내려진 임상 상황을 정확히 반영하였다. 특히 충격적인 사실은 수술 하루 전 베아트의 그림에서 전체 임상 상황이 드러난 것이다. 이로 인해 우리는 그가 어떻게 그 사실을 알았는지에 대해 말문이 막혔다.

그림 70 일출 혹은 일몰?. 베아트.

12장의 '태양'과 '새' 그리고 13장의 '신체적 측면을 고려하는 방법'에서 이미 이 그림(그림 97)을 본 적이 있음을 기억할 것이다. 브레니는 베버의 벽화를 참고하여 이 그림을 그렸다. 예후와 내면의 알아차림에 대한 깊은 이해를 바탕으로, 우리는 서쪽 하늘에 떠 있는 7개의 태양 광선 속에서 그녀의 과거 이야기를 발견할 수 있었다. 그녀가 병에 걸렸을 때의 나이는 7세였다. 화분이 놓인 8개의 창문은 그녀가 입원했을 당시의 나이와 신체 상태를 나타낸다. 뇌종양(세포 내 두개인두종)으로 인해 7세 이후로는 성장이 멈춘 이 환아의 상태는 태양의 7개 광선으로 상징된다. 수술 후 세 달 동안 그녀는 5cm나 성장했다. 과연 가까운 시일 내에 중앙의 닫힌 창문이 열릴 수 있을까?

그녀의 그림과 베버의 벽화에는 '새' 절에서 본 것처럼 중요하고 희망적인 차이점이 있다. 여기에서는 그림 속에서 나타난 예후들을 다시 살펴보겠다. 앵무새의 꼬리가 닿아 있고 마치 타오르는 듯한 빨강 지붕은 그녀의 병의 근본적인 원인을 상징적으로 표현하고 있다. 이 집은 그림의 오른쪽 하단에 위치하는데, 이곳은 종종 미래의 사건이 반영되는 장소로 묘사된다.

위협적인 달팽이는 더 이상 나무 위에 있지 않고, 대신 잔디에 자리 잡고 있다. 다람쥐는 땅에서 즐겁게 열매를 까먹는 중이다. 그리고 마지막으로 비둘기는 평화의 상징인 올리브 가지를 왼쪽 아래 사분면의 어둠 속으로 가져간다.

그림 97 집과 앵무새. 브레니.

그림 223 예술과 유사점: 비둘기와 어린 소녀.
피카소(Picasso, 1881~1973).

이러한 모든 변화는 환자의 과거부터 현재 그리고 미래의 회복 과정까지 전반적인 발전을 반영한다. 이 그림은 수술 전날 그려졌다. 그 속에서 빛나는 놀라운 '내면의 알아차림'을 볼 수 있었다!

이제 나에게 깊은 감동을 준 특별한 관찰 결과에 대해 이야기하고자 한다. 이는 중증 환아들이 그린 그림뿐만 아니라 병원 밖에서도 예후를 찾을 수 있다는 사실이다. 특히 '예방'에 대해 다룬 13장에서 자세히 소개된 난방기사(그림 168)는 H.K의 불운한 행동의 예측을 반영한 그림이다.

또한 화가들의 작품에서 그들의 신체적, 심리적 상태뿐만 아니라, 미래의 예후를 발견하는 것은 더욱 놀라운 일이다. 이러한 예로, 반 고흐가 밀레의 씨 뿌리는 사람을 모작한 작품부터 살펴보자.

그림 224 씨 뿌리는 사람.
반 고흐(1853~1890).

그림 225 씨 뿌리는 사람.
밀레(1814~1875).

밀레(1814~1875)는 1850년에 씨 뿌리는 사람(그림 225)을 그렸고, 반 고흐는 1889년 혹은 1890년에 이를 '모작'했다. 밀레의 색채는 풍부한 갈색, 파랑, 황금색 노랑으로 생동감이 넘치는 반면, 반 고흐의 작품은 연한 파랑과 갈색으로 어둡게 표현되었다. 두 그림 모두 씨 뿌리는 사람이 왼쪽에서 오른쪽으로 큰 보폭으로 걷고 있지만, 반 고흐의 작품에서는 바람이 그의 손에서 씨앗을 날려 왼쪽으로 흩어지고 있다. 잔디도 그의 발아래에서 바람에 의해 왼쪽으로 휘어져 있어, 바람이 그에게 맞서 불고 있음을 암시한다. 밀레는 그림을 그린 후 25년을 더 살았지만, 반 고흐는 '모작'을 완성한 후, 곧 자살하여 그의 작품을 다시는 볼 수 없게 되었다(12장 새 참조).

이제 우리는 우리 시대의 예술 작품 속에서 현실을 생생하게 표현된 현역 예술가의 작품에 대해 경험할 기회를 가지고자 한다.

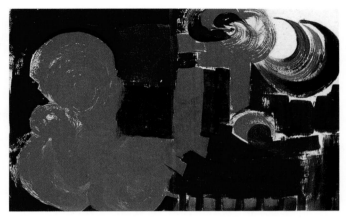

그림 226 예술가의 그림. E. D. 남자, 1917년생, 스위스.

E. D.는 취리히의 예술공예학교(Kunstgewerbeschule)에서 베버를 처음 만났다. 그 후로 두 사람은 계속 연락을 주고받았고, 덕분에 E. D.는 우리가 NC에서 진행하는 작업에 대해 잘 알고 있었다. 그는 보석 장인이자 예술가로서 나를 위해 특별히 아름다운 보석을 제작해 주었다. 그는 이 작품을 전문가 모임에 가져와 다음과 같은 이야기를 나누었다.

6월의 어느 날, E. D.는 집에 돌아와 '파랑과 붉은 주황으로 구도를 잡아야겠다.'라고 생각했다. 그림을 완성한 후, 바라보다가 갑자기 "바흐 부인이 생각나네요."라고 뜬금없이 말했다. 베버가 "왜 그러세요?"라고 물으니, E. D.는 "글쎄요. 그녀도 이런 그림을 그리니까요. 혹시 제게도 몸에 종양이 있는 걸까요?"라고 대답했다. 그는 그림을 베버 몸 앞에 들고 있으라고 했지만 그는 거절했다. 베버는 E. D.에게 그림을 돌려주며 "이건 당신 그림이니까요. 저에게 주고 싶으면 주세요. 하지만 지금은 당신이 직접 들고 계세요."라고 말했다. 그러자 그는 움찔하며 "네, 여기 왼쪽에 있습니다."라고 말했다.

11월 5일에 그에게 첫 증상으로 설사와 대변에서 혈액이 묻어 나왔다. 그는 12월 19일에 악성 종양 진단을 받았고, 곧바로 심부 방사선 치료를 시작했다. 먼저 등에서 2R, 그리고 양쪽에서 76R을 검사하였다. 그는 3월 6일, 수술 준비를 위해 병원에 입원하였고 일반적인 검사와 컴퓨터 단층 촬영 후 3월 9일에 수술을 받았다. 수술 중, 그가 그림에서 가리킨 바로 그 부위에서 대장암이 발견되어 인공항문 절제술을 시행하였다. 그는 한 달간의 병원 치료 후 퇴원하였고, 이후 3개월마다 정기 검진을 받아야 했다. 그는 천천히 회복되었고, 몇 년 후에 나에게 보낸 편지에서 자신의 상태가 얼마나 호전되었는지 알려 주었다. 중요한 사실은 E. D.가 그림을 그린 것이 첫 증상이 나타나기 5개월 전, 진단을 받기 6개월 전이었다는 것이다. 이는 반년 전의 예측이다.

그림 138 라 모테. 세간티니(G. Segantini, 1858~1899).

우리는 이미 12장 '새'와 15장 '수수께끼 같은 그림 자료의 해석'에서 이 그림을 살펴본 적이 있다.

그림 164 심판의 천사. 프리츠 폰 그라에베니츠(1892~1959)의 조각품.

세간티니가 자신의 삼부작 중 마지막 작품을 완성하기 위해 스위스 폰트레시나의 샤프스베르크 산으로 떠났다는 사실은 널리 알려져 있다. 그곳에서 우리는 그의 작품 속에 담긴 깊은 '내면의 알아차림'과 예후를 발견할 수 있다.

우리가 영혼의 새로 인식하는 거대한 구름새는 왼쪽으로 날아가고 있다. 그 부리는 캔버스의 경계를 넘어 서쪽으로 지는 해를 향해 있다. 마치 이를 바라보듯, 눈 덮인 넓은 땅 위에는 말이 끄는 빈 썰매가 서 있다. 집 앞에 몇몇 검은 옷을 입은 사람들이 무언가를 기다리는 듯 서 있다. 과연 그들은 무엇을 기다리고 있는 걸까? 화가가 그림을 완성한 지 일주일 만에, 그는 그곳에서 복막염으로 갑자기 세상을 떠났다. 이는 마치 복막염이라는 운명을 미리 암시하는 듯하다.

슈투트가르트의 대학 성당에 설치된 프리츠 폰 그라에베
니츠의 마지막 대형 조각품도 예후를 보여 주는 작품이다.
그는 이 작품을 완성하는 데 거의 1년이 걸렸고, 1958년에 작
업을 마무리하였다. 특히 우리의 눈길을 끄는 것은 천사의
오른쪽 눈이 변형되어 중요한 사건을 반영하고 예고하는 점
이다. 이 작품을 완성한 지 얼마 되지 않아 폰 그라에베니츠
는 오른쪽 눈의 시력을 잃었다. 또한 천사의 나팔이 아직 그
의 입술에 완전히 닿지 않은 모습에서 '최후의 심판'의 시간
이 아직 도래하지 않았음을 알 수 있다. 폰 그라에베니츠는
작업을 마친 지 1년 후 평화롭게 세상을 떠났다.

그림 165 프리츠 폰 그라에베니츠의
사진. 그의 손상된 눈이 조각상의
눈에 반영되어 있다.

이 조각상에서 우리는 신체 상태와 수명까지 예측하는 것
을 볼 수 있다. 이는 거의 1년에 가까운 예측이다.

그림 104 텔레스포로스를 상징하는 치유자 난쟁이. 융.

중중 환아들의 그림과 유사한 '내면의 알아차림'을 나타내는 작품 중 하나로 융의 조각 작품
을 들 수 있다. 이 작품에 대해서는 12장의 '난쟁이'에서 처음 소개되었다. 그가 1950년 자신의
75번째 생일을 맞이하여 취리히 호수 근처 볼링겐에 있는 자신의 은둔처에서 특별한 의미를
담아 돌을 조각하였다. 그의 생애를 상징하는 원 안에는 인도의 사상가인 카비르, 내면의 인도
자 혹은 아스클레피오스의 아들 텔레스포로스로 이어지는 9개의 계단과 2개의 계단 모양의 뱀
이 있어서 11을 형성한다. 융은 조각 작업 중에 떠오른 그리스어 문구를 새겼는데, 그 내용은

"…… 그는 태양의 문과 꿈의 땅으로 향하는 길을 가리킨다."였다(『오디세이』, 호메로스, 24권, 12절). 융이 11년 후에 세상을 떠났다는 사실을 알고 나면, 이 예언의 정확성에 놀라움을 금치 못할 것이다.

그렇다면, 환자도 아니고 특별한 질병 없는 우리에게 이 작품이 주는 교훈은 과연 무엇일까?

이 책에 수록된 작품들은 수년간 수집하고 연구해 온 수천 장의 그림 중 극히 일부분에 불과하다. 대부분의 작품은 놀라운 정확성으로 미래를 예측할 수 있는 '내면의 알아차림'이라는 현상을 담고 있다. 생물학 분야에서는 본능을 오랫동안 질서를 형성하는 중요한 요소로 여겨 왔다. 1919년에 융은 생명체의 본능적 질서와 인간 정신의 구조적 요소 사이에 유사점을 발견하였고, 이를 원형이라고 불렀다. 우리의 분석한 그림 자료에서 나타난 예후들은 우리가 의식적이든, 아니든 인간의 유기적 측면과 심리적-정신적 측면을 포괄하는 질서 원칙을 인정하고 존중하도록 요구한다. 이러한 질서는 종종 우리의 일방적인 인과적 사고와는 대립된다.

연구를 시작한 이후부터, 몇 년 후에 그려진 아동의 그림이 그 아동의 과거 질병의 시작과 현재의 신체적, 심리적 상태를 모두 반영한다는 사실에 깊이 감명받았다(13장 참조). 하지만 어떻게 이 그림들이 몇 주, 몇 달, 심지어 몇 년 후의 미래 상황까지 예측할 수 있는 걸까? 불치병을 앓는 아동의 경우, 의사가 3~4세 때 질병의 시작을 진단할 수 있다고 하지만, 이 그림들이 훨씬 이전부터 미래의 사건들을 정확하게 예측하는 것을 어떻게 이해하고 받아들일 수 있을까?

우리는 아동들이 목표나 주어진 주제, 외부 영향(예: 지각 테스트) 없이 자신의 즐거움이나 여가를 위해 그린 **자발적 그림**에서도 예후를 암시하는 그림 신호들을 발견했다. 우리의 신념이 종교적이든, 이념적이든, 우리가 어디에서 왔든 간에, 이러한 예후는 인간 영혼에서 자연스럽게 발생하는 메시지와 같다. 이러한 징후를 이해함으로써, 임상적 수단이 소진되었을 때도 전문가들이 환자에게 다른 방식으로 도움을 줄 수 있는 길을 제시할 수 있다. 이는 죽음을 향해 가는 아동을 방해하지 않고, 그의 생을 의미 있고 평화롭게 마무리하도록 돕는 것을 의미한다.

아드리안의 마지막 그림(그림 227)을 볼 때, 우리는 그의 어머니가 독실한 가톨릭 신자였으며, 그가 전통적인 종교의 보호 아래에서 성장했다는 사실을 떠올릴 수 있다. 그가 죽기 2년 반 전에 병원에 입원했을 때, 그는 자신의 정신분석가에게 이미 천사가 되어 하느님과 함께하고 싶다고 말했다. 그렇다면, 죽기 전 마지막 7일 동안 천막에 하느님으로부터 내려진 7개의 광선이 그리 놀라운 일일까? 그의 깊은 믿음이 그를 천국으로 인도하였을까?

융은 부르크하르트의 '원형상'을 통해 인류의 공통된 정신적 근원인 원형을 재발견함으로써, 우리가 고대부터 이어져 온 보편적인 영혼의 이미지들에 새롭게 접근할 수 있게 되었다. 많은 사람이 원형과의 개인적 연결을 통해 자신과 우주에 대해 깊게 이해하고 의식의 폭을 넓혔다. 원형 현상들을 의식적으로 받아들이고, 이를 과제이자 도전으로 받아들이는 의사, 과학자, 예술가에게도 특별한 존경을 표한다. 원시인뿐만 아니라 인류는 오래전부터 이 '내면의 알아차림'을 품고 살아왔다. 이 현상을 단순히 직관으로 치부하는 것은 부족하다. 부시맨은 내면에서 들리는 노크 소리에 귀를 기울이고, 구약성서는 조용한 내면의 목소리에 대해 언급한다.

하지만 기술 중심의 현대 사회에서는 현대인이 단순히 믿기만 하는 것이 아니라 직접 알아야 할 필요가 있다. 이러한 '내면의 알아차림'을 적용하는 것은 필수적이며, 그들은 아직 인지하지 못한 것을 마치 처음 보는 것처럼 새롭게 이해해야 한다. '아니면'에서 '그리고'로의 전환은 언제나 큰 도전이다(23장 관계의 역할을 하는 타원 참조). 물론 임상적, 심리적, 인간적 맥락을 제외하고 이 자료가 우리에게 어떤 것을 제공하는지 의문을 가질 수 있다. 만약 이런 '내면의 알아차림'이 환자들의 그림뿐만 아니라, 병원 밖에서 인생의 중대한 순간들을 겪는 사람들에게도 나타난다면, 우리 같은 평범한 사람들도 보이지 않는 '내면의 알아차림'의 아우라에 관여하고 있다는 것을 수용할 용기를 낼 수 있을까? 어쨌든 우리는 더 주의 깊게 듣기 시작할 수 있다.

나 자신도 이 작품들을 연구하면서 우리가 하느님이라 부르는 것의 깊은 의미를 깨달았다. 이때 괴테(Goethe)의 말이 떠오른다.

> "우리의 순수한 가슴에서는 어떤 투쟁이 솟구친다.
> 감사의 마음으로 더 높고 순수하며 알려지지 않은 존재에게 자발적으로 굴복하고, 영원히 알려지지 않은 것을 풀어내는 것, 우리는 이를 '경건함'이라 부른다……."
>
> 1823년, 마리엔바트의 비가(Marienbader Elegie).

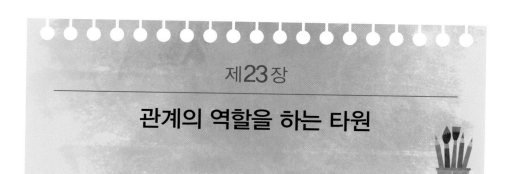

제23장

관계의 역할을 하는 타원

이 책의 집필이 끝나갈 무렵, 예전부터 글로 담고 싶었던 타원이 떠올랐다. 이 수학적 형태는 수학과 천문학에 관심을 가졌을 때부터 나를 매료시켰다.

여러 해 동안 이 그림들을 연구하면서 정신과 신체의 관계에 관해 심도 있게 고민하게 되었는데, 타원의 이미지는 인간의 신체와 영혼, (인간의) 내적인 삶과 외적인 삶의 관계라는 어려운 질문에 해답을 줄 것 같았다.

고유한 현상으로서의 원을 총체적으로 이해하는 것은 고대부터 전체성의 상징으로 여겨졌다. 원의 중심은 경이로운데, 독특하고 놀라운 방식으로 주변부의 모든 지점과 동일한 거리(반지름)에 있다.

그러나 전체성을 그렇게 이해하려는 것은 인간의 깊은 욕망으로 보인다. 전체성을 이해하기 위해서는 상호 의존성의 중요한 구성 요소를 포함해야 한다. 원은 이를 표현하지 못한다. 타원은 양극적 배열을 가진 상징으로 우리에게 유익하고 건설적인 답변을 제공한다. [도표 5]를 살펴보면 타원은 기하학적으로 닫힌 곡선(원뿔형 단면)으로서 두 선이 직각으로 교차하고 있다. F1과 F2라는 초점 두 개가 세 번째 지점인 P에 서로 길이가 다른 선인 m과 n으로 연결된 것으로 볼 수 있다. 그 길이의 합은 일정하다.

타원의 두 초점은 원의 중심과 달리 보완적이거나 대립적인 힘들의 위치로 간주될 수 있다. 예를 들어, 정신과 신체, 빛과 어둠, 오른쪽과 왼쪽, 위쪽과 아래쪽, 안과 밖, 남성과 여성, 나와 너, 선과 악, 능동적이고 수동적인, 음과 양, 생과 사, 하늘과 땅 등 인간과 신의 관계에 관한 것이다. 마지막으로 케플러(Keppler)의 개념에 따르면 천체들은 타원 궤도를 따라 예정된 경로를 따른다.

[도표 5] 개조된 타원

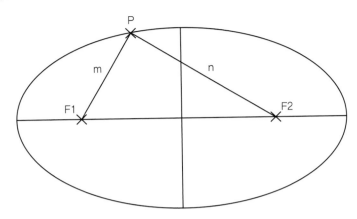

　이 책 전반에 걸쳐 사용된 그림의 체계적인 분석을 타원에 적용하고, 이를 마치 **자발적 그림**처럼 살펴보며 그 수학적 형태를 의인화해 보려 한다. 그러면 P는 타원의 전체 경로의 궤도상에 위치한 사람을 나타내며, F1과 F2가 나타내는 근본적인 에너지와의 연관성을 반영할 것이다. 이렇게 함으로써 우리는 타원을 한 인간의 삶의 상황을 표현한 것으로 이해할 수 있으며, 여기서 m과 n의 총합은 그의 완전한 역동적인 생명력을 대표한다고 볼 수 있다. 우리는 또한 그들을 상호보완적이거나 대립적인 두 가지 힘 사이의 조화 혹은 부조화의 상태로 이해할 수도 있다. 만약 정신과 신체가 F1과 F2 초점에, 그리고 인간이 두 초점으로부터 같은 거리에 있는 짧은 축 위의 P 지점에 있다고 상상하면, m과 n은 동일하며, 인간은 조화로운 상태에 머무르게 된다. 이러한 상태를 삶과 죽음에 적용한다면, 이 경우에는 14장 '정신과 신체의 관계'에서 보여주려고 했던 것처럼 정신과 신체는 서로 밀접한 관련이 있다.

　그러나 F2가 모든 신체 에너지를 가지고 있고, 삶이 끝나가는 상황이라면, n은 결국 왼쪽으로 향하게 되어 F1에 이르며, 상징적으로는 정신의 위치에 도달하게 된다. 만약 우리가 두 초점인 F1과 F2가 빛과 어둠, 생과 사의 힘이 있는 자리라는 생각을 고수한다면, 둘 중 어느 것이 주도권을 잡느냐는 매우 중요할 것이다. 실제로 이것은 한 사람이 죽거나 회복하는 방식을 결정하는 데 중요한 역할을 할 것이다. 신과 조화로운 관계에 있거나, 또는 우리가 종종 악마라고 부르는 어둠의 세력과 죽음에 대한 공포에 사로잡히는 것이다.

이제 병동과 다른 곳에서의 실제 연구로 돌아와서, 이 책에서 여러 차례 만난 페터와 프리스카의 그림을 살펴보려 한다(그림 77, 176). 두 아동과 성 니콜라스의 관계를 예로 들어 볼 수 있는데, 성 니콜라스는 신의 원형적인 상징으로 이해할 수 있고, 그는 우리와 때로는 친구로 때로는 적으로 만나게 된다.

그림 77 성 니콜라스와 배변하는 동물. 페터.

그림 176 보조를 맞춰 걷고 있는 프리스카와
성 니콜라스. 프리스카.

우리는 페터의 성인이 모브색의 손잡이가 구부러진 지팡이를 들고 공포에 떠는 동물을 왼쪽으로 끌고 가는 모습을 보았다. 그 동물의 텅 빈 몸은 종양-빨강으로 윤곽이 그려졌고, 겁에 질려 배설을 한다. 우리는 페터가 치명적인 질병과 절망적인 싸움에서 마침내 완전히 지쳐 굴복하고 죽음을 당한다는 것을 알고 있다. 하지만 그의 마지막 그림인 황금색으로 날개의 끝이 칠해진 새를 기억하며, 그가 평화의 땅에 도달했기를 희망한다.

이것은 결국 소년의 그림에서 갈등과 싸움이 어떻게 나타나는지에 대한 질문으로 이어진다. 예를 들어, 그의 수호성인인 성 니콜라스가 형벌의 권력으로 나타난 그림 202와 203을 보면, 우리는 순종하지 않고 용서할 수 없는 죄책감이라는 고통스러운 감정의 근원을 기억의 나선형을 통해 더 깊이 이해할 수 있을 것이다. 이해가 넓어지면 그의 질병과 죽음에 대한 깊은 두려움을 형벌로 바꿀 수 있을지도 모른다.

그러나 여기서 우리는 페터가 영혼의 안내자인 성 니콜라스에 대한 부정적인 내적 관계가 그의 고통 받는 신체에 끔찍한 고통을 초래한 것은 아닌지 생각해 본다. 환자와 함께 그림을 볼 수 있다면, 수호성인과 대화가 가능할 것이다. 신체적인 질병을 멈추거나 되돌릴 수 없더라도, 이러한 시도는 환자의 정신적 고통을 완화시키고 그의 초인적인 힘으로 성 니콜라스를 인간화하는 데 도움이 될 것이다.

프리스카는 페터와 달리 황금 지팡이를 든 성 니콜라스와 그의 조수 슈무츨리를 따르며, 슈무츨리의 자루에서 귤을 슬쩍 훔친다. 이들 모두 아스클레피오스 신전에 있는 신성한 나무를 향해 오른쪽으로 한 걸음씩 보조를 맞춰 함께 걷고 있다. 이렇게 프리스카가 성인에 대해 긍정적인 관계를 가지고 있다면, 그래서 그녀가 평화롭게 죽을 수 있었던 이유라고 조심스럽게 가정할 수 있을까?

여러 해 동안 이 가슴 아픈 연구를 수행하는 데 타원의 상징이 어떻게 도움이 되었을까? 아마도 정신과 신체, 생과 사, 선과 악이 F1과 F2의 초점에 고정되어 있는 것을 알았기 때문일 것이다. 이것들을 대립 관계로서 파악하고 상호보완적인 요소로 이해할 수 있다. 마지막으로, 한 사람, 즉 P가 두 초점과 밀접한 관련이 있다는 것을 인식했기 때문일 수도 있다.

어떻게 하면 중증 환자들이 이러한 거대한 힘과 더 긍정적인 관계를 형성할 수 있게 도와줄 수 있을까? 타원에 대한 통찰력은 이와 같은 어려운 질문에 대한 방향성을 잡아 주었다. 이러한 통찰력은 의사들에게도 무력감과 같은 무거운 감정 없이 환자 삶의 마지막 여정을 잘 받아들일 수 있는 지원이 될 것이다. 치료사들과 봉사 직업에 종사하는 다른 사람들에게도 주어진 임무가 있다. 즉, 고대의 "기우사(비를 부르는 주술사 – 옮긴이)"를 자신에게서 발견하고, 전산화된 세상에서 스스로 '주술사'가 되기도 하며, 병든 사람들이 더 조화롭고 완전함 및 평화 속에서 삶을 살아가거나 죽음을 맞이할 수 있도록 돕는 것이다.

도표 및 그림 목록

참고문헌

Armstrong, E. A., *Folklore of Birds*, Collins, 1958.

Bach, Susan, "Spontanes Malen und Kneten in Krankenhäusern", *Schweizerische Zeitschrift für Psychologie und ihre Anwendungen*, Vol. XI, Nummer 3, 1952, Verlag Hans Huber, Bern.

_____"Spontanes Malen und Zeichnen im neurochirurgischen Bereich", *Schweizer Archiv für Neurologie, Neurochirurgie und Psychiatrie*, Vol. 87/1, 1961, p. 1-57, Art Institut Orell Füssli AG, Zürich.

_____"Spontanes Malen schwerkranker Patienten", *Acta psychosomatica* No. 8, J.G. Geigy S.A., Basel, 1966.

_____"Spontaneous Pictures of Leukemic Children as an Expression of the total Personality, Mind and Body", *The International Journal of Child Psychiatry*, Vol. 41, p. 86-104, Vol. 41, 1974/5, Schwabe & Co., Basel/Stuttgart.

_____"Why Do We Do This Work? A Short Introduction to the Reading and Evaluation of Spontaneous Pictures", International Study Group, 1977, University Children's Hospital, Zürich, published in *Psychosomatische Medizin*, Vol. 9, Nummer 1/2, 1980.

_____"Forecasting Aspects of Painted Dreams and Dreams Disobeyed", International Study Group, 1977, University Children's Hospital, Zürich, published in *Psychosomatische Medizin*, Vol. 9, Nummer 1/2, 1980.

_____"On the Archetypal Motif of the Bird, Pictures of Severely Ill Patients with Parallels from Works of Art to Wall Paintings of Early Man", International Study Group, 1977, University Children's Hospital, Zürich, published in *Psychosomatische Medizin*, Vol. 9, Nummer 1/2, 1980.

_____"Guidelines for Reading and Evaluating Spontaneous Pictures" International Study Group, 1977, University Children's Hospital, Zürich, published in *Psychosomatische Medizin*, Vol. 9, Nummer 1/2, 1980.

_____"Und Wer denkt an den Arzt?" *Hexagon*, 1985, Vol. 13 (4), 15-24.

Barker, Culver M., *Healing in Depth*, Hodder & Stoughton, London, 1972.

Brewer's "Dictionary of Phrase and Fable", Revised Edition, 1981, by I.H. Evans, Cassell, London.

Curtiss, Wm. R., A *Catalogue of Geophysical Anomalies*.

Eliade, Mircea, *Shamanism: Archaic Techniques of Ecstasy*, Routledge, London, 1962.

Erlande Brandenburg, Alain, *La Dame et la Licorne*, Paris, 1979, p. 63.

Frisch, K. von, *Dancing Bees*, Methuen, London, 1954.

Goethe, J. von, Marienbader Elegie, 1823.

Hammer, E. F., "The House and Tree. Person Projective Drawing Technique: Content Interpretation", in: *The Clinical Application of Projective Drawings*, C. C. Thomas, Illinois, USA, 1975 (4th printing).

Hitzig, Walter H., "Psychologische Probleme bei der Behandlung der Leukämie im Kindesalter. Standpunkt des Klinikers", *Helv. paediat*. Acta 20, 48-55 (1965).

Zur Problematik unheilbarer Krankheiten bei Kindern. *Neue Züricher Zeitung*, 17.4.66.

_____"The First Interview with the Parents of a Fatally Ill Child and Psychological Follow-up" *Psychosomatische Medizin*, 1980.

Einleitung zu "Und Wer denkt an den Arzt?" Hexagon, 1985.

Hitzig, Walter H., und Kiepenheuer, Kaspar, *"Das Kind und der Tod-Gedanken zur Beziehung zwischen Pädiater und todkrankem Kind"* in Hexagon/Roche, Vol. 4, 1976 (7), 1-10.

Jacobson, Anne and N ø hr, Hanne, "Billed Therapy", November, 1984, *Dansk Billed Therapeutisk Forening*.

Jung, C.G., *Visions Seminars*, Spring, Zürich, 1976, Lectures Oct. 30-Nov. 5, 1930.

Jung, C.G., *Erinnerungen, Träume, Gedanken*, aufgezeichnet und hrsg. von Aniela Jaffé, Rascher Verlag, 1962 (spätere Auflagen beim Walter Verlag).

Kiepenheuer, Kaspar, "Spontaneous Drawings of a Leukemic Child, An Aid for a More Comprehensive Care of Fatally Ill Children and their Families", International Study Group, 1977, University Children's Hospital Zürich, published in *Psychosomatische Medizin*, Vol. 9, Nummer 1/2, 1980.

Larousse Encyclopaedia of Mythology.

Magic World of the Mexican Huichol Indian, International Edition, Hoffmann-La Roche, Image Roche, 1911.

Newman, Nanette, *Lots of Love*, Collins, 1982.

Prigatano, George P., *Neuropsychological Rehabilitation After Brain Injury*, The Johns Hopkins Series in Contemporary Medicine and Public Health, The Johns Hopkins University Press, Baltimore and London, 1985.

Radford, E.R.E., *Encyclopaedia of Superstition*, Hutchison, 1968.

Siegel, Bernie S., *Love, Medicine & Miracles*, Harper and Row, New York, 1986.

The Sarajevo Haggadah, W.H. Allan, London, 1963 (Text by C. Roth).

찾아보기

내용

저자 소개

수잔 바흐(Susan Bach, 1902~1995)는 1902년 베를린에서 태어나 베를린 프리드리히-빌헬름 대학교에서 결정학(crystallography) 전공으로 박사학위를 취득했다. 바흐의 학문적 배경은 이후 중증 질환 아동의 자발적 그림에 대한 체계적인 연구의 기초가 되었다. 그녀는 나치즘이 확산되던 1930년에 정신분석가로서 활동을 시작하면서, 자발적 그림의 중요한 의미를 발견했다.

바흐는 남편과 런던으로 망명하여 그곳에서 진행한 혁신적인 그림 연구에서 정신질환뿐만 아니라 특정 신체적 질병이 특유의 색, 형태, 수량, 모티브로 반영된다는 사실을 제시한 학자로서 전 세계에 알려졌다.

이후 바흐는 스위스 취리히에서 분석심리학 연구소를 열어, C. G. 융(C. G. Jung)과 토니 볼프(Toni Wolff)와 활발하게 학문적 논의를 이어 갔다. 또한 그녀는 취리히 소아 병동 및 신경과와 장기적으로 교류하며 환자들이 그린 자발적 그림과 드로잉을 수집했다. 바흐의 그림 연구는 그림의 '내적인 알아차림'이라는 개념과 집단 무의식의 재현을 보여 주는 중요한 발견이다.

역자 소개

정여주(Chung, Yeo Ju)
독일 쾰른대학교 치료교육대학 지적장애인의 교육과 재활 전공(교육학 박사)
현 CHA의과학대학교 미술치료대학원 원장
   수련감독임상미술심리상담사(SATR)
『미술치료의 이해: 이론과 실제』(3판, 학지사, 2023), 『장애아동의 이해』(학지사,
2022), 『명화 감상 미술치료』(학지사, 2021) 外 역서 및 논문 다수

서하나(Seo, Ha Na)
CHA의과학대학교 일반대학원 의학과 박사과정(임상미술치료 전공)
현 쿤스트테라피-독일 미술치료 · 인지학 치유예술 연구소 대표
   일산차병원 암통합힐링센터 및 산모대학 미술태교 미술치료사

이성령(Lee, Jenny Sungryung)
레슬리 대학교(Lesley University) 박사과정(표현예술치료 전공)
현 한국 Openstudio:A.R.T & 캐나다 Iceberg Counseling 미술치료사
   캐나다 공인 상담심리사
   전주대학교 일반대학원 예술심리치료학과 겸임교수

구슬희(Gu, Seul Hee)
CHA의과학대학교 일반대학원 의학과 박사과정(임상미술치료 전공)
현 이화여자대학교병설미디어고등학교 미술치료사, 전문상담사
   More warM 대표

김보경(Kim, Bo Kyung)
CHA의과학대학교 일반대학원 의학과 박사과정(임상미술치료 전공)
현 군포시아동보호전문기관 미술치료사, 공감심리언어센터 미술치료사
   수원시홍재장애인주간이용시설 미술치료사

김세희(Kim, Se Hee)
CHA의과학대학교 일반대학원 의학과 박사과정(임상미술치료 전공)
현 허그맘허그인 고양센터 수석상담사
   한국통합미술심리치료학회 이사

김진경(Kim, Jin Kyung)
CHA의과학대학교 일반대학원 의학과 박사(임상미술치료 전공)
현 Light and Space Art Therapy 대표

신예섬(Shin, Ye Sum)
CHA의과학대학교 일반대학원 의학과 박사(임상미술치료 전공)
현 분당차 난임센터 미술치료사
    아뜰리에 쉼 미술치료연구소 대표

윤라미(Yoon, Ra Mi)
CHA의과학대학교 일반대학원 의학과 박사(임상미술치료 전공)
현 CHA의과학대학교 미술치료학과, 성공회대 열림교양대학 강사
    남양주아동발달센터 미술치료사
    Onda 미술치료연구소 대표

이지혜(Lee, Ji Hye)
CHA의과학대학교 일반대학원 의학과 박사(임상미술치료 전공)
현 학대피해아동쉼터 미술치료사
    서울의료원 호스피스병동 미술치료사

편명신(Pyun, Myung Shin)
CHA의과학대학교 일반대학원 의학과 박사(임상미술치료 전공)

한유정(Han, Yu Jeong)
CHA의과학대학교 일반대학원 의학과 박사과정(임상미술치료 전공)
현 일산차병원 암통합힐링센터 및 산모대학 미술태교 미술치료사

소아암 중환아의 그림과 미술치료

Das Leben malt seine eigene Wahrheit

2025년 2월 20일 1판 1쇄 인쇄
2025년 2월 25일 1판 1쇄 발행

지은이 • Susan Bach

옮긴이 • 정여주 · 서하나 · 이성령 · 구슬희 · 김보경 · 김세희
　　　　김진경 · 신예섭 · 윤라미 · 이지혜 · 편명신 · 한유정

펴낸이 • 김진환

펴낸곳 • ㈜**학지사**

　　　　04031 서울특별시 마포구 양화로 15길 20 마인드월드빌딩

대표전화 • 02-330-5114　　팩스 • 02-324-2345

등록번호 • 제313-2006-000265호

홈페이지 • http://www.hakjisa.co.kr

인스타그램 • https://www.instagram.com/hakjisabook

ISBN 978-89-997-3321-5 93180

정가 26,000원

출판미디어기업 **학지사**

간호보건의학출판 **학지사메디컬** www.hakjisamd.co.kr
심리검사연구소 **인싸이트** www.inpsyt.co.kr
학술논문서비스 **뉴논문** www.newnonmun.com
교육연수원 **카운피아** www.counpia.com
대학교재전자책플랫폼 **캠퍼스북** www.campusbook.co.kr